诚信为本
坚持准则

操守为重
不做假账

诚信
为本

——与学习会计的同学共勉

● 财会类专业校企"双元"合作开发教学改革成果教材

● "财务数字化应用""业财一体信息化应用"1+X 证书制度书证融通教材

财务共享服务业务处理

主编　新道科技股份有限公司

主审　赵丽生　程淮中

高等教育出版社·北京

内容提要

本书是"财务数字化应用""业财一体信息化应用"1+X 证书制度书证融通教材，是财会类专业校企"双元"合作开发教学改革成果教材，同时也是基于财务共享服务实训课程所开发的配套教材。

财务共享服务是最新的信息技术所推动的企业财务管理新方式，充分体现了"大智移云物"等技术背景下财务共享服务岗位和业务单元财务岗位的职责区分和相互协同，体现了"业财深度融合"时代的会计从业人员在财务、业务、IT 技术与工具等方面的全面、复合型技能要求。

本书内容全面、案例丰富，覆盖了财务共享服务认知、案例企业财务共享需求调研、共享中心规划与设计、财务共享服务平台设置、全业务端到端共享流程设计与实施、财务共享服务中心运营绩效与质量稽核等多个方面，全部案例和实训内容均在用友 NC Cloud（简称 NCC）共享服务平台上测试通过，既适合高职和应用型本科会计相关专业学生使用，也适合社会财务工作者及各级管理者在规划、实施和运营财务共享服务中心时作为参考资料阅读。

与本书配套的教学 PPT 可登录高等教育出版社产品信息检索系统下载使用，也可以扫描书中二维码观看相关教学视频、拓展阅读，完成项目练习，具体操作方式请见书后"郑重声明"页的资源服务提示。

图书在版编目（CIP）数据

财务共享服务业务处理 / 新道科技股份有限公司主编. -- 北京：高等教育出版社，2021.1（2023.12重印）
ISBN 978-7-04-055333-8

Ⅰ. ①财⋯ Ⅱ. ①新⋯ Ⅲ. ①企业管理-财务管理-高等职业教育-教材 Ⅳ. ①F275

中国版本图书馆CIP数据核字(2020)第269325号

财务共享服务业务处理
CAIWU GONGXIANG FUWU YEWU CHULI

| 策划编辑 | 武君红 | 责任编辑 | 张雅楠 | 封面设计 | 赵 阳 | 版式设计 | 马 云 |
| 插图绘制 | 邓 超 | 责任校对 | 窦丽娜 | 责任印制 | 刘思涵 | | |

出版发行	高等教育出版社		咨询电话	400-810-0598
社　　址	北京市西城区德外大街 4 号		网　　址	http://www.hep.edu.cn
邮政编码	100120			http://www.hep.com.cn
印　　刷	高教社（天津）印务有限公司		网上订购	http://www.hepmall.com.cn
开　　本	787mm×1092mm 1/16			http://www.hepmall.com
印　　张	22.25			http://www.hepmall.cn
字　　数	460 千字		版　　次	2021 年 1 月第 1 版
插　　页	1		印　　次	2023 年 12 月第 6 次印刷
购书热线	010-58581118		定　　价	49.80 元

本书如有缺页、倒页、脱页等质量问题，请到所购图书销售部门联系调换
版权所有　侵权必究
物 料 号　55333-00

重庆交通职业学院

甘肃财贸职业学院

广东海洋大学寸金学院

贵州建设职业技术学院

贵州轻工职业技术学院

哈尔滨职业技术学院

河南财政金融学院

河南经贸职业学院

河南理工大学

黑龙江八一农垦大学

黑龙江大学

黑龙江科技大学

黑龙江农业工程职业学院

黑龙江农业经济职业学院

黑龙江职业学院

华北理工大学

江西制造职业技术学院

兰州大学

辽宁金融职业学院

辽宁农业职业技术学院

泸州职业技术学院

内蒙古财经大学

内蒙古商贸职业学院

齐齐哈尔大学

三明医学科技职业学院

山西大学

山西工程技术学院

山西工商学院

山西省财政税务专科学校

山西金融职业学院

石家庄科技工程职业学院

石家庄邮电职业技术学院

四川大学锦江学院

四川科技职业学院

四川民族学院

天津城市建设管理职业技术学院

天津城市职业学院

铜仁职院技术学院

武汉城市职业学院

信阳职业技术学院

宜宾职业技术学院

云南财经职业学院

云南经济管理学院

云南民族大学

驻马店职业技术学院

序言 Preface ······

数字经济已经成为中国经济的发展趋势，2017年3月5日在十二届全国人民代表大会第五次会议上，"数字经济"首次被写入政府工作报告，至今累计三次被写入政府工作报告。为深入实施数字经济战略，加快数字产业化和产业数字化，培育新经济发展，扎实推进国家数字经济创新发展试验区建设，构建新动能主导经济发展的新格局，助力构建现代化产业体系，实现经济高质量发展，2020年4月，国家发展改革委和中央网信办印发了《关于推进"上云用数赋智"行动 培育新经济发展实施方案》的通知（发改高技〔2020〕552号）。党的二十大报告指出，要"坚持把发展经济的着力点放在实体经济上，推进新型工业化，加快建设制造强国、质量强国、航天强国、交通强国、网络强国、数字中国。""加快发展数字经济，促进数字经济和实体经济深度融合，打造具有国际竞争力的数字产业集群。"2023年2月，中共中央、国务院印发《数字中国建设整体布局规划》，以全面提升数字中国建设的整体性、系统性、协同性。打造数字化企业、构建数字化产业链、培育数字化生态势在必行。

2015年开始，IT在企业财务工作中的应用进程由会计电算化时代、财务信息化时代进入财务数智化时代。财务数智化时代的财务工作特征是，依托移动应用、大数据、云计算和人工智能服务等新兴技术，以"数据"和"事件"为驱动，在社会化互联互通的商业环境中实现实时会计、智能财务，而财务组织形式为社会级的"共享服务"。企业的数字化转型，必将要求企业财务管理工作同步进行转型，而企业财务转型始于财务共享。本书旨在通过企业财务共享服务的综合性实践教学，为数字化转型中的企业培养具有数字化思维、掌握数字化工具、胜任数字化工作的新型财会人才。

本书分为4个教学单元、12个教学项目，覆盖了企业财务共享服务建设从规划设计、试点运行到深化运营的完整过程。教学单元1由项目01和项目02组成，让读者掌握财务共享服务的基本理论和案例企业的基本情况；教学单元2由项目03组成，让读者理解财务共享服务中心规划与设计的过程、方法和信息系统初始化的主要内容，并通过沙盘工具与企业案例进行实践，同时在业界主流的财务共享服务平台中进行财务共享服务初始化设置；教学单元3由项目04到项目10组成，覆盖了企业费用管理、采购与销售管理、资金结算管理、财资管理、固定资产管理、总账管理等主要业务和财务工作领域，通过理论与实践相结合的方法，让读者深刻掌握全业务、端到端财务共享服务的设计与运行；教学单元4由项目11和项目12组成，让读者能够理解财务共享服务中心深化运营阶段的绩效与质量管理的理论和实践。

本书有以下主要特点：

1. 实用性

用友 NC Cloud 共享服务平台及其前序版本 NC6 已经广泛应用于多个行业的集团企业财务共享实践之中。本书基于用友 NC Cloud 共享服务平台及真实的企业案例进行实践教学设计，充分体现了中国企业财务共享服务的最新业务实践与最新技术应用。

2. 系统性和全面性

本书不仅对财务共享服务基本理论进行了阐述，还从企业财务共享服务中心规划设计、实施运行、深化运营等全生命周期阶段进行了介绍，让读者能够系统、全面地学习企业财务共享服务。

3. 教学适用性

本书采用项目化教材体例编写，依托财务共享服务实践教学平台，将工作项目转化为学习项目和学习任务，将财务共享服务的基本概念、基本理念和基本方法有机融入项目的实施，符合认知规律和应用型人才培养的教育特点。本书所依托的实践教学平台及课程，已经在南京财经大学、西华大学、广州工商学院、广东海洋大学寸金学院、郑州商学院、浙江金融职业学院、浙江经济职业技术学院、北京市商业学校等多所院校完成了教学工作，课程的成熟度较高。

4. 对接1+X证书职业技能等级标准，实现书证融通

本书与"财务数字化应用""业财一体信息化应用"1+X证书的职业技能要求有显著的相关性，通过本书的学习能够较好地实现"书证融通"的目标。

5. 探索思政教育与专业教育的融合

本书通过知识目标、技能目标、素养目标三维学习目标的构建，探索从思政课程到课程思政的转换，从而将专业教育和思政教育结合起来，转变说教模式，把思政教育融入专业教材，促进学生综合素质的提高。

限于编者的水平，书中难免存在疏漏和不妥之处，敬请来函批评指正。

编者

2023 年 4 月

目录 Contents ······

项目 01　财务共享服务中心运营团队的准备

学习目标

知识目标
- 掌握财务共享服务的概念
- 熟悉财务共享服务中心的模式
- 熟悉财务共享服务中心常见的 IT 技术与信息系统

技能目标
- 能够描述高影仪、高速扫描仪、扫码枪、双屏、打印机等设备的用途和在共享模式下的主要应用情境
- 能够阐述流程平台、影像系统、作业平台、移动报销系统等共享模式常用信息系统的含义和作用
- 能够辨别不同的财务共享服务中心模式
- 能够使用流程图工具绘制出企业实施财务共享模式前销售与收款业务的流程图

素养目标
- 培养学生团结与协作的从业素质
- 熟悉岗位职责，增强工作责任心

模块一　认知财务共享服务

一、财务共享服务简介

（一）共享服务的定义

有很多文献对共享服务进行了定义。如芭芭拉·奎恩 [1] 指出："共享服务属于商业经营

---

[1] Barbara Q, Robert C, Andrew K. 公司的金矿——共享式服务 [M]. 郭蓓译. 昆明：云南大学出版社，2001.

的一类，符合以客户为中心 + 服务收费 = 商业的模式"。而布莱恩·伯杰伦[①] 则指出："共享服务是一种将一部分现有的经营职能集中到一个新的半自主的业务单元的合作战略，这个业务单元就像在公开市场展开竞争的企业一样，设有专门的管理机构，目的是提高效率、创造价值、节约成本以及提高对内部客户的服务质量。"

综上所述，共享服务（Shared Services）是指在多业务单元的集团化运营组织中，将企业原来分散在各个业务单元内、具有高度相似性的专业职能抽取出来，成立独立的职能执行机构提供统一服务，各个业务单元以服务采购的方式来共享使用这一职能服务。

（二）财务共享服务的定义

国际财务共享服务管理协会（International Financial Shared Service Association，IFSS）对财务共享服务的定义如下："财务共享服务是依托于信息技术，以财务业务流程处理为基础，以优化组织结构、规范流程、提升流程效率、降低运营成本或创造价值为目的，以市场视角为内外部客户提供专业化生产服务的分布式管理模式。"

财务共享服务是集团企业将分散在各成员单位的同质化、重复性和易于标准化的财务工作剥离出来进行集中处理，这个集中处理的组织叫作财务共享服务中心（Financial Shared Services Center，FSSC），如图 1-1 所示。简单地讲，财务共享服务中心就是把成员单位的部分财务工作抽取出来集中处理，为成员单位提供财务相关服务。各个子公司是通过业务运营来实现企业的盈利目标，因此我们也将这些子公司称作"业务单元"。

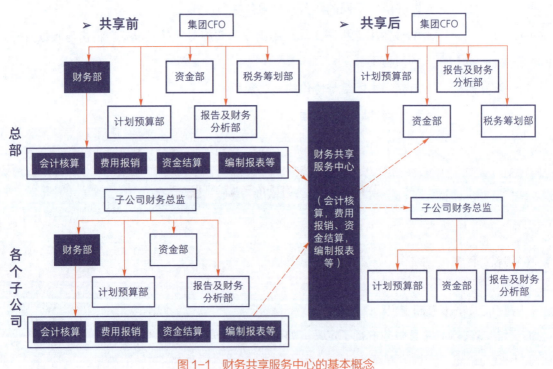

图 1-1　财务共享服务中心的基本概念

---

① Bryan B. 共享服务精要［M］. 燕清联合传媒管理咨询中心译. 北京：中国人民大学出版社，2004.

（三）财务共享对财务组织和职责的影响

财务共享是依托信息技术，以财务业务流程处理为基础，以优化组织结构、规范工作流程、提升管理效率、降低运营成本和创造服务价值为目的，将不同地域、不同法人、同一时间范围内的会计业务放到一个平台上统一报账、统一核算和报告，从而保证会计记录和报告的标准规范和结构统一。

财务共享对集团企业财务组织和财务职责的影响，可以从财务数据生命周期和财务职能分层这 2 个视角进行分析。

1. 财务数据生命周期视角

财务数据的生命周期可以分为数据采集（业务数据采集并自动转换为财务数据）、数据处理或加工（审核记账并报告）、数据应用（如绩效管理及决策分析）等过程（如图 1-2 所示）。财务共享服务模式下，财务数据采集、处理或加工、应用的责任清晰区分，可归属到三类组织。

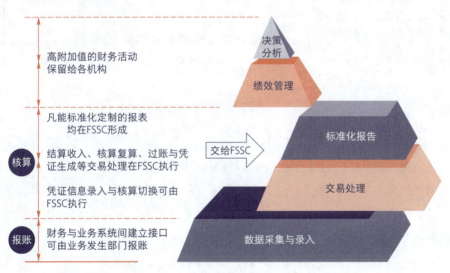

图 1-2 财务共享对财务组织和职责进行显性化划分

（1）业务数据采集组织，即业务发生部门。财务共享服务信息系统实现了业务与财务系统集成，业务发生组织通过报账系统实现数据的采集，源数据（业务数据）的质量责任归属业务发生部门。

（2）财务数据处理组织，即财务共享服务中心（FSSC）。FSSC 通过记账、审核、形成定制化财务报告，实现财务数据的处理，并对处理后的财务数据质量负责。

（3）财务数据应用组织，即子公司或集团的财务管理部门（业务单元财务部和集团财务部）。财务管理部门在财务决策分析中调用各类数据（包括财务共享服务中心提供的数据），并对其分析结论负责。

2. 财务职能分层视角

从集团财务管理工作看，从顶层规划到末端执行可以分为财务规划和管控、业务分析和支持、财务交易处理 3 个层级。这 3 个层级的具体财务工作职责和层间交互内容如图 1-3 所示。

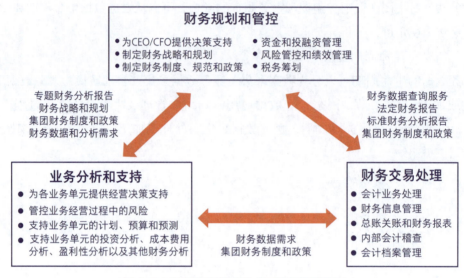

图 1-3　财务共享服务模式下的职能新分工

财务共享服务模式下，这 3 个层级的职责明确区分，且归口不同的财务部门来负责：

（1）财务规划和管控，即管控性工作（或称"战略财务"），一般归口集团财务部。

（2）业务分析和支持，即经营性工作（或称"业务财务"），一般归口共享后业务单元所保留下来的财务部门或财务人员；

（3）财务交易处理，即规模性或事务性工作（或称"共享财务"），归口财务共享服务中心。

（四）财务共享服务中心的地位

财务共享服务中心（FSSC）是集团的财务服务平台，是各成员单位的会计业务运作中心、财务管理中心和服务中心。FSSC 至少从财务复核、会计核算和资金支付等 3 个方面向子公司业务部门、子公司本地财务部门及集团财务部提供服务（如图 1-4 所示）。

财务和业务向共享服务转型是趋势，企业数字化转型进一步推动和加速财务等领域向共享服务转型，共享服务的技术革新贯穿其发展历程，顺应企业数字化转型、精细化管理、自动智能、一体化应用、专业化分工的业务发展需求。

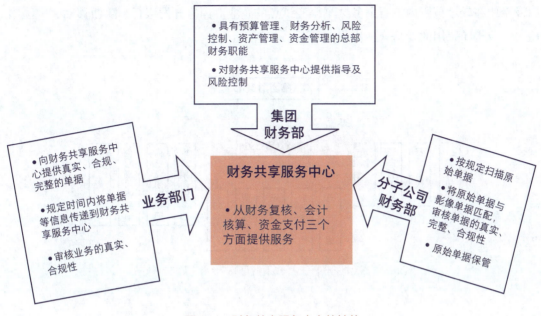

图 1-4 财务共享服务中心的地位

二、财务共享服务中心的模式

财务共享服务中心的模式又称财务共享服务中心的构建模式，是指集团企业在建立财务共享服务中心时的一种决策，主要回答如下这些问题：

（1）建设多少个财务共享服务中心？

（2）每个财务共享服务中心将向哪些业务单元提供服务？

（3）各财务共享服务中心与集团财务部之间、多个财务共享服务中心之间是怎样的隶属或数据汇集关系？

综观中国多家现存财务共享服务中心的建设模式，总体上可以分为单中心模式和多中心模式两种。顾名思义，单中心模式是指集团只建立一个财务共享服务中心，而多中心模式是指建立多个财务共享服务中心。单中心模式又可细分为标准模式、业态模式和区域模式等；多中心模式又分为分散模式、联邦模式、专业化中心模式等。

（一）单中心模式

单中心模式是指集团只设立一个财务共享服务中心，采用统一的一套信息系统，集团可实时访问所有业务单元的数据，并进一步实现实时合并财务报表。这是财务共享服务中心的理想模式。

1. 标准模式

此模式是集团 FSSC 向所有纳入财务共享服务范围的业务单元提供无差别的标准化服务，典型财务组织架构如图 1-5 所示。这种模式适用于业务单元没有差异化需求的企业，以及希望在较小范围内进行财务共享服务试点的企业。国家开发银行、陕西移动、中国国旅等企业集团采用的就是这种模式。

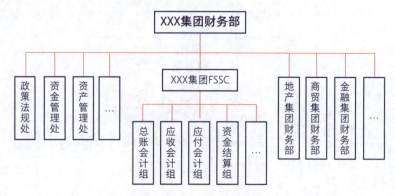

图 1-5　单中心－标准模式下典型财务组织架构示意图

2. 业态模式

此模式是集团设立一个财务共享服务中心，但是将纳入财务共享服务范围的业务单元按照业态进行分类，分别由单一 FSSC 中的不同分组（有时也称作"分中心"）提供与业态相关的特色化财务共享服务，典型组织架构如图 1-6 所示。这种模式适用于多业态并存且每种业态内的业务单元数量众多的大型企业集团。

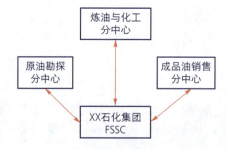

图 1-6　单中心－业态模式的 FSSC 组织架构示意图

3. 区域模式

此模式是集团设立一个财务共享服务中心，但是将纳入财务共享服务范围的业务单元按照地理区域进行分类，分别由单一 FSSC 中的不同分组（有时也称作"分中心"）提供与区域相关的本地化财务共享服务，典型组织架构如图 1-7 所示。这种模式适用于集团业务单元地域分布广泛、每个地域内的业务单元数量较多，或因语言或文化等原因本地化服务需求比较高的大型企业集团。平安保险、碧桂园、中石化等企业集团采用的就是这种模式。

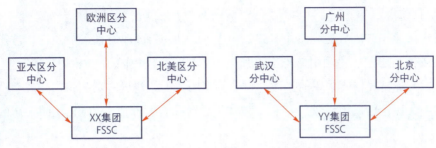

图 1-7　单中心 - 区域模式的 FSSC 组织架构示意图

（二）多中心模式

多中心模式是指集团出于不同目的或原因，设立一个以上的财务共享服务中心，每个 FSSC 的数据不在同一套管理系统或同一套数据内，因此集团财务部层面无法实时查看所有业务单元的汇总数据。

这种模式与财务共享的理想模式有差距，但在实务中又不乏这样的企业案例，造成这种现象的原因有很多，如历史遗留原因造成不同的业务单元使用不同的信息系统，而替代成本又比较高，或者业务复杂度非常高、业务量非常大而不得不采用多个 FSSC，等等。

1. 分散模式

在此模式中多个 FSSC 各自使用独立的管理信息系统，或者共用一套管理信息系统但相互间没有关联及协作关系（如图 1-8 所示）。这种模式多应用于对子集团采取战略管控或财务管控的超大型集团。这类集团对公司的业务经营采用分权化管理，子集团的经营自主权比较高，对于母集团来说更多只是通过合并财务报表来体现投资控股关系。如中国铝业、中国移动等都采取了这种模式。

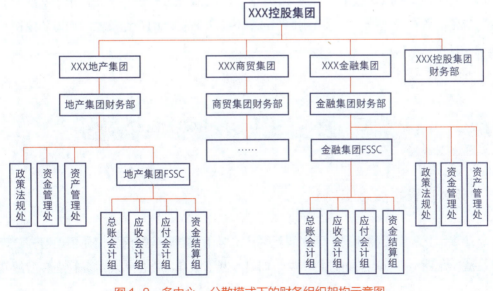

图 1-8　多中心 - 分散模式下的财务组织架构示意图

2. 联邦模式

此模式按业态或区域建立多个 FSSC，但是共用一套管理信息系统，且日常还存在一定的业务或数据协同、集团财务部有对所有 FSSC 的管理权限（如图 1-9 所示）。这种模式多为考虑实际情况后所采用的过渡性财务共享服务中心建设方案，将来一般会合并为一个。如鞍钢集团（由鞍山钢铁公司和攀枝花钢铁公司合并而成）、TCL 集团采用的就是这种模式。

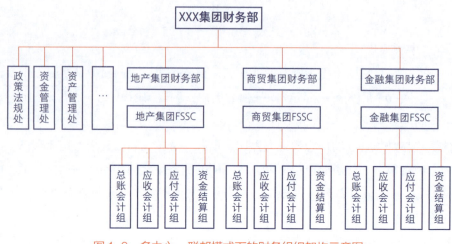

图 1-9　多中心－联邦模式下的财务组织架构示意图

3. 专业化中心模式

在财务共享服务领域，所谓的"专业"是指服务的内容，如"应收共享""应付共享""资金结算共享""税务共享"等。专业化中心模式，是指按照服务的内容建立财务共享服务中心，每个服务中心提供某一个或某几个不同的专业服务。这种模式适用于某些专业服务（如税务、资金等）的工作量特别巨大或有独立管理需求的企业集团，如海尔集团采用的就是这种模式。

模块二　财务共享服务动因及企业价值

一、财务共享服务产生的动因

企业集团化经营面临的内生困境和新兴技术应用等引发的外因，促使集团财务管理面临新挑战，集团财务管理被迫进行转型。而财务共享服务中心是实现财务管理转型的基础与起点。

（一）集团财务管理变革的内因

随着中国经济的深入发展，中国集团化经营的企业规模及数量都在快速发展，中国企业在世界财富 500 强中所占席位的增加趋势是一个很好的例证。另外，随着"一带一路"倡议的广泛实施，很多中国企业在"走出去"的同时也必然面对集团化经营的管理问题。传统的财务管理模式，是每一个具有独立法人地位的业务单元都要设置一个独立的财务部门、配备财务及会计人员。在集团化经营的情况下，这种传统的财务管理模式面临很多困难。

1. 企业财务成本不断增加

随着业务的持续发展，集团企业会不断增加新的业务单元，有时候也会关闭一些不再符合集团战略的业务单元。如果按照传统的财务管理模式，每个业务单元都需要设置独立的财务部门和财务人员，不论是新增还是关闭业务单元，都会产生大量的成本，并必然对公司的发展产生不利影响。

2. 集团管控难以统一

不同地区甚至不同国家的业务单元，其财务管理和资源配置都各自为政，没有统一的标准和规范，企业集团难以对所有分子公司实现统一管控，难以做大做强、实现扩张。

3. 集团知情权受到挑战

因为缺乏统一的标准和信息系统平台支撑，多级业务单元的财务信息难以快速统一汇总。处在不同地域的业务单元，如果其财务和绩效数据得不到快速、正确地反映，股东就无法预测投资结果，进而不愿意盲目投资，这会使企业的扩张受阻。

4. 经营和财务风险不断增加

企业对于整个集团的财务状况比如负债情况的把控可能比较弱，再加上一些财务情况未能在财务报表中反映，如果一旦有一点危机，则可能是爆炸式连锁灾难。另外，如果各个子公司都自主把控资金，集团就无法清楚每一个子公司每一时刻的具体资金动向，如果子公司发生流动性风险、甚至出现破产危机，对集团声誉的伤害会很大。

（二）集团财务管理变革的外因

1. 经济全球化

自 20 世纪末以来，经济全球化对中国的影响与日俱增。经济资源在全球范围内追求高效率重新配置，给中国企业带来了巨大的机会、也带来了很大的挑战。集团化企业往往不得不面对全球的竞争，财务人员也必须尽快从维持企业价值的角色向创造企业价值的角色转变。要想完成这一转变，首先就要将耗费传统财务人员 80% 时间和精力的基础财务工作进行剥离，逐步实现标准化、集中化，财务共享服务应运而生。

2. 企业全球化

2013 年 9 月和 10 月，习近平总书记分别提出建设"新丝绸之路经济带"和"21 世纪海上丝绸之路"（即"一带一路"）的合作倡议，加速了中国企业"走出去"的步伐。中国企业要想在世界经济竞争格局中生存下来并谋求发展，必须采取灵活的战略调整策略、快速响应环境的变化。为此，集团财务组织必须要具备全球化运营管理专业技能，加强企业集团的管控能力。而财务共享服务中心有助于中国企业将成熟的基础财务工作能力快速复制到海外新的业务单元，并将海外业务单元本地化服务的财务人员解放出来、全力支持海外业务的发展。

3. 管理思想与模式转变

从政府监管的思想与模式看。政府监管方式产生了巨大的变化，如国家税务总局的金税三期和电子税务局建设、中国人民银行的电票系统建设和推广、电子发票和电子合同的普及应用、电子会计档案法律依据的逐步建立与完善等，使得企业信息系统与政府监管与服务系统之间无接触式互联网连接愈发便捷，传统意义上必须由业务发生地财务人员完成的财务工作也可以纳入远程财务共享服务的范围内，从而为财务共享服务中心的建立创造了良好的外部环境。

从企业集团财务管理趋势看。社会化实时电子商务交易、银企直连的网银服务、基于移动互联网和集团全体员工的业务数据多端接入，业务和财务的边界不再是一份份手把手传递的物理原始凭证、而变成了可以全球即时交换的二进制数据，企业集团必须基于一个集中的数据中心进行统一财务管理，共享服务中心就是实现数据处理中心统一财务管理的一种机制。

4. 科技发展

移动互联网、云计算、大数据等技术快速发展，正渗透进企业经济活动的方方面面，企业众多的业务场景正在经历向数字化转变的过程。企业集团的业务范围分布广泛、业务与财务协同向来比较困难，而业务场景的数字化转变及全球互联技术的成熟，使得采用财务共享服务的方式、集中向全球范围的业务单元提供业财融合的财务服务成为可能。

二、财务共享服务的企业价值

（一）推动流程标准化与规范化

财务共享服务中心的建立，使得分散的活动和资源得到整合，从而可以推动业务流程标准化，提高会计处理标准化、规范化程度和会计工作质量。

建立财务共享服务中心之前，各单位的资源是分散的，业务操作方式和流程各不相同。共享服务以后可将原来分散在各个单位的相同业务整合到一起，为企业内部业务流程的标准化及财务数据的整合提供了统一的平台，将分散的会计业务集中在"会计工厂"处理，把复杂的工作变得更简单、更标准，分工也更细。

（二）提升集团管控力

各业务单元的业务财务一体化流程统一，并固化在共享服务信息系统中，可以显著降低业务单元的舞弊风险；通过业务财务一体化处理，降低财务数据采集过程中的人为干涉，使财务数据更加可靠；所有的业务在集中的共享服务系统中运营，集团总部可随时查询和追溯各业务单元的财务和业务数据、实现线上实时监控。

（三）推动企业财务转型

建立财务共享服务之前，各企业的财务职能部门和会计人员要用大量的时间忙于日常核算、结算等事务性、重复性的工作。很多会计业务需要会计人员手工完成，占用了企业财务部门大量的人力资源。

建立财务共享服务后，企业财务部门可以从传统的财务事务性管理工作中解脱出来，把具体负责基础会计业务的财务人员集中在共享服务中心专注于会计业务服务，企业财务职能部门和更多的财务人员可以更加专注于为企业和业务单元的价值创造提供支持，全力做好公司生产经营预算、分析、管控、资本投资项目和资产运作效率的监控等价值管理工作，从而更好地支持企业决策，支持公司改革和发展。

财务共享服务实施前（当前）和实施后，集团各类财务工作的占比变化示意图如图1-10所示。

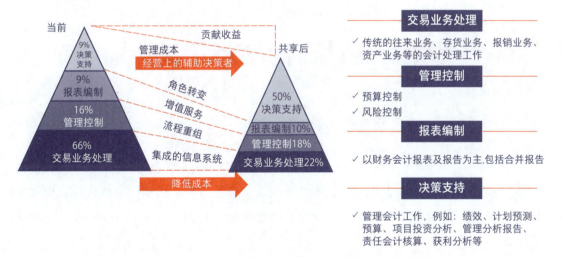

图1-10　财务共享服务前后财务工作占比变化示意图

（四）降低财务运营成本

财务共享服务通过整合内部资源，精简、优化业务流程，可以有效降低财务运营成本，提高工作效率。在资源和业务共享之前，虽然员工的工作量很有可能不饱和，但是仍然需要为每个单位设置和配备相应的职能部门、岗位和人员，而将资源和业务集中到财务共享服务中心后，一个人可以同时为多家单位提供相同业务的处理服务，从而实现了在业务量不变的情况下业务人员的减少或者业务量增加而人员不增加。

实施共享服务后，对业务流程和规则进行了标准化管理，同时，流程优化消除了多余的协调以及重复的、非增值的劳动，大大地提高了工作效率，也间接地降低了成本。另一方面，业务流程操作通过细化、标准化和 IT 自动化，可大为简化，某些岗位对操作人员的学历、技能等要求可相应降低。

（五）满足战略发展要求

随着集团全球化、跨区域扩张发展，企业生产经营规模和业务发展不断加快，分散在各地业务单位的财务人员的数量、行为方式、行为规则不统一，业务处理不标准等问题给企业管理提升增添了很大难度。

通过财务共享服务，将会计核算职能集中到财务共享服务中心处理，有助于推动集团内部业务调整和新业务全球发展，对新增加的业务单位只派少量的从事管理的财务人员，可有效控制机构和人员的增加。因此，共享服务可以快速地支持整个公司业务规模的变化，包括并购、重组、剥离等，实现管理模式的快速复制，为新组织提供高效、标准、成熟的专业服务，快速支持集团业务的壮大和发展。财务共享服务还可以加强公司对新并购企业在财务组织、管理、流程等方面的资源优化和快速变革的整合能力，支持财务标准化及财务管控的快速实现。

模块三　支撑财务共享服务的软硬件设备

一、IT 技术对财务共享服务的影响

会计是一种商业语言，随着商业环境和科技革命的变化，财会行业也将发生革命性的变化。共享服务中心便是其中之一，随之而来，未来的财务工作和财务运作模式也将发生革命性的变化。IT 技术影响财务共享服务的过程如图 1-11 所示，图中的一些概念含义如下。

云化
SaaS
专属云
私有云
……

智能化
智能报税
电子发票
电子档案
智能核算
……

多端化
智能手机/Pad
电脑PC
……

社会化
税务机构
商旅服务平台
银行等金融机构
……

图 1-11　IT 技术影响财务共享服务的过程示意图

（一）云化

所谓云化，就是指企业的软件应用上网或上云。云化所涉及的相关概念如下：

（1）SaaS（Software as a Service，软件即服务）。企业用租赁服务的方式来使用企业软件，取代买断软件并部署在本企业服务器的传统方式。

（2）云。通过虚拟化技术把互联网上的硬件资源抽象成资源池，以便这些资源可为多个用户（企业等）所共享。

（3）云计算。通过网络"云"将巨大的数据计算处理程序分解成无数个小程序，然后，通过多部服务器组成的系统进行处理和分析，得到结果并返回给用户。

（4）公有云。公有云通常指第三方提供商为用户提供的能够使用的云。公有云一般可通过互联网使用，可能是免费或成本低廉的。

（5）专属云。专属云是在公有云上隔离出来的专属虚拟化资源池。在专属云内，用户可申请独占物理设备，独享计算和网络资源。

（6）私有云。私有云是为一个用户单独使用而构建的，因而在数据安全性以及服务质量上自己可以有效的管控，私有云的基础是要拥有基础设施并可以控制在此设施上部署应用程序的方式，私有云可以部署在企业数据中心的防火墙内。

（7）混合云。安全性要求相对较低的企业应用使用公有云服务，而将安全性要求高的应用部署在私有云上，同时打通公有云和私有云之间的连接。混合云融合了公有云与私有云的优势，可以平衡企业在数据安全性和资源共享性这两方面的需求。

（二）智能化

所谓智能化，就是由计算机软件或计算机驱动的硬件替代或部分替代人类的体力或脑力劳动。智能化技术在目前的应用程度，还只能是辅助人类进行工作。财务工作中智能化的典型应用场景有：

（1）智能报税。在企业纳税申报方面，智能化技术主要运用在由财务数据自动生成纳税申报相关数据，以及利用金税三期电子税务局的接口实现一键式纳税申报等方面。

（2）电子发票。在电子发票应用方面，智能化技术主要运用在销售发票与销售业务数据的集成开票、客户自助开票等方面，以及采购发票的自动验伪和防重复报销等方面。

（3）电子档案。在电子会计档案管理方面，智能化技术主要运用在由信息系统中的财务数据自动转换为电子会计档案数据、影像扫描及管理等方面。

（4）智能核算。在会计核算方面，智能化技术主要运用于人机自然语言交互、纸质原始凭证的光学字符识别（Optical Character Recogonization，OCR）、数据采集、智能终端设备（如智能报销收单机器人和纸质发票打印机器人）等方面。

（三）多端化

所谓多端化，是指企业软件应用的输入输出（人机交互）不仅仅可以用传统意义上的PC 机，还可以用各种类型的智能设备，如智能手机、平板电脑等。

（四）社会化

所谓社会化，又称为"连接"，是指随着信息技术应用范围的快速推广和移动互联网技术的广泛普及，企业内部信息系统得以与供应链伙伴信息系统及第三方服务平台等企业外部进行实时数据交换甚至交易互动的场景。以下是社会化连接的部分示例：

（1）税务机构。国家税务总局提供电子税务局服务接口，企业内部信息系统通过税企直连功能可直接调用这些接口，或者通过第三方服务平台（如用友税务云）作为桥接，与税务机构实现社会化连接。

（2）商旅服务平台。商旅服务平台是指为企业提供商务差旅及市内出行服务的平台，如滴滴、携程等。企业内部信息系统可通过接口直接连接，实现费用控制规则前置、企业与平台集中对账与结算等。

（3）银行等金融机构。企业内部信息系统可以通过自有的银企直连、支企直连服务器，或第三方银企连接服务平台（如用友银企联云服务），与银行及其他非银金融机构（如支付宝）的信息系统实现实时连接，在企业内部信息系统中完成资金收付、理财、电子商业票据、信用融资等业务的处理。

二、FSSC 常用 IT 技术

（一）自助服务

自助服务是指由非财务人员（如普通员工或业务经理、外部客户或供应商人员等）向财务共享服务信息系统内发起的、利用互联网技术进行远程协同的、最终会进入财务共享服务中心服务范围的业务请求，如网上报销、发票开票申请、供应链购销或物流订单状态查询等。这类业务请求具有数量大、复杂度低、重复频次高等特点，引入自助服务后，相当于将许多工作量分摊到大量的非财务专业人员身上，可以大大降低财务共享服务中心工作量，同时也给这些流程的持续优化和机器人自动化处理带来机会。

（二）流程引擎与消息平台

从 IT 技术角度看，共享服务就是在信息系统内对原分散作业的流程进行重塑，先谋求统一与标准化，继而持续谋求自动化，以此来提高共享中心工作效率和服务水平。因此，财务共享服务信息系统中就必须有一个流程平台，用工作流来实现流程标准化、自动化；同时，通过工作流平台，将各项业务流程固化，并通过消息平台实现自动化的流程任务驱动工作协同。

基于流程平台的流程设计与自动化执行逻辑如图 1-12 所示，具体过程如下：

（1）流程定义。利用流程平台的图形化流程定义工具，将企业的业务流程在 IT 系统中进行建模，确定流程的节点（即一个工作步骤）、角色（即完成该工作步骤的人员角色）、节点间顺序等。图 1-13 是用友 NC Cloud 的流程平台上一个工作流定义的示例。

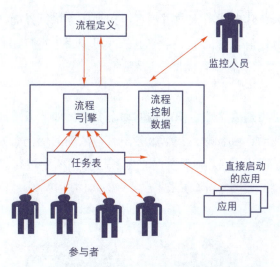

图 1-12　基于流程平台的流程设计与自动化执行

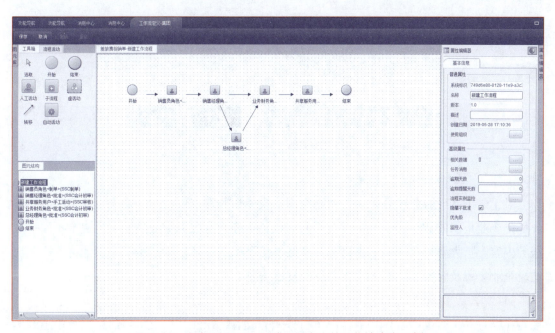

图 1-13　用友 NC Cloud 流程平台上的工作流定义示例

（2）流程节点触发。IT 系统中已经定义的流程启动后，通过外部输入（如发起的自助服务）触发满足条件的流程，由流程引擎根据流程控制数据和流程定义中的当前节点（首次触发就是图 1-13 中"开始"节点后的第一个节点）和角色，产生任务表（即流程当前环节需要人工完成的工作列表），并从参与者中挑选任务的执行人，或直接启动应用程序（即流程当前环节需要自动完成的工作）。

（3）流程任务执行。如果产生了需要人工完成的任务表，则这些任务表将通过消息平台通知任务的执行人，任务执行人通过消息链接到任务执行界面。任务表完成后，流程引擎会根据流程定义触发流程中的下一个节点，返回步骤（2）。如此循环，直至触发到图1-13中的"结束"节点，流程执行完毕。

（三）动态组织建模

动态组织建模，是指随着企业组织结构的动态变化，如业务单元的并购重组、设立撤销、职能部门的调整变动，或者财务共享服务内容与范围的变化（如新的业务或新的业务单元纳入了财务共享服务范围），在财务共享服务信息系统中进行组织和部门信息、组织间服务委托关系等设置（如图1-14所示）。

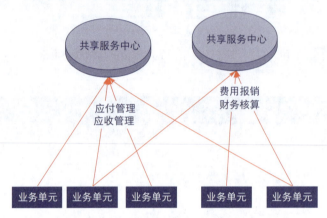

图1-14　财务共享服务相关的动态组织建模示意图

对于财务共享服务中心来说，动态组织建模能力非常重要。为了适应企业集团的外部环境，企业集团的战略和组织必然会不断变化；财务共享服务中心建立后，也会不断扩展服务内容、扩大服务范围。如果财务共享服务信息系统中缺乏动态组织建模能力，则无法适应企业集团及财务共享服务中心自身的发展需要。

（四）影像

在财务共享服务中心模式下，由于财务业务具有特殊性，仅仅依赖信息系统中填制的单据，不能让异地财务共享服务中心的财务人员全面了解该项业务的所有信息，财务人员还需要看到原始凭证内容。因此，当遍布世界的业务单元员工发起业务流程时，必要的原始凭证必须先通过扫描仪、高影仪、智能手机、平板电脑等设备转换成电子影像，然后由影像管理平台将电子影像与财务共享服务中心要处理的业务单据关联起来。影像管理平台与财务共享服务的关系如图1-15所示。

（五）二维码/条码

财务共享服务中，二维码和条码在外部原始凭证数据采集、内部单据流转这2个方面都可以得到应用（如图1-16所示）。

图 1-15　影像管理平台在财务共享服务中的地位

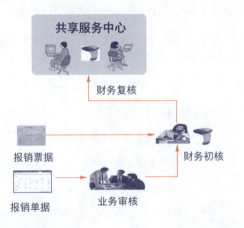

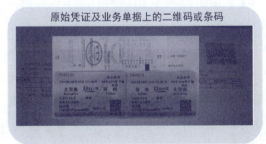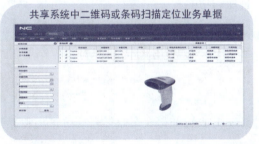

图 1-16　二维码 / 条码技术在财务共享服务中的应用

（1）外部原始凭证数据采集。火车票、增值税发票等外部原始凭证上的二维码，都包含了一些重要的凭证数据。业务发起人或制单人通过智能设备可以识别原始凭证上二维码或条码数据、自动采集到财务共享服务信息系统中，从而大大提高数据采集的准确性和效率。

（2）内部单据流转。业务单位的制单人在信息系统中制单后，往往还需要打印单据并与原始凭证粘贴在一起进行流转，信息系统会在单据打印件上印刷唯一的二维码或条码标识。当财务共享服务中心对这些单据进行财务复核时，通过手持设备可以识别二位码或条码，实现单据的快速分拣。

（六）OCR 识别

光学字符识别（Optical Character Recognition，OCR）技术，用来将图片上的文字内容识别出来。在财务共享服务领域，有些原始凭证（如纸质出租车票等）上的数据无法通过扫描二维码或条码来读取，只能通过 OCR 技术对原始凭证的照片或影像进行识别。

（七）银企直连

所谓银企直连，又叫"银企直联"或"银企互联"，是指通过互联网或专线连接的方式，使企业的管理信息系统与银行综合业务系统实现对接，企业无须专门登录网上银行，就可以在管理信息系统内自主完成对其银行账户包括分（子）公司银行账户的查询、转账、资金归集、信息下载等功能，并在管理信息系统中自动登记账务信息。

银企直连可以解决企业集团在基于网银的资金收付和管理上所存在的问题或困难：

（1）一些大型企业日常处理的资金量非常庞大，且同一个企业（尤其是集团企业）可能在不同的银行开立多个结算账户，这样，即使有企业网银，这些企业在进行账务查询、资金清算时还是要逐一登录不同的银行网银系统。

（2）大型企业都会有企业管理信息系统，通过企业网银实现的交易信息还需要在管理信息系统中重复录入，既增加工作量、也会存在网银录入金额与管理信息系统金额可能不一致的问题。

企业要开通银企直连服务，需要事先与银行签订协议，再在管理信息系统中启用银企直连的功能。

三、FSSC 常用的信息系统

图 1-17 是一个财务共享服务中心 IT 应用系统架构的示意图。为 FSSC 运作模式提供系统支持的有共享作业平台、电子报账系统、电子影像系统、预算系统、ERP 财务系统、资金管理系统等。

根据 ACCA 等 2018 年对中国共享服务领域的调研报告[1]，在被调研的财务共享服务中心中，按照使用比率由高到低排列，最常应用的信息系统及其使用比率如下：① 财务核

---

[1] ACCA，Think Ahead，中兴新云. 2018 年中国共享服务领域调研报告［R/OL］.（2018-11）［2020-06-12］. https://cn.accaglobal.com/content/dam/acca/articles/files/2018 年中国共享服务领域调研报告网络版 15444068062.pdf.

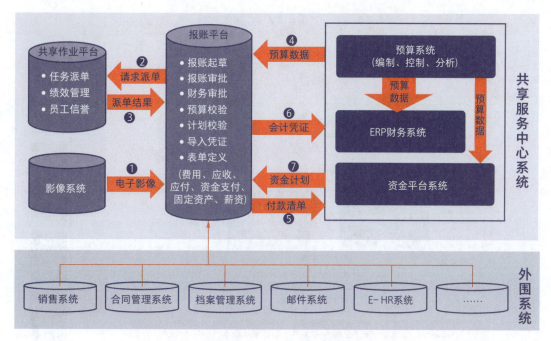

图 1-17 财务共享服务中心 IT 应用系统架构示意图

算系统（100.0%）。② 电子报账系统（100.0%）。③ 银企互连（77.4%）。④ 电子影像系统（75.8%）。⑤ 资金管理系统（69.0%）。⑥ 电子档案系统（52.4%）。

因为共享作业平台是不可或缺的一部分，因此在 ACCA 2018 年调研报告中并没有提及。下面简单介绍一下共享作业平台的概念。

业务单元发起的工作流进入应由财务共享服务中心处理的步骤后，财务共享服务信息系统将生成共享作业任务，并按照作业任务的派单规则分配到不同的任务池，每个任务池对应 1 个作业处理组，组员根据提取规则从任务池中提取作业任务进行处理（如图 1-18 所示）。

图 1-18 中的 "双屏审单"，是指将 2 台显示器连接到同一台计算机主机上，当财务共享服务中心作业处理人员处理所提取的作业任务时，信息系统内待处理的单据、该单据所关联的原始凭证影像将自动分开显示到 2 台显示器上，从而能够提高作业处理的效率。

财务共享服务中心作业处理的典型工作，包括单据审核、单据复审、支付确认等。单据审核的要点，主要包括是否符合财务制度、将生成记账凭证的业务数据是否完整、随附影像文件是否完整等；单据复核的要点，主要包括是否符合会计制度要求、是否符合内审或内部控制要求等；支付确认的要点，主要包括付款信息是否完整、是否符合企业当期资金计划等。

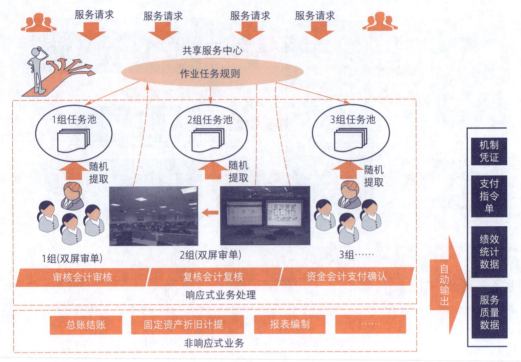

图 1-18　共享服务中心作业平台逻辑图

四、FSSC 常用硬件设备及使用场景

（一）高影仪

高影仪又称"高拍仪"，是一种将物理凭证拍摄图片并进行图片采集的设备（如图 1-19 所示）。优点是可采集的原始凭证类型与形状比较灵活，缺点是图片只能一张一张手工采集、速度比较慢。

（二）高速扫描仪

高速扫描仪是能够连续扫描多张纸质凭证的扫描仪（如图 1-20 所示）。优点是快速采集多页式的原始凭证（如各类合同），缺点是对原始凭证的类型和尺寸都有限制。

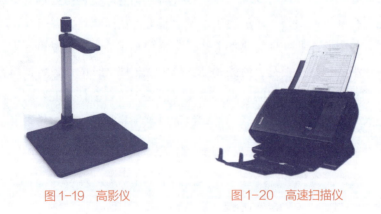

图 1-19　高影仪　　　　　　图 1-20　高速扫描仪

（三）打印机

制单人使用普通 A4 激光打印机打印财务共享服务信息系统中的单据，以便将物理形态的原始凭证与单据能够关联起来，并在业务单元的业务部门和财务部门间进行流转。

（四）扫描枪

使用扫描枪（如图 1-21 所示）可以识别原始凭证或所打印系统单据上的二维码或条码，以便完成原始凭证数据采集、内部单据流转分发等工作。

图 1-21　二维码或条码扫描枪

模块四　实践教学平台操作入门

本书配套的实践教学平台，是用友集团新道科技股份有限公司的"DBE-财务共享服务实践教学平台 1.0"（简称 D-FSSC1.0）。其中：DBE 的含义是"数字商业环境（Digital Business Environment"，意味着 D-FSSC1.0 的实训环境是数字化企业所处的商业社会环境，所使用的财务共享服务系统也是支撑企业财务数字化的信息系统；1.0 是实践教学平台的版本号。

在此模块中，将介绍几个 D-FSSC1.0 的基本操作及分组作业提交操作的操作方法。更多的系统操作，可参考实践教学平台的在线帮助。

一、基本操作

（一）登录

（1）打开谷歌 Chrome 浏览器并输入本校的教学系统安装网址，进入 D-FSSC1.0 的登录界面（如图 1-22 所示）。具体网址由教师告知学生，每个学校服务器的安装地址都不同。

【重要提示】

安装在各个学校的 D-FSCC1.0 会带有学校的名称或 logo，与本书中的实训系统插图会略有不同，但操作步骤和方法不会有差别。

（2）输入用户名，默认密码 111111，单击"登录"。学生的用户名默认是学生的学号，以教师导入学生名单时所使用的用户名单为准。

图 1-22　新道 DBE 财务共享服务实践教学平台 1.0 登录界面

（二）修改密码

登录后，单击首页左侧的【账户管理】>【修改密码】菜单，进行密码修改（如图 1-23 所示）。

个人信息　**修改密码**

新道大学

* 当前密码　　请输入当前密码

* 新密码　　　请输入新密码 (6-20位，区分大小写，只能…

* 确认密码　　再次输入新密码

保存

🏠 首页

🔔 公告管理

⚙ 账户管理

图 1-23　修改登录密码

（三）进入教学班

在学生登录后的首页中间区域，会罗列出学生参加新道 DBE 系列课程的全部教学班。找到本课程和所对应的教学班图标，单击【进入班级】按钮（如图 1-24 所示）。

图 1-24 进入教学班入口

（四）获取在线帮助

在进入教学班后的首页页面，单击左侧【快捷入口】菜单，在"快捷入口"功能列表中找到【帮助】入口（如图 1-25 所示），可以详细了解 D-FSSC1.0 的学生端操作方法与步骤。

图 1-25 在线帮助入口

二、按学生分组隔离数据

D-FSSC1.0 平台是采用分组角色扮演的方式进行学习。每个组的学习数据，是用系统中一个独立的数据空间来存放的。为了让不同组的同学能够以互不影响的方式操作教学平台，对于一些可能会产生冲突的数据，用以下规则进行区隔。

实训过程中如果需要编制或录入合同编号、供应商编码等信息，不同组别的同学要在原始凭证或实训资料中所给出数据的后面加上组别标识：

（1）非固定长度的数据，除第 1 组同学外，其余各组同学在系统教学资源中给定的数据后面分别增加组号 2、3、…、10、11、…，如"鸿途集团"（属于第 1 组）、"鸿途集团 2"（属于第 2 组）。

（2）固定长度的数据（如"发票号码"固定为 8 位），则各组（含第 1 组）同学将系统教学资源中给定的数据后 2 位分别替换为组号 01、02、…、10、11、…，如"08239701"（属于第 1 组）、"08239715"（属于第 15 组）。

（3）系统预置的企业名称、客户名称、供应商名称、员工姓名等信息，已经按照分组添加了组别标识。

✎ 项目实训

一、随堂测验

本测验是对每个学生的个人测试，检验学生在学习本项目后对财务共享服务基本概念和理论知识的掌握情况。

以学生的身份登录 D-FSSC1.0 教学系统并进入教学班，单击最左侧"学习中心"菜单，在左侧"教学项目"区域单击"B.认知财务共享服务"，系统将列出本教学项目下所有的教学场景及教学任务（如图 1-26 所示）。

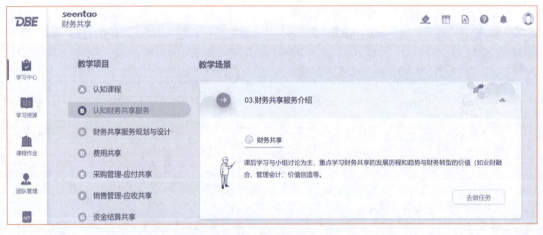

图 1-26　教学任务入口

【重要提示】

如果图 1-26 中的"去做任务"按钮为灰色，不可单击，则表示因教学安排或其他原因教师尚未下发该教学任务。

找到教学场景"03. 财务共享服务介绍"下的"财务共享"教学任务，单击"去做任务"按钮，D-FSSC1.0 教学系统将进入任务执行窗口。在顶部导航栏中单击"1. 随堂测验"这一教学步骤（如图 1-27 所示），然后单击"开始答题"按钮进行随堂测验。教学步骤完成后，单击图 1-27 右上角的"完成"按钮，以便教师端能够随时监控每个学生及学习小组的任务完成进度情况。

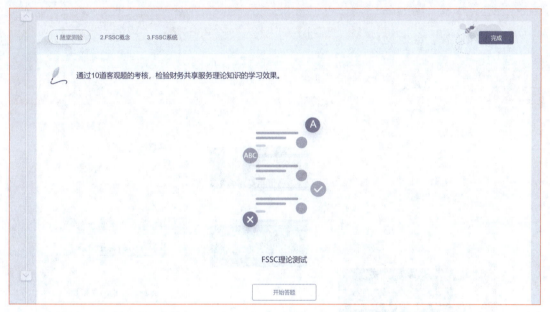

图 1-27　执行教学任务下的多个教学步骤

【重要提示】

D-FSSC1.0 教学系统中所有的学习及实训任务启动过程都与图 1-26 及图 1-27 类似。本书将不再赘述。

二、课后分组任务

在 D-FSSC1.0 教学系统学生端的学习中心，进入教学任务"B. 认知财务共享服务 > 04. 财务共享服务黑科技 > 财务共享"的执行界面（如图 1-28 所示）。每个学习小组的每名组员自学"2.FSSC 与 IT""3. 用友黑科技"这 2 个页签内容，然后组长组织本组组员分工完成一篇介绍 FSSC 新科技的 PPT 文档，并由组长上传提交。

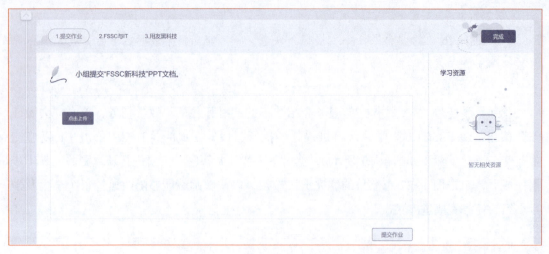

图 1-28　项目 01 课后分组任务的执行界面

 思维导图

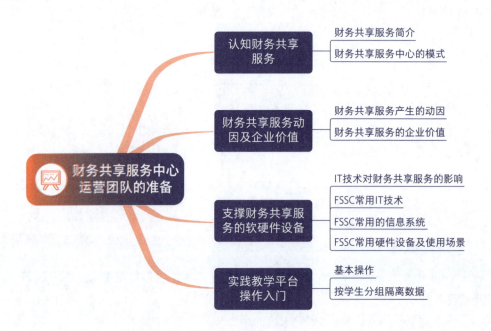

项目 02　企业现状调研

✈ **学习目标**

知识目标　●掌握集团企业传统的财务组织设置

　　　　　　●熟悉企业流程分级的概念

　　　　　　●理解组织结构图的含义

技能目标　●能够用Microsoft Visio工具，绘制企业的组织结构图与流程图

　　　　　　●能够根据企业案例资料，用Excel工具统计案例企业的财务岗位与财务人员

　　　　　　●能够用Excel工具，整理企业一、二级流程清单

素养目标　●培养学生科学严谨、实事求是的学习态度

　　　　　　●培养学生理论联系实际、注重实效的工作作风

　　　　　　●培养学生严肃认真、严谨细致的工作态度

模块一　企业组织架构调研

一、案例企业简介

　　鸿途集团股份有限公司（以下简称"鸿途集团"）始创于1987年，总部设在郑州。经过三十余年的发展，已成为集水泥、旅游、铸造为主体的多元化股份制企业。2018年，鸿途集团以160亿元的营业收入进入2018年中企业500强，位列第380位。各板块的营业收入为水泥80亿，旅游32亿，铸造24亿，焦化22.4亿，其他1.6亿。新三年，集团提出"产业多元化、产品专业化、管理现代化、市场国际化"的总体发展战略，借助于现代化、信息化手段，全力打造"数字鸿途"。2019年初，集团制定了当年营业收入提高20%的经营目标，即将实现192亿的总营收。

鸿途集团水泥有限公司（以下简称"鸿途水泥"），是国家重点支持的前三家水泥企业（集团）之一，是工信部重点支持兼并重组的五大水泥企业之一，2011 年 12 月 23 日，鸿途水泥在港交所主板成功上市。截至目前，鸿途水泥总产能超 1.5 亿吨，旗下公司覆盖河南、辽宁、山东、安徽、山西、内蒙古、新疆、天津等地。集团积极适应国家及行业政策的变化，通过先进的技术装备、合理的区域布局、充足的资源储备、规范的管理及品牌优势、致力于环境保护及可持续发展，集团得以实现快速发展，并维持及加强河南和辽宁两省的市场领导地位。

二、鸿途集团当前组织架构

鸿途集团在实施财务共享服务前，其组织架构图如图 2-1 所示。

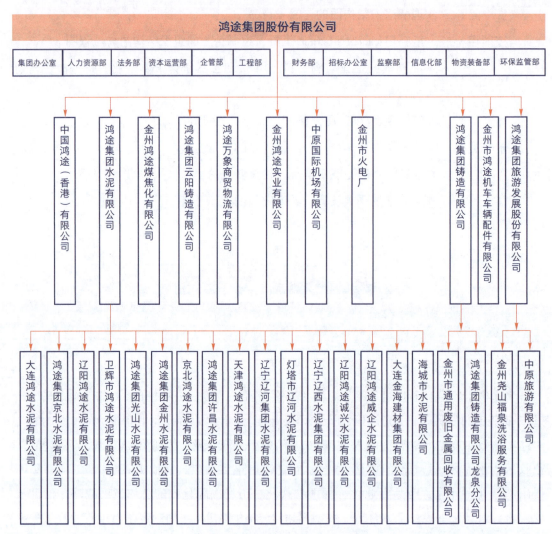

图 2-1　鸿途集团当前组织架构

三、鸿途集团水泥产业法人组织信息

鸿途集团的水泥板块以鸿途水泥为龙头，共有子公司和孙公司 17 家。这 17 家法人组织的相关信息如表 2-1 所示。

表 2-1　鸿途集团水泥板块法人组织信息表

名称	注册资本 /万元	统一社会信用代码	公司类型	经营范围	注册地
鸿途集团水泥有限公司	415 836.73	91410000416067532K	股份有限公司	水泥、熟料生产销售	郑州
大连鸿途水泥有限公司	47 971.49	91210200422423419L	有限责任公司	水泥、熟料、商品混凝土、其他水泥制品的生产与销售	大连
鸿途集团京北水泥有限公司	25 213.62	91210200422465428N	有限责任公司	水泥、水泥熟料的生产与销售	大连
辽阳鸿途水泥有限公司	23 168	91211021876234901F	有限责任公司	水泥、水泥熟料、水泥制品生产与销售	辽阳
卫辉市鸿途水泥有限公司	33 486.82	91410700345672819D	有限责任公司	水泥及相关产品的制造、销售	新乡
鸿途集团光山水泥有限公司	46 830.57	91411500125643762R	有限责任公司	水泥、水泥熟料、水泥制品制造销售	信阳
鸿途集团金州水泥有限公司	75 638.13	91210200422489651F	有限责任公司	水泥及相关产品制造、销售	大连
京北鸿途水泥有限公司	2 000	91410000416024576P	有限责任公司	水泥、水泥制品、石膏制造与销售	郑州
鸿途集团许昌水泥有限公司	8 000	91411000652134865T	有限责任公司	水泥、商品混凝土及其他水泥制品的生产与销售	许昌
天津鸿途水泥有限公司	10 000	91120222653298017D	有限责任公司	水泥、商品混凝土及其他水泥制品的生产与销售	天津
辽宁辽河集团水泥有限公司	20 500	91211022765453942Q	有限责任公司	水泥制造与销售	辽阳
灯塔市辽河水泥有限公司	6 300	91211022652347890U	有限责任公司	水泥、水泥熟料、水泥混凝土生产与销售	辽阳

名称	注册资本／万元	统一社会信用代码	公司类型	经营范围	注册地
辽宁辽西水泥集团有限公司	1 000	9121102165423 6719R	有限责任公司	水泥制造销售	辽阳
辽阳鸿途诚兴水泥有限公司	2 000	9121102176534 1890T	有限责任公司	水泥、矿渣粉生产与销售	辽阳
辽阳鸿途威企水泥有限公司	3 900	9121102175432 1897P	有限责任公司	水泥，新型建筑材料生产与销售	辽阳
大连金海建材集团有限公司	4 500	9121020042243 2890U	有限责任公司	水泥、水泥制品制造与销售	大连
海城市水泥有限公司	10 000	9121020042386 5329T	有限责任公司	水泥、熟料、商品混凝土、其他水泥制品的生产与销售	大连

⚙ 模块实训 ▌------------------------

绘制鸿途集团水泥板块法人组织结构图

本实训任务要求由每名组员独立完成。用 Microsoft Visio 中的"组织结构图形状"模板，依据图 2-1 中水泥板块的组织结构图，重新绘制一遍。在组织隶属关系正确的情况下，不限定必须采用与图 2-1 同样的图形符号。

模块二　鸿途集团财务管理转型需求调研

一、鸿途集团财务组织现状调研

鸿途集团的财务组织由三级管理架构构成（如图 2-2 所示）：

（一）集团财务

即鸿途集团财务部，直接向集团财务副总裁汇报，制定集团财税和资金管理制度，并对各业务单元的财会工作进行管理和指导。根据财务工作职能，下设预算与考核管理处、税务与资金管理处、信息化与综合处、结算审核处、会计核算处、资产管理处。

（二）板块财务

各行业板块的子集团或子公司所设置的多个财务部，完成本行业板块各业务单元的财

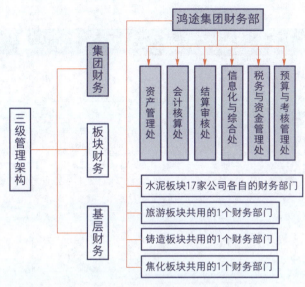

图 2-2 鸿途集团财务组织管理架构

务工作。

（三）基层财务

由各业务单元下属的分公司设置的非专职财务助理人员，在板块财务人员的指导下，完成本地一些辅助性财务工作。

二、鸿途集团财务岗位及人员现状调研

基层财务都是由非专职人员兼任财务助理岗，辅助处理财务工作，因此下文中未将他们纳入财务岗位人员统计表。

（一）财务岗位与人员

1. 集团财务

根据鸿途集团人力资源管理制度，所有员工都有一个明确的职级。M 表示管理或职能岗，P 表示专业技术岗；职级数值越小，表示级别越高。鸿途集团财务部的岗位设置、人员数量、职级、职责参见表 2-2。

表 2-2 鸿途集团财务部岗位职级、职责及人数统计表

序号	处室	岗位名称	人员数量	职级	职责
1		财务总监	1	M3	财务战略
2	预算与考核管理处	预算与考核管理	6	M4、M5	预算管理业绩考核

序号	处室	岗位名称	人员数量	职级	职责
3	税务与资金管理处	税务与资金管理	4	M4、M5	纳税筹划资金运作
4	信息化与综合处	信息化与综合处	7	M4（处长）、M6	信息化与财务监督
5	结算审核处	处长	1	M4	付款复核
6		会计	1	M6	付款审核
7		出纳	1	M7	资金支付
8	会计核算处	处长	1	M4	费用复核
9		会计	1	M6	费用核算
10	资产管理处	处长	1	M4	资产管理政策
11		会计	1	M6	资产核算
	合计		25		

2. 板块财务

鸿途集团各业务板块的专职财务人员数量如表 2-3 所示，其中水泥板块财务人员的详细岗位、职责及职级情况参见表 2-4。

表 2-3　鸿途集团板块财务组织与人数统计表

序号	行业板块	财务部数量	人员数量	备注
1	水泥	17	140	每个法人组织 1 个财务部
2	旅游	1	50	共用 1 个财务部
3	铸造	1	45	共用 1 个财务部
4	焦化	1	40	共用 1 个财务部
	合计		275	

表 2-4　鸿途集团水泥板块财务人员岗位职责与职级统计表

序号	岗位名称	职责	职级	人员数量 *
1	财务经理	财务分析	M4	17
2	总账会计	总账核算	M6	17
3	采购会计	应付审核应付对账	M6	17

续表

序号	岗位名称	职责	职级	人员数量*
4	结算会计	费用核算	M6	17
5	销售会计	应收审核 应收对账	M6	17
6	资产会计	资产核算	M6	15
7	成本会计	成本分析 成本核算	M6	9
8	税务会计	税务核算	M6	8
9	出纳	收款付款	M7	15
10	预算会计	预算编制	M6	8
合计				140

* 有些岗位只在部分业务单元设置。

（二）财务人员与工作分布情况

经过调研发现，鸿途集团财务管理岗位（财务总监、财务经理或处长、管理监督岗）占比较低，大量财务人员从事销售对账、发票处理、采购入账、结算审核等基础性工作。

财务人员基础工作繁忙，对供应、生产、销售以及产品检验等环节不是很熟悉。财务人员对其他岗位工作不了解，为财务管理和财务分析带来很大障碍。集团层面和下属公司财务人员都没有很好的按职能进行专业化分工，造成基础核算工作开展很好，决策支持工作开展较差的局面。在财务分析工作方面，当前财务分析工作主要集中在传统分析、成本分析，对其他分析不多，导致财务人员分析建模能力较差，与生产经营的结合度不好，对风险预警、经营预测指导性不高。

三、鸿途集团财务管理现状

鸿途集团财务管理系统部分处于基础应用阶段，例如核算向管理会计延伸、供应链向产业链延伸、信息化向智能化延伸等，都存在大幅提升空间，尽管应用深度在行业中处于领先地位，但从数字鸿途的战略发展方向看，有提高空间。

集团各级财务组织的定位模糊，集团财务人员整体聚焦基础核算工作，管理会计职能的发挥有所不足。

（一）财务会计基础工作

（1）会计核算标准化、入账规则统一化、业务流程标准化和自动化有待提高。

（2）业务、财务分工与职责边界有待进一步厘清。

（3）业务流程需增加监控点。

（4）成本核算需减少因成本会计能力差异造成的成本核算标准、成本分析质量差异。

（二）战略财务与决策支持能力

（1）财务管理需要从风险控制、效率提高进一步向业务支持和决策分析转变。

（2）需要培训、提升基层财务人员能力和水平，做好业务决策、财务监督、管理会计工作。

（三）财务管控体系建设

（1）从依靠人工审批控制向利用系统工具自动控制转变。

（2）从业务源头上解决下属企业普遍存在业务处理与财务控制界限模糊、分工不清、多环节重复的现象。

四、鸿途集团财务管理转型需求

财务管理作为企业集团管理最重要的管理活动，是影响企业战略实现的重要因素，在打造"数字鸿途"的总体信息化发展战略指引下，鸿途在财务管理上进行了前沿的探索。

为了支撑鸿途集团三年规划的发展战略目标：实现"产业转型、主业聚焦、做大做强"，集团财务提出从"财务监督型"向"价值创造型"转变，通过"管办分离，人员分层，流程优化，统一平台，集中规模化处理"，建立标准、高效、专业、低成本的以服务为导向，关注客户满意度的财务共享服务中心（如图2-3所示），建立"战略财务、业务财务和共享财务"三位一体的财务运营管理新模式，支撑集团快速发展、战略转型、聚焦主业、做大做强，实现财务业务流程化和标准化，提高财务工作质量和效率，降低财务运营风险，降低财务运营成本，实现经济效益最大化。

图2-3　鸿途集团财务共享服务中心建设目标

　　按照"总体规划、分步实施、先易后难、持续改进"的原则，先试点后推广，逐步扩大财务共享服务范围，将集团公司境内外所有具备条件的企业和财务业务纳入财务共享服务范围，建成标准、集成、高效的财务共享服务中心，促进降本增效，规范运营管理，提升公司价值，支持公司发展。

　　鸿途集团财务共享服务建设采取循序渐进的模式，分阶段实现最终建设目标（如图2-4所示）：

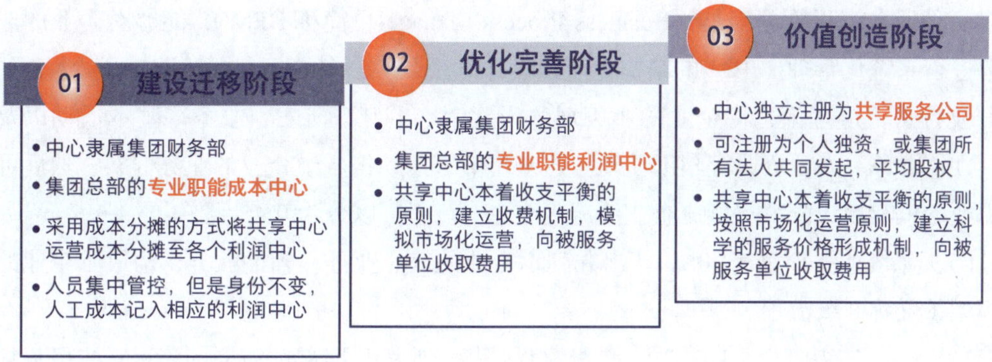

01 建设迁移阶段
- 中心隶属集团财务部
- 集团总部的**专业职能成本中心**
- 采用成本分摊的方式将共享中心运营成本分摊至各个利润中心
- 人员集中管控，但是身份不变，人工成本记入相应的利润中心

02 优化完善阶段
- 中心隶属集团财务部
- 集团总部的**专业职能利润中心**
- 共享中心本着收支平衡的原则，建立收费机制，模拟市场化运营，向被服务单位收取费用

03 价值创造阶段
- 中心独立注册为**共享服务公司**
- 可注册为个人独资，或集团所有法人共同发起，平均股权
- 共享中心本着收支平衡的原则，按照市场化运营原则，建立科学的服务价格形成机制，向被服务单位收取费用

图 2-4　鸿途集团财务共享服务中心分阶段建设目标图

　　（1）平稳迁移阶段。2018 年 7 月~2019 年 7 月，通过财务共享服务试点工作，总结财务共享服务建设规律、实施方法和步骤；2019 年 7 月~2019 年 12 月，把集团具备条件的企业及业务全部平稳迁移到财务共享服务中心。

　　（2）优化提升阶段。1 至 2 年优化提升，形成规范高效的业务流程，实现总部集中管控、内部市场化运营、规范化、低成本的财务共享服务运营模式。

　　（3）价值创造阶段。2 至 3 年卓越运营后，通过不断统一优化业务流程、深化共享以及财务大数据的分析应用，力争达到能为成员企业提供增值服务的、高效率的、国际一流水平的财务共享服务中心，实现向价值创造中心提升的目标。

⚙ 模块实训

鸿途集团财务管理人员统计

　　假设将鸿途集团 M5 及以上级别的财务人员视作财务管理类岗位，根据本模块的调研结果，用 Excel 表统计鸿途集团财务管理人员的数量及占比。

模块三　鸿途集团流程现状调研

一、IBM BPM 流程分级

国际商业机器公司（International Business Machines Corporation，简称 IBM）向企业提供一种业务流程管理工具（Business Process Manager，简称 BPM），能够对企业的业务流程进行系统化管理。IBM 的结构化流程设计方法，从公司的业务框架设计开始[①]，如可按照波特价值链理论，将企业的业务划分为营销、生产、研发、服务等基本活动以及采购、IT、财务、人力资源等辅助活动。这些价值链活动构成了企业的业务框架。然后可以依据业务框架逐级分解，形成企业的流程清单。流程可以分为 0~5 级（L0~L5）。

（1）系统业务模型（L0）。找出并列示企业的核心业务、辅助业务，构成本企业的业务模型（又称 0 级流程）。

（2）一、二级流程（L1~2）。一级流程是指企业级、跨部门协同的流程；二级流程是指部门内、跨岗位协同的流程。

（3）活动（L3）。流程的执行步骤。

（4）模版（L4~5）。模版是管控业务流程质量的核心控件，支撑业务流程的关键活动质量，相当于岗位操作手册。

二、流程清单模板及填报说明

（一）流程清单模板

表 2-5 至表 2-8 分别是鸿途集团费用管理、应收业务、应付业务、资产管理的流程清单模板。其中每个表格已经预填了一些打样用的单元格，学生可以修改。这些模板在本模块的"模块实训"中将要用到，届时可以从 D-FSSC1.0 上下载到本地。

[①] IBM 中国开发中心 BPM 团队. IBM BPM 实战指南［M］. 北京：北京希望电子出版社，2014.

表 2-5　费用管理流程清单模板

费用管理流程

一级流程编码（A）	一级流程名称（B）	二级流程编码（C）	三级流程名称（D）	四级流程编码（E）	四级流程名称（F）	业务活动名称（G）	业务活动描述或场景（H）	涉及的财务部门岗位（I）	涉及的表单（J）	当前流程存在的问题（K）	改进建议（L）
BX_1	事前申请	BX_1_1	事前申请单								
BX_2	借款	BX_2_1	借款单								
BX_3	报销	BX_3_1	差旅费用报销单								
BX_3	报销	BX_3_2	物流费用报销单								
BX_3	报销	BX_3_3	业务招待费报销单								
BX_3	报销	BX_3_4	会议费报销单								
BX_3	报销	BX_3_5	其他费用报销单								
BX_4	还款	BX_4_1	还款单								

财务审核要点

附件完整性检查点（M）	合规性检查点（N）	审批权限要求（O）	涉及的制度（P）	会计分录（Q）

表2-6 应收业务流程清单模板

应收业务流程

一级流程编码 (A)	二级流程名称 (B)	三级流程编码 (C)	三级流程名称 (D)	四级流程编码 (E)	四级流程名称 (F)	业务活动名称 (G)	业务活动描述或场景 (H)	涉及的财务部门岗位 (I)	涉及的表单 (J)	当前流程存在的问题 (K)	改进建议 (L)	财务审核要点				
												附件完整性检查点 (M)	合规性检查点 (N)	审批权限要求 (O)	涉及的制度 (P)	会计分录 (Q)
AR_1		AR_1_1														

表2-7 应付业务流程清单模板

应付业务流程

一级流程编码 (A)	二级流程名称 (B)	三级流程编码 (C)	三级流程名称 (D)	四级流程编码 (E)	四级流程名称 (F)	业务活动名称 (G)	业务活动描述或场景 (H)	涉及的财务部门岗位 (I)	涉及的表单 (J)	当前流程存在的问题 (K)	改进建议 (L)	财务审核要点				
												附件完整性检查点 (M)	合规性检查点 (N)	审批权限要求 (O)	涉及的制度 (P)	会计分录 (Q)
AP_1		AP_1_1														

表 2-8　资产管理流程清单模板

资产管理流程												财务审核要点				
二级流程编码（A）	二级流程名称（B）	三级流程编码（C）	三级流程名称（D）	四级流程编码（E）	四级流程名称（F）	业务活动名称（G）	业务活动描述或场景（H）	涉及的财务部门岗位（I）	涉及的表单（J）	当前流程存在的问题（K）	改进建议（L）	附件完整性检查点（M）	合规性检查点（N）	审批权限要求（O）	涉及的制度（P）	会计分录（Q）
FA_1		FA_1_1														

（二）流程清单填报说明

模板中的内容均为填写示例，仅供参考。各单位可根据自身实际业务现状，增行或删行调整示例，并将各项业务流程补充完整。各列的填报说明如表2-9所示。

表2-9　流程清单填报说明

列号	列标题	填报说明	备注
A 列	二级流程编码	如 1.1，1.2，1.3 等	
B 列	二级流程名称	如一级流程为费用管理、应收管理、应付管理等，则费用管理的二级流程为借款管理、报销管理、还款管理等	
C 列	三级流程编码	如 1.1.1，1.1.2，1.2.1，1.2.2 等	
D 列	三级流程名称	如二级流程为报销管理，则其三级流程为差旅费报销、招待费报销、会议费报销、办公费报销等	
E 列	四级流程编码	如 1.1.1.1，1.1.1.2，1.1.2.1，1.1.2.2 等	
F 列	四级流程名称	如三级流程为差旅费报销，则其四级流程为行政人员差旅费报销、销售人员差旅费报销等	
G 列	业务活动名称	上述末级流程中的业务活动环节的简称	
H 列	业务活动描述或场景	上述末级流程中的业务活动环节的详细场景描述	
I 列	涉及的财务部门岗位	上述业务活动场景下的财务流程所涉及的财务部门、岗位人员及其职责分工	
J 列	涉及的表单	上述业务活动场景下，根据现有系统中对应的业务或财务表单进行整理	
K 列	当前流程存在的问题	上述业务活动场景下，在现有系统中存在的遗留问题，或者线下业务操作流程中存在的遗留问题	
L 列	改进建议	用户或访谈对象对于上述遗留问题的改进建议或要求	
M 列	附件完整性检查点	上述业务活动场景下，业务或财务管理部门所要求上传的原始凭证的过程附件	
N 列	合规性检查点	上述业务活动场景下，业务或财务管理部门根据集团公司相关管理制度所制定的控制点或检查点	
O 列	审批权限要求	上述业务活动场景下，业务或财务管理部门根据集团公司相关管理制度所制定的审批要素	
P 列	涉及的制度	上述业务活动场景所涉及的集团公司财务或业务相关的管理制度	
Q 列	会计分录	上述业务活动场景下，财务部门根据相关财务管理制度所应出具的会计核算入账规则	

三、财务共享服务流程对标分析

考察已经实施财务共享服务的若干对标企业，按照待建财务共享服务中心企业（如鸿途集团）的现有一级流程，统计每个一级流程对标企业财务共享服务中心纳入服务范围的次数并填制表 2-10（其中 D 列中列出相应的对比企业），作为财务共享服务中心规划的一种参考。

表 2-10 纳入共享服务范围的流程次数统计表

序号 （A）	一级流程 （B）	被纳入财务共享的次数 （C）	纳入财务共享的企业列表 （D）
1	费用管理流程		
2	应收业务流程		
3	应付业务流程		
4	总账核算流程		
5	资产管理流程		
6	资金结算流程		

模块实训

（一）企业现状流程清单梳理

此实训为分组实训任务。在 D-FSSC1.0 学生端的学习中心，进入教学任务"C. 财务共享服务规划与设计 > 05. 认知案例企业 > 认知案例"的执行界面（如图 2-5 所示）。每个学习小组的每名组员自学"2. 案例总览"及二维码在线阅读内容"鸿途现状业务流程图"，然后由组长组织本组组员讨论并填写案例企业现状流程清单 Excel 文件（填到 J 列便可），并由组长上传提交。

鸿途现状业务流程图

（二）企业现状流程对标分析

此实训为分组实训任务。每名组员扫码阅读用友财务共享服务中心的 10 个企业案例，对照鸿途集团的现状流程清单，进行对标分析，组长组织讨论并以小组为单位编制如表 2-10 所示的"纳入共享服务范围的流程次数统计表"。

用友集团 10 个财务共享企业案例

图 2-5　项目实训结果提交页面 – 企业现状流程清单梳理

模块四　企业流程现状描述

一、跨职能带流程图的基本绘图元素

跨职能带流程
图的基本绘图
元素用法

本书采用 Microsoft Visio 的"流程图 > 跨职能流程图 > 垂直"这一模板作为绘制流程图的基础。如表 2-11 所示，本书选用了 12 种常见的符号作为基本绘图元素。这些图形的用法，可扫码阅读资源"跨职能带流程图的基本绘图元素用法"。

表 2-11　流程图基本绘图元素

编号	图形	名称	编号	图形	名称
1		职能带区 （如部门）	4	文件、表单的全称	文件 / 表单
2	负责人员 工作	最低一级工作步骤	5		判断 / 决策
3		引用 / 拆分的流程	6		连接线

续表

编号	图形	名称	编号	图形	名称
7		信息系统／ 电子存档	10		离页引用
8		非电子存档	11		流程开始／ 结束
9		批注／ 文字说明	12		并行模式

二、企业现状流程图绘制的总体原则

（一）一致性原则

流程步骤的绘制要符合公司管理现状，现在怎么做就怎么绘制出来，不加入任何个人的想法。

（二）完整性原则

要打破经营管理"部门"的概念，强调业务过程本身的完整性，充分体现该项业务如何发生、处理、记录和报告这样一个自始至终的过程。

（三）具体性原则

每个流程步骤应尽量具体，两个不同的工作内容应该拆分成两个工作步骤，不要合并。

模块实训

鸿途集团业务现状流程绘制

此实训为组员个人实训。扫码阅读鸿途集团现状业务流程图，找到适合水泥板块水泥销售的现状业务流程图，并用 Microsoft Visio 垂直跨职能带流程图的形式重新绘制该现状流程图。

鸿途现状业务流程图

思维导图

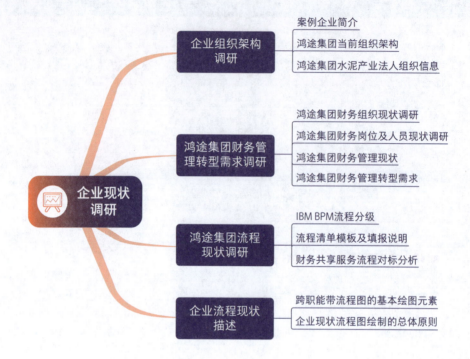

企业现状调研
├── 企业组织架构调研
│   ├── 案例企业简介
│   ├── 鸿途集团当前组织架构
│   └── 鸿途集团水泥产业法人组织信息
├── 鸿途集团财务管理转型需求调研
│   ├── 鸿途集团财务组织现状调研
│   ├── 鸿途集团财务岗位及人员现状调研
│   ├── 鸿途集团财务管理现状
│   └── 鸿途集团财务管理转型需求
├── 鸿途集团流程现状调研
│   ├── IBM BPM流程分级
│   ├── 流程清单模板及填报说明
│   └── 财务共享服务流程对标分析
└── 企业流程现状描述
    ├── 跨职能带流程图的基本绘图元素
    └── 企业现状流程图绘制的总体原则

项目 03 财务共享服务规划与设计

 **学习目标** ┠─────────────────────────────

知识目标 ●掌握财务共享服务中心"三定"概念

●熟悉"三角财务组织"（战略财务、业务财务、共享财务）的总体职责划分

●熟悉财务共享服务中心选址的规划和评估方法

●理解端到端业务流程设计原则

技能目标 ●能够根据企业案例资料，抽取企业财务共享服务中心建设相关的关键信息，并用沙盘工具进行企业初始状态摆盘

●能够利用沙盘推演案例企业财务共享服务中心的规划与设计过程

●能在系统中维护财务共享服务中心服务组织范围的变动信息

●能在系统中建立多组织体系和组织间业务委托关系

素养目标 ●培养学生运用辩证唯物主义世界观和方法论学习财务知识

●培养学生在工作中勇于担当的工作态度

案例导引 ┠─────────────────────────────

鸿途集团明确要建设财务共享服务中心后，进行了多家服务提供商的咨询、邀请提供解决方案、公开招标等过程，最终选择了友友网络科技股份有限公司（下称"友友公司"）作为建设服务及 IT 系统提供商，并与友友公司成立了混合项目团队，启动了鸿途集团财务共享服务中心的规划与设计工作。

在项目的早期阶段，友友公司项目经理和 FSSC 资深实施顾问带领整个项目组掌握 FSSC 规划与设计方法论，并借助沙盘设备进行推演，以便使项目组对项目建设目标与方案达成高度共识，为下一阶段的 IT 系统实施与试点打好基础。

模块一　认知 FSSC 规划方法及沙盘初始摆盘

一、FSSC 规划与构建方法选择

财务共享服务中心是一项长期的、系统的、动态的建设过程。案例公司现有的经营环境、制定的战略目标、运营模式、企业财务制度和财务管理战略、企业信息系统建设程度等，均会对财务共享服务中心的建设产生重大影响。

为了构建财务共享服务中心，首先需要确定案例公司财务共享服务的定位和目标，然后需要对案例公司的关键因素进行评估和规范。影响财务共享体系建设成功与否的因素包括：地点（Site）、流程（Process）、组织人员（Organization & People）、政策法规（Regulatory & Legal）、技术（Technology）、服务关系管理（Service Relationship Management）六要素，简称 SPORTS。构建要素的决策过程示意图如图 3-1 所示。

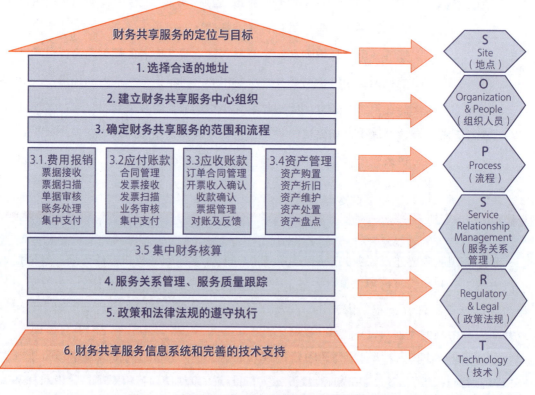

图 3-1　财务共享服务中心构建要素决策过程示意图

二、FSSC 规划与构建沙盘认知

（一）沙盘盘面

1. 挂盘

挂盘适用于没有专门沙盘实训空间的院校。在学生机房的座位旁分组设置白板，将磁性沙盘盘面垂直吸附在白板上，辅助以能在盘面上可靠固定的磁性卡片。

2. 摆盘

摆盘适用于有专门沙盘实训空间的院校，沙盘实训桌面上没有干扰物，学生将摆盘盘面平铺在沙盘实训桌面上，辅助以质量足够大、不会被学生无意识挪动的卡片。

3. 盘面主要元素

两种盘面除了材质不同外，在布局上也略有差别，但组成要素基本一致，以下内容以挂盘为例进行学习。该沙盘以财务共享中心构建方法论为依据，将盘面提炼为"3 区 9 要素"。具体包含战略规划区、流程规划区、组织规划区 3 个区域（如图 3-2 所示）。

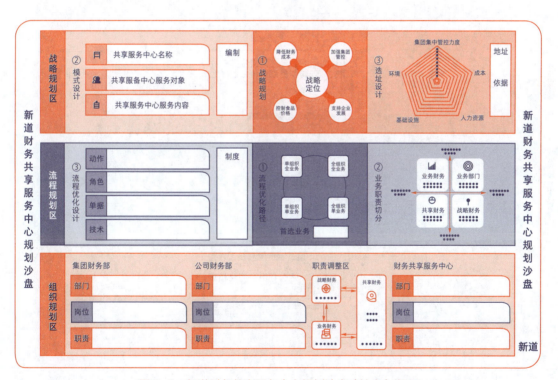

图 3-2　新道财务共享服务中心规划沙盘（挂盘）盘面

（1）战略规划区。完成 FSSC 战略定位、FSSC 模式、FSSC 选址等要素的规划与设计。

（2）流程规划区。完成流程优化路径、业务职责切分、首选流程优化设计（含制度与技术）等要素的规划与设计。

（3）组织规划区。完成组织架构、职责调整、人员三定（定责、定岗、定编）等要素的规划与设计。

（二）沙盘卡片

沙盘的 3 个规划区使用的卡片，用不同的分类色条来区分。战略规划区卡片分类色条为红色，组织规划区卡片分类色条为橙色，流程规划区卡片分类色条为蓝色。卡片的样式及其他信息如图 3-3 所示，卡片清单见表 3-1 至表 3-3。

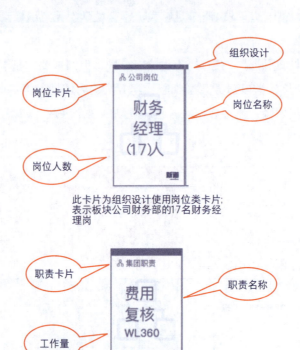

图 3-3　沙盘卡片样式及相关信息

表3-1　沙盘卡片清单1

战略规划区：28个					小计
职能定位	成本中心	利润中心	财务服务公司		3
建设模式	单中心	多中心－业态	多中心－区域	专长中心	4
服务对象	鸿途集团水泥有限公司	鸿途集团股份有限公司	金州鸿途煤焦化有限公司	鸿途集团万象商贸物流有限公司	12
	鸿途集团水泥中部区公司 4家	鸿途集团铸造板块公司 4家	鸿途集团水泥北部区公司 12家	鸿途集团旅游板块公司 3家	
	中国鸿途（香港）有限公司	金州市火电厂	金州鸿途实业有限公司	中原大福国际机场有限公司	
服务内容	费用共享	采购到应付共享	销售到应收共享		6
	固定资产共享	资金结算共享	总账报表共享		
选址设计	大连	郑州	天津		3

表3-2　沙盘卡片清单2

组织规划区：80个						小计
集团部门	预算与考核管理处	税务与资金管理处	信息化综合处	结算审核处	会计核算处	6
					资产管理处	
集团岗位	财务总监	预算与考核管理处（　）人	税务与资金管理处（　）人	信息化综合处（　）人	会计核算处长	11
	出纳	资产会计	结算会计	结算审核处长	资产管理处长	

续表

类别			组织规划区：80个				小计
集团职责	财务战略	预算管理与绩效考核	纳税筹划与资金运作	信息化与财务监督	资产管理政策		12
	费用核算 WL360	资产核算 WL25	资金支付 WL650	付款审核 WL650	财务政策	费用复核 WL360 / 付款复核 WL650	
公司部门	鸿途集团水泥财务部	鸿途集团旅游财务部（50人）	鸿途集团铸造财务部（45人）	鸿途集团焦化财务部（40人）			4
公司岗位	财务经理（ ）人	总账会计（ ）人	采购会计（ ）人	结算会计（ ）人	销售会计（ ）人	资产会计（ ）人	10
	税务会计（ ）人	预算会计（ ）人	出纳（ ）人	成本会计（ ）人	成本会计（ ）人		
公司职责	费用核算 EWL353	应收审核 EWL294	应收对账 EWL23.5	预算编制 EWL3	资产核算 EWL23.5	成本核算 EWL0.3 / 总账核算 EWL13	13
	财务分析	成本分析	税务筹划	应付对账 EWL353	应付对账 EWL29.4	收款付款 EWL639.7	
FSSC 部门 X8							8
FSSC 岗位 X8							8
FSSC 职责 X8							8

表 3-3　沙盘卡片清单 3

流程规划区：132 个

类别	卡片	小计
单据	实物单据 X6；实物档案 X2；影像单据 X4；电子档案	13
角色	业务人员；业务经理；分管副总裁；本地财务；财务经理；本地出纳；本地归档员；FSSC 财务审核岗；FSSC 财务复核岗；FSSC 出纳；FSSC 归档员；扫描员	12
动作	填单报账；业务审批 X2；财务审核；财务复核；线下支付；线上支付；录入凭证	17
技术	财务共享服务平台；资金结算系统；财务核算系统；商旅服务平台；影像管理系统；银企直连；线上集中结算；自动生成单据；自动生成凭证；电子档案；电子档案归档；纸质档案归档；档案邮寄；移动报账；企业报账平台；税务云；电子发票；财务机器人；采购云；业务系统；条码 / 二维码	15
制度与审核依据	费用制度：报销业务范围；费用制度：报销填报时间；费用制度：住宿标准；费用制度：出差补助；费用制度：出差借款；费用制度：报销支付时间；费用制度：报销支付银行；审核依据：凭证一致性；审核依据：业务真实性；审核依据：影像与纸质原始凭证一致性；应收制度：应收入账依据；应收制度：应收入账要求；应收制度：应收信用等级；应收制度：应收信用账户；应收制度：结算方式；应收制度：结算银行账户；应收制度：应收账龄区间；应收制度：应收账款；应收制度：坏账计提比例；应收制度：坏账计提日期	26

续表

流程规划区：132个

业务分类															小计
制度与审核依据	应付制度：应付对账日期	应付制度：应付对账方式	应付制度：应付入账步骤	应付制度：应付入账要求	应付制度：应付暂估入账	应付制度：结算银行账户	应付制度：应付款付款流程	应付制度：应付款付款时间	应付制度：结算方式						
采购到付款（PTP业务）	签订采购订单	审批采购订单	采购入库	录入采购发票	审批应付单	审核应付单	审核记账凭证	生成应付账龄分析表	审定采购财务政策	扫描发票上传	提交付款单	审批付款单	审核付款单	支付应付款	15
销售到收款（OTC业务）	录入销售订单	审批销售订单	销售发货出库	录入销售发票	提交应收单	审核应收单	审核应收账凭证	生成应收账龄分析表	录入收款单	扫描银行回单并上传	审核收款单	确认收款结算			13
固定资产业务	审核政策合规性	初步审核申请单	资产相关账务处理申请	资产相关账务处理	资产折旧入账	制定固定资产管理政策									6
费用业务	制定费用政策与制度	填制报销单	业务审批	本地初审报销凭证	审核报销凭证	报销支付	审核记账凭证	报表	分析						9
总账报表业务	预提需求审核	预提需求申请	月结关账	月结申请	会计政策	财务制度									6

三、沙盘初始状态摆盘

（一）初始状态摆盘的含义

初始状态摆盘，就是将鸿途集团的现状信息在沙盘盘面上进行复盘。初始摆盘既是一个熟悉沙盘盘面和卡片的过程，又是一个复习和加深对案例企业现状的理解的过程。

（二）战略规划区初始状态摆盘

根据案例企业的现状数据填写如表 3-4 所示的《企业基础信息表》。

表 3-4　企业基础信息表

名称	年营业收入	财务人员数量	财务人员效率	财务管理人员数量	财务管理人员占比
集团合计					
板块（业务单元）1					
板块（业务单元）2					
板块（业务单元）3					
…					
集团财务部门					

备注：财务人员效率 = 年营业收入 / 财务人员数量。

（三）组织规划区初始状态摆盘

集团财务初始摆盘：根据案例资料，将共享前案例企业的集团财务部门组织结构进行摆盘，包含部门、岗位、职责，统计现有财务角色的人数并写在角色卡片的括号内。示例见图 3-4 左侧区域。

公司财务初始摆盘：在"公司财务部"区域内，将各板块或各业务单元财务组织现状进行摆盘，包含部门、岗位、职责全部卡片。摆放完毕，统计现有财务角色的人数并写在角色卡片的括号内。示例见图 3-4 右侧区域。

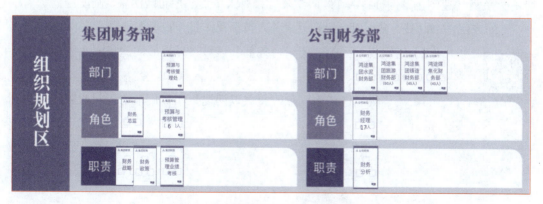

图 3-4　初始状态摆盘示例－组织规划区

（四）流程规划区初始状态摆盘

财务核算流程初始摆盘：在"流程优化设计"区将共享前案例企业的财务核算业务流程摆放完毕，包含动作、角色、单据卡片，示例见图3-5。

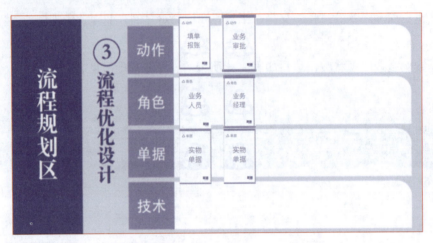

图3-5 初始状态摆盘示例－流程规划区

模块实训

（一）SPORTS 模型含义讨论

分组讨论。组长组织本组队员两两结对，交叉提问 SPORTS 每个字母的含义。

（二）沙盘卡片清点

分组实训。组长向教师申请盘面和卡片，分发给每个规划区的负责人，规划区负责人组织其他组员，对照表3-1进行沙盘卡片清点。

（三）鸿途集团初始摆盘

分组实训。组长将组员指派给每个规划区的负责人，每个规划区内部再进行分工，例如有人负责快速浏览案例资料的在线教学资源，有人负责沙盘初始摆盘。假设：

（1）鸿途集团 M5（含）以上级别的财务人员都视作财务管理人员。

鸿途集团案例资料

（2）组织规划区的"公司财务部"区域，只按照鸿途集团水泥板块进行摆盘。

（3）流程规划区初始摆盘时，仅以鸿途集团费用报销现状业务流程为例进行摆盘。

模块二　FSSC 战略规划沙盘推演

一、FSSC 战略定位选择

FSSC 战略定位有以下几个方面，企业需要根据自身的战略来进行优先级排序和选择。

（一）加强集团管控

这种战略定位的财务共享服务中心更侧重于其管理职能，通过制定统一的流程制度、建设统一的管理信息系统，形成集团集中化和标准化管理模式，整合财务管理和风险控制资源，对集团下属公司实施财务全程化、实时性监控，提高集团的综合掌控能力、支撑集团公司的发展战略。

（二）降低财务成本

通过对基础性、事务性工作的集中处理，一个财务人员可以处理几个公司的相同岗位的业务，从而在业务量不变的同时减少财务人员，使得原来由成百上千人在不同的子公司完成的工作由一个财务共享服务中心完成，提高了财务核算的效率，降低了原分散在各单位工作量的处理费用，节约了人工成本。

（三）支持企业发展

公司在新的地区建立子公司或收购其他公司，财务共享服务中心能马上为这些新建的子公司提供服务。同时，公司管理人员更集中精力在公司的核心业务，而将其他的辅助功能通过财务共享服务中心提供的服务完成。同时，使更多财务人员从会计核算中解脱出来，能够为公司业务部门的经营管理和高层领导的战略决策提供高质量的财务决策支持，促进核心业务发展。

（四）挖掘数据价值

随着企业体量的增大、层级的增多，管理决策的复杂性也越来越大，因此，财务需要发挥更多的管理职能，才能为决策层提供具有参考价值的决策分析数据和报表。财务核算也必须更加细致化和专业化，才能为企业提供更加具有管理价值的财务分析数据，而 FSSC 是企业集团集聚数据资源的最佳平台。

二、FSSC 建设目标确定

FSSC 建设首先应该立足财务本身，与公司财务管理战略目标保持一致，纵向服务于公司发展战略，横向匹配公司 IT 信息化建设战略规划，在此基础上明确 FSSC 战略定位，定义 FSSC 建设的短期目标、中期目标和长期目标。如友友集团曾经建立的另一家公司财务共享服务中心的目标如表 3-5 所示。

表 3-5　某公司 FSSC 建设的目标

类别	1～2 年短期目标	3～5 年中期目标	6～10 年长期目标
公司发展战略	向平台化管理转型，提升效率	并购扩张，全球化	持续盈利，稳健增长
财务战略规划	从核算监督向管理型财务转型	搭建财务共享平台，支持业务扩张、9 并购整合	从管理型向价值提升型转变
IT 信息化规划	达到企业级应用水平，业账税系统贯通	实现集团集成性应用，业务税系统一体化	升级到社会级应用，实现企业内外系统互联互通
FSSC 战略定位	集团管控	集团管控兼财务服务	财务服务兼集团管控
FSSC 建设目标	标准化建设，推动企业财务转型（责任中心）	财务内包服务，降本增效（成本中心）	协议收费，提供"财务内包＋外包服务"（利润中心）

三、FSSC 推进路径选择

由于财务共享服务的引入是一次财务革命，因此在 FSSC 建设中，不同企业会采用不同的建设路径。一般有两种推进路径：先试点后推广，即从单业务或单组织试点，逐步推广到全业务或全组织；一次性建设，即一次性在全业务全组织范围建设 FSSC。两种推进路径的比较参见表 3-6。

表 3-6　两种 FSSC 推进路径的比较及选择建议

推进路径	先试点后推广	一次性建设
适用客户群	管控力度较弱，执行力适中的集团企业；业务类型多样；业态较多、核算相对比较复杂；地域分布比较广的集团企业；处于稳定期的集团企业	管控力度较强，执行力比较高的集团企业；业务类型不是很多样、不是很复杂；业态较少、核算相对比较简单的集团企业；信息系统相对单一，不存在太多异构系统对接问题的集团企业
优点	逐步推广，先点后面、易于控制风险；试点期变动较小，不会造成大的震荡，有益于变革推进；试点成功后可大规模快速复制	一鼓作气，能够造成大的声势、引起高层高度重视，对项目推进有帮助；不会产生多次实施造成的人员疲惫厌倦的负面情绪；一次性建设完成共享信息系统，应用价值高

续表

推进路径	先试点后推广	一次性建设
缺点	对于试点机构的选择要慎重，既要考虑业务的全面性，也要考虑执行力、机构分布、管理现状、信息化现状等实际问题；业务在发展过程中，存在未知的可能性，试点完成后，推广时业务可能发生变化	需要做好全面可行的规划；制订好科学严格的项目计划和管理制度；对于项目管理要求高；对于信息化基础要求高；沟通面广，需要加强共享中心内部管理、建立呼叫中心等沟通渠道

企业在选择 FSSC 建设的推进路径时，最好做项目可行性研究与分析。结合企业现状，进行必要性、可行性分析。选择最具有代表性的机构进行试点，并制订好相应的推进计划。

四、FSSC 组织职能定位选择

从 FSSC 的组织职能定位来看，财务共享服务中心可以经历三个发展阶段：

（一）成本组织

财务共享服务中心隶属于集团总部，可在集团原财务部门下设立一个一级部门。FSSC 只对集团内部提供财务核算的工作，不进行独立的业绩考核，但可以收集及分析工作流并模拟内部收费，用于 FSSC 考核。这是 FSSC 建立后短期内普遍被采用的组织定位。

（二）利润中心

建立集团内部模拟考核机制，财务共享服务中心主要为集团内部被服务组织提供服务且进行内部结算，此外，也可以对外部提供部分服务并获得收益。这是 FSSC 运营一段时间后的中期组织定位。

（三）财务服务公司

财务共享服务中心作为独立运营的法人公司，提供市场化服务并自负盈亏，不仅仅服务于集团内部、与内部所有被服务公司签订正式的服务收费协议，也对外承接外包服务业务。这是 FSSC 的长期组织定位。

五、FSSC 模式的选择

财务共享服务中心的模式选择，要考虑领导要求、财务管理变革的目标、FSSC 组织职能定位、共享运营的易操作性等多个因素。采用单中心模式还是多中心模式，方案对比如下。

（一）全集团建立一个 FSSC

优势：人员集中，有利于集中运营管理，易于集团管控职能的发挥，具有集中化的规模效益。

劣势：如果集团多区域、多业态的业务单元较多或业务量较大，则不易提供有效支持。

（二）全集团建立多个 FSSC

优势：易于提供本地化或不同业态差异化服务。

劣势：如果集团不同区域、不同业态的业务单元较少或业务量较小，则成本高、无法发挥集中化的规模效益；不便于管理，不利于集团管控职能的发挥。

六、FSSC 服务内容确定

根据对已经建立的财务共享服务中心的业务及业务流程（或称"服务内容"）进行的调研，已纳入共享的服务内容如图 3-6 所示；另根据权威机构调查显示：80% 的财务核算业务都能够纳入财务共享服务中心。

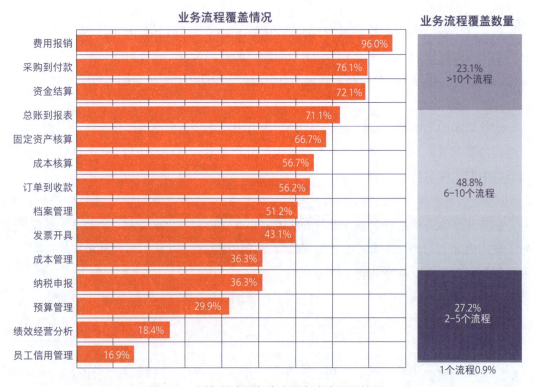

图 3-6　财务共享服务中心服务内容调研结果

在判断一个业务或服务内容是否应该纳入集团财务共享服务中心时，考虑的因素或筛选的原则如下：

（一）集中管控的角度

（1）集中管理的必要性越高，越要优先纳入共享内容。

（2）集中管控力度的要求越大，越要优先纳入共享内容。

（3）业务的重要程度越高，越要优先纳入共享内容。

（4）业务如果可以异地处理，则要优先纳入共享内容。

（二）减少财务工作量的角度

（1）占财务工作时间较长的业务，要优先纳入共享内容。

（2）财务工作量较大的业务，要优先纳入共享内容。

（三）成本效益原则的角度

（1）要考虑纳入共享后管理成本的增幅，是否能被共享带来的收益所弥补。

（2）考虑纳入共享后是否对管理水平的提高有帮助。

七、FSSC 选址的常用方法

确定财务共享服务中心所在地，需要考虑地区经济水平、公司运营模式等，选择的正确与否将直接影响能否充分共享及投资产出率，且制约业务执行情况。这些选择从总体来看，受制于中心定位、运营模式、长远战略、企业规模大小等多个因素，还包括备选地的投入产出分析、高效益的人力数量、薪酬待遇、网络资源等基础设施、优惠政策等因素。

以上具体因素由总体因素决定，总体因素根据财务共享服务的战略定位确定：

（1）若战略定位主要是控制成本，将更多考虑选址的成本因素，具体有人力成本等。其中，对于人力资源的成本要求也很低，不会过多投入。

（2）若战略定位主要是加强集团管控或提升业务服务质量，则人力成本可能就不是最重要的考量因素。

实际上能够兼顾所有标准的办公地址基本不存在，故而在决策时应进行排序，选择其中最适合的即可。地震、飓风、洪水等自然灾害都有可能引起业务中断，必须在选址时也加以考虑。

实际操作时可以先确定几个备选城市，然后按照如表 3-7 所示的 FSSC 选址决策分析表对每个备选城市进行数据资料收集、分项评分、加权汇总得到综合评分，以综合评分作为最终选址决策的重要依据。而因素的选取、权重的设计，均受到 FSSC 战略定位的重大影响。

表 3-7　FSSC 选址决策分析表

<table>
<tr><th rowspan="2">因素</th><th rowspan="2">方向</th><th rowspan="2">权重</th><th rowspan="2">影响因子</th><th colspan="3">备选城市 ××</th></tr>
<tr><th>数据资料来源</th><th>百分制评分</th><th>加权得分</th></tr>
<tr><td rowspan="6">成本</td><td rowspan="2">▲人力成本：考虑当地薪资水平、现有财务人员的搬迁安置成本等</td><td>7%</td><td>薪酬</td><td>1. 政府相关网站
2. 权威机构报告
3. 招聘网站相关岗位薪资水平</td><td></td><td></td></tr>
<tr><td>5%</td><td>房价</td><td>1. 政府相关网站
2. 权威机构报告
3. 房屋中介公司网站</td><td></td><td></td></tr>
<tr><td rowspan="3">▲交通成本：考虑人员业务沟通的往返差旅成本、单据运输或邮寄成本等</td><td>2%</td><td>铁路</td><td>1. 政府相关网站
2. 权威机构报告</td><td></td><td></td></tr>
<tr><td>2%</td><td>公路</td><td>1. 政府相关网站
2. 权威机构报告</td><td></td><td></td></tr>
<tr><td>2%</td><td>机场</td><td>1. 政府相关网站
2. 权威机构报告</td><td></td><td></td></tr>
<tr><td>▲办公成本：考虑办公固定成本，如办公大楼购买成本或办公室租金</td><td>7%</td><td>房价或房租</td><td>1. 政府相关网站
2. 权威机构报告
3. 房屋中介公司网站</td><td></td><td></td></tr>
<tr><td rowspan="3">人力资源</td><td rowspan="3">▲人员技能及知识水平：可通过市场调查、公开数据等渠道获得相关信息；
▲人才供给及流动性等：人才供给不足或人员流动性大会造成 FSSC 用人困难。例如，强生在苏州建立 FSSC 时就曾因为人员招聘困难，严重影响其业务的开展</td><td>3%</td><td>财务培训机构数量</td><td>1. 政府相关网站
2. 权威机构报告</td><td></td><td></td></tr>
<tr><td>10%</td><td>财经类院校数量</td><td>1. 政府相关网站
2. 权威机构报告</td><td></td><td></td></tr>
<tr><td>2%</td><td>城市人口</td><td>1. 政府相关网站
2. 权威机构报告</td><td></td><td></td></tr>
<tr><td rowspan="2">基础设施</td><td rowspan="2">▲ IT、通信设备的可靠性：FSSC 的有效运营非常依赖强大技术的支撑，这就要求畅通、安全、稳定的主干网络；
▲通信成本：较高的通信成本会抬高 FSSC 的运营成本，尤其是在一些通信网络不发达的地区</td><td>8%</td><td>5G 试点城市</td><td>1. 政府相关网站
2. 权威机构报告
3. 设备服务商报告</td><td></td><td></td></tr>
<tr><td>2%</td><td>信息化试点城市</td><td>1. 政府相关网站
2. 权威机构报告
3. 设备服务商报告</td><td></td><td></td></tr>
</table>

续表

因素	方向	权重	影响因子	备选城市 ××		
				数据资料来源	百分制评分	加权得分
基础设施	▲国际便利度：与国外市场联系是否方便也是众多有海外业务的公司需要考虑的因素	2%	世界五百强企业在所在城市设立机构的数量	1. 政府相关网站 2. 权威机构报告		
		1%	吸引外商投资的额度	1. 政府相关网站 2. 权威机构报告		
	▲基础设施质量：考虑当地的高校、道路及其他配套设施的发展情况	1%	配套的教育资源	1. 政府相关网站 2. 权威机构报告 3. 高校官网		
		1%	配套的医疗资源	1. 政府相关网站 2. 权威机构报告		
环境	▲政府政策：如税收政策、发票管理政策、数据安全要求等	4%	税收及优惠政策（购买土地、引进人才、购房等）	1. 政府相关网站 2. 权威机构报告		
		4%	所在城市政府政策是否支持金融、生产服务业发展	十三五规划		
	▲发展能力：如市场潜力，部分跨国企业选择将其 FSSC 建立在中国，就是看重中国巨大的市场容量； ▲城市竞争程度、人文环境等：在竞争较为激烈、压力比较大的城市，人员的稳定性会受到影响	4%	城市发展能力	1. 政府相关网站 2. 权威机构报告		
	▲客户群体集中度：目标市场区域	3%	面向客户服务	1. 政府相关网站 2. 权威机构报告		
集团管控力度	▲与总部（或区域总部）的沟通便利程度	20%	选址在总部所在地			
	▲总部（或区域总部）的影响，如战略发展定位	10%	选址在主管单位所在地／创始人祖籍所在地／客户所在地			

 **模块实训**

（一）鸿途集团 FSSC 战略规划实训

根据鸿途集团的案例资料及鸿途集团财务共享服务中心建设目标，讨论并确定鸿途集团 FSSC 最重要的战略定位并在沙盘上用相应卡片标注，然后讨论并确定鸿途集团 FSSC 建设目标及推进路径。同时，将上述决策的依据、过程和结论由专人用会议纪要的形式加以记录。

（二）鸿途集团 FSSC 模式设计实训

根据鸿途集团的案例资料，讨论并确定鸿途集团建设财务共享服务中心所适用的模式，给 FSSC 命名并将所有（如果采用多中心模式）名称用即时贴书写，粘贴在沙盘盘面上的"战略规划区 > ② 模式设计 > 共享服务中心名称"区域内。决策依据、过程和结论均记入会议纪要。

（三）鸿途集团 FSSC 职能定位设计实训

根据鸿途集团的案例资料，讨论并确定鸿途集团 FSSC 的组织职能定位，书写在即时贴上并粘贴到沙盘盘面上的"战略规划区 > ② 模式设计 > 依据"区域内。决策依据、过程和结论均记入会议纪要。

（四）鸿途集团 FSSC 服务对象及服务内容设计实训

根据鸿途集团的案例资料，讨论并确定鸿途集团建设财务共享服务中心的对象和内容，并将相关卡片分别摆放到沙盘盘面上的"战略规划区 > ② 模式设计 > 共享服务中心服务对象"和"战略规划区 > ② 模式设计 > 共享服务中心服务内容"区域内。决策依据、过程和结论均记入会议纪要。

（五）鸿途集团 FSSC 选址实训

从案例企业鸿途集团的业务版图来看，鸿途集团的业务主要集中在中原地区和辽宁省区。因此，在进行财务共享服务中心选址工作时，鸿途集团先初选了郑州、大连和天津这 3 个候选地点。

（1）每个小组的战略规划区负责人登录教学平台，在"快捷入口 > 下载中心 > xlsx"处下载"财务共享选址的决策评分表"（即财务共享选址的决策分析表）模板（如图 3-7 所示）；

（2）团队通过各种渠道自行收集郑州、大连和天津这 3 个候选地点的相关信息，并在"财务共享选址的决策评分表"中进行分析和评分；

（3）在"财务共享选址的决策评分表"中，将分析结果使用雷达图在沙盘选址区域画出来，并将最终确定的财务共享服务中心选定的城市卡片放至沙盘盘面对应区域。

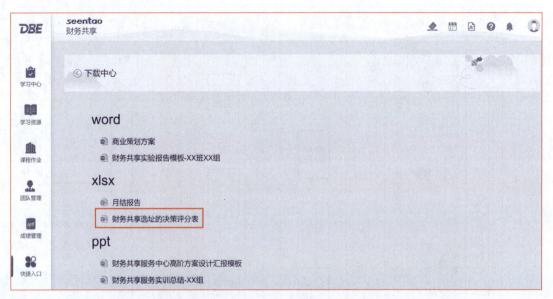

图 3-7　财务共享选址的决策评分表下载界面

模块三　FSSC 组织和人员规划沙盘推演

一、财务组织及部门设计

大型集团企业基于财务共享服务中心的财务管理体系建设蓝图如图 3-8 所示，自下而上可以分为基础平台层、业务系统层、财务共享服务中心层、财务管理中心层、应用展现层。

（一）基础平台和业务系统层

大型集团企业的业务信息化和管理信息化基础一般较好，基础平台和业务系统一般都已经比较成熟，因此在建设财务共享服务中心时往往要保持这两层的稳定性和持续性。

（二）财务共享服务中心层

财务共享服务中心层负责共享财务职能，一般按照共享的业务内容（如财务核算、财务报表、资金收付等）进行内部部门或作业组设置，在共享评价和影像管理等技术系统支撑下进行日常运营工作。

（三）财务管理中心层

负责财务战略、财务制度、资金管理等战略财务和业务财务职能。

（四）应用展现层

将下面各层的数据以实时、可视化分析或报告的形式，向各级管理者提供管理者驾驶舱。

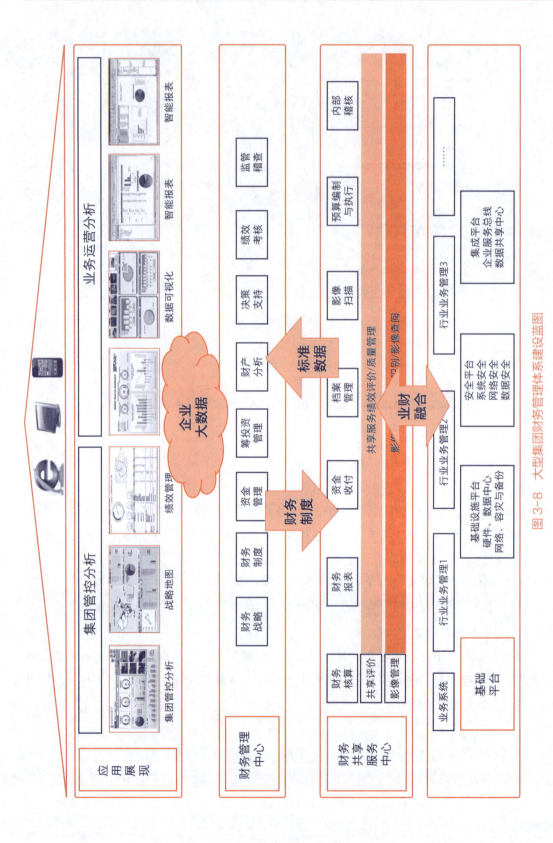

图3-8 大型集团财务管理体系建设蓝图

二、FSSC 人员三定

FSSC 人员三定是指建立财务共享服务中心后，FSSC 财务人员的定责、定岗、定编。人员定责，就是在集团原来的财务职责划分的基础上，通过财务共享进行重新划分和调整，进一步明确 FSSC 的职责；人员定岗，就是确定 FSSC 具体的岗位设置；人员定编，就是确定 FSSC 中每个岗位的编制数量。

（一）财务职责调整

当基于财务共享的财务组织向三角财务组织（战略财务、业务财务、共享财务）转换后，势必要对相关岗位和职责进行调整，即依据三角财务组织转型，明确划分战略财务、共享财务与业务财务职能的边界。这三类财务职能的职责划分如图 3-9 所示。

1. 战略财务

集团财务部作为战略财务组织，负责集团运营监控和决策支持，行使对下属企业财务管理职能，包括制定和监督财务会计政策、支撑集团投资决策、进行风险控制，对集团税务筹划、全面预算、成本进行统筹管理等管控型、专家型财务工作。

2. 业务财务

负责企业的经营型财务工作。各业务版块或业务单元的财务部门参与到业务全过程，作为业务前端合作伙伴及时发现经营问题，基于财务角度对业务过程进行支持和控制，承担业财融合职责。公司或板块总部财务部门受集团财务部门直接领导，负责本公司及下属分支机构的财务监督、成本费用审核、总部纳税筹划、经营财务分析与决策支持等工作；分支机构财务部门负责财务业务监督控制、决策支撑和高附加值的财务工作。

3. 共享财务

财务共享服务中心负责集团各公司及分支机构的会计基础核算、费用、资金结算等规模型、重复性、可标准化处理的财务工作，要做到专业化、标准化、流程化、集约化。

（二）FSSC 定岗

财务共享服务中心岗位设置的原则及设置模式如图 3-10 所示。集团财务部、原板块及业务单位财务部的岗位中，如果职责保留则岗位保留，否则将取消相应岗位、人员待转岗。

（三）FSSC 定编

财务共享服务中心岗位人员配置测算方法有 3 种：业务分析法、对标评测法与数据测算法。

1. 业务分析法

业务分析法是基于业务性质和特点，并结合现有管理人员及业务人员经验，进行分析评估，最终确定人员需求数量的方法。

	财务会计				管理会计		
	财务运作	财务报告	资金管理	税务管理	经营绩效管理	预算与经营预测	成本管理
指导（战略财务）	集团会计政策；集团会计流程；会计分录审核及批准；财务核算稽核	合并报表管理；法定披露要求；外部审计要求；财务报表合规性管理	集团现金流筹划；集团资金调度；资金统一支付；集团资金解决方案	集团税务规划；税务合规性政策及流程；税务知识库	管理报告体系；KPI考核流程/规则/指标定义；激励政策	预算制定流程及规则；战略规划及战略目标的设定；预算模型设计；集团预算组织	成本战略；成本核算及管理流程；成本激励
控制（业务财务）	授权及权限管理；财务运营协调；本地财务制度	本地财务报表合规性管理；财务报表内部检查；本地财务报表调整	本地现金流平衡；汇率控制	国家商务模式；税务合规性管理	经营业绩预测；经营业绩分析及推动	预算编制及申报；预算过程控制；预算分析考核	设计成本控制；项目成本控制；生产成本控制；费用控制
执行（共享财务）	销售及应收流程；采购及应付流程；固定资产流程；工资流程；项目流程；特殊事项流程	定期关账；财务报表制作；内部往来清理；财务报表自查报告	银行对账；下达支付指令	税务核算；税务报表制作；税务检查支持	全程利润报表制作；责任现金流报表制作；发货报表制作；库存周转报表制作	预算执行数据加工；预算执行标准报表；费用分析报表	成本核算；成本报表

图3-9 共享模式下的三角形财务组织及其职责划分

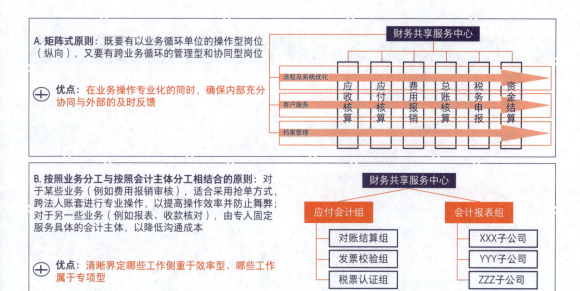

图 3-10　财务共享服务中心岗位的原则及设置模式

2. 对标评测法

对标评测法是对于原先没有岗位设置，无经验值参考、无法进行数据测算的业务，选取相近口径其他单位的业务进行对标，并在此基础上进行估测。

3. 数据测算法

数据测算法又称工时法，是在业务量和工作效率（人均业务量）确定的基础上，确定人员需求数量的方法。此方法适用于能够提取到可靠业务量，并能够对单笔业务量所用时间进行测量的项目。

模块实训

（一）鸿途集团 FSSC 组织及部门设计实训

（1）依据战略规划 - 模式 - 服务内容，设置鸿途集团财务共享服务中心的作业处理部门，将部门名称写在部门卡片上（或用即时贴书写并粘贴在部门卡片上），并放至沙盘盘面上的"组织规划区 > 财务共享服务中心 > 部门"区域内。决策依据、过程和结论均记入会议纪要。

（2）鸿途集团财务共享服务中心除作业处理部门外另需设置运营管理部，将该部门名称写在部门卡片上（或用即时贴书写并粘贴在部门卡片上），并放至沙盘盘面上的"组织规划区 > 财务共享服务中心 > 部门"区域内。

（二）鸿途集团财务职责调整实训

根据财务职能现状，鸿途集团设计了共享后的财务职能，如表3-8所示。

表 3-8　鸿途集团共享后的财务职能

职能类别	职能细分	战略财务	板块财务	企业财务	共享财务
基础业务核算职能	交易处理与会计核算			△	▲
	财务报表管理			△	▲
	薪酬税务及财务其他事项			▲	△
	资金收付			△	▲
	票据与档案管理			△	▲
财务运行监控	财务政策与制度	▲	△		
	财务内控控制与风险管理	△	▲		△
	财务监督检查	▲	▲		
价值创造	投筹资管理	▲	△	△	
	资金运作	▲	△		
	纳税筹划	▲	△		
决策支持	财务战略	▲			
	全面预算管理	▲	△	△	
	业绩考核与报告	▲	△	▲	
	公司经济运行监控	▲	△	▲	
	财务状况分析	▲	△	▲	

注：▲主导职能；△辅助职能。

（1）依据表 3-5，将鸿途集团现有的集团财务、公司财务职责卡片逐一进行职责类型判断，将规模型职责放入沙盘盘面上的"组织规划区 > 职责调整区 > 共享财务"区域内，将管控型职责放入沙盘盘面上的"组织规划区 > 职责调整区 > 战略财务"区域内，将经营型职责放入"组织规划区 > 职责调整区 > 业务财务"区域内。同时将决策依据、过程和结论记入会议纪要。

（2）对调整区职责卡片合并同类，与财务共享服务中心下设部门比对，将可纳入共享中心的职责卡片摆放到对应的 FSSC 部门下方职责区。

（三）鸿途集团 FSSC 定岗实训

鸿途集团按照业务分工原则确定 FSSC 的岗位列表。根据本模块的模块实训（一）结果以及集团共享前的岗位职级情况（表 2-2 至表 2-4），设计鸿途集团 FSSC 的岗位名称和职级，并将岗位卡片放至沙盘盘面上的"组织规划区 > 财务共享服务中心 > 岗位"区域内、所属 FSSC 部门的正下方；在岗位摆放位置的正下方"职责"区域内，摆放 FSSC 岗位所对应的职责卡片。决策依据、过程和结论均记入会议纪要。

（四）鸿途集团 FSSC 定编实训

1. 实训任务

鸿途集团财务共享中心人员包含管理人员、业务人员、运营人员。其中，管理人员包含中心主任及各处长。业务人员采用工时法定编，运营人员采用对标评测法定编，管理人员采用业务分析法定编。

请依据后面的调研结果确定 FSSC 各岗位的编制数量，并在沙盘盘面上"组织规划区 > 财务共享服务中心 > 岗位"区域内的岗位卡片上填写编制人数。如果有新增岗位，可以补充摆放卡片，在卡片不足时可用即时贴替代。

编制的计算或确定过程，可用单独的电子文档进行记录。表 3-9 是一种表格样例，学生可自主调整。

表 3-9　财务共享服务中心定编记录表格样例

部门	岗位	测算方法			全面上线		编制人数
		业务分析法	工时法	对标评测法	总工作量	人均工作量	
中心领导	主任	√					1
销售核算处	处长	√					1
应收审核岗			√		5 500	1 000	6
……	……	……	……	……	……	……	42
营管理处处	处长	√					1
呼叫服务岗				√			1
票据综合岗			√				1
质量稽核岗				√			1

2. 调研结果

（1）鸿途集团财务工作总量调研结果。鸿途集团财务部月度基础核算工作的工作量统计，如表 3-10 所示；中部地区鸿途水泥相关财务工作月度工作量明细如表 3-11 所示；北部地区鸿途水泥相关财务工作月度工作量明细如表 3-12 所示。

表 3-10　鸿途集团财务部月度工作量统计表

单位：单 / 月

应收核算	应收对账（月度发生业务的客户数量）	应付审核	应付复核	应付对账（月度发生业务的供应商数量）	费用核算
300	28	350	350	30	360

续表

费用复核	资产核算	成本核算	总账报表	资金结算	
360	25	0.3	15	650	

表 3-11　中部地区鸿途水泥相关财务工作月度工作量明细

单位：单/月

公司名称	应收核算	应收对账（月度发生业务的客户数量）	应付审核	应付复核	应付对账（月度发生业务的供应商数量）	费用核算	费用复核	资产核算	成本核算	总账报表	资金结算
鸿途集团水泥有限公司	500	40	600	600	50	600	600	40	0.5	26	1 087
卫辉市鸿途水泥有限公司	400	32	480	480	40	480	480	32	0.4	21	870
鸿途集团光山水泥有限公司	400	32	480	480	40	480	480	32	0.4	21	870
京北鸿途水泥有限公司	150	12	180	180	15	180	180	12	0.2	8	326
鸿途集团许昌水泥有限公司	225	18	270	270	25	270	270	18	0.225	12	490

表 3-12　北部地区鸿途水泥相关财务工作月度工作量明细

单位：单/月

公司名称	应收核算	应收对账（月度发生业务的客户数量）	应付审核	应付复核	应付对账（月度发生业务的供应商数量）	费用核算	费用复核	资产核算	成本核算	总账报表	资金结算
大连鸿途水泥有限公司	475	36	540	540	45	540	540	36	0.45	24	988
鸿途集团京北水泥有限公司	350	28	420	420	35	420	420	28	0.35	18	760
辽阳鸿途水泥有限公司	300	28	350	350	30	360	360	25	0.3	15	650
鸿途集团金州水泥有限公司	500	40	670	670	50	660	660	40	0.5	26	1 182
天津鸿途水泥有限公司	250	20	300	300	25	300	300	20	0.25	13	543

续表

公司名称	应收核算	应收对账（月度发生业务的客户数量）	应付审核	应付复核	应付对账（月度发生业务的供应商数量）	费用核算	费用复核	资产核算	成本核算	总账报表	资金结算
辽宁辽河集团水泥有限公司	300	22	330	330	28	330	330	22	0.275	15	607
灯塔市辽河水泥有限公司	200	16	240	240	20	240	240	16	0.2	11	435
辽宁辽西水泥集团有限公司	125	10	150	150	13	150	150	10	0.125	7	272
辽阳鸿途诚兴水泥有限公司	175	14	210	210	18	210	210	15	0.175	9	380
辽阳鸿途威企水泥有限公司	175	14	210	210	18	210	210	16	0.175	9	380
大连金海建材集团有限公司	200	16	240	240	20	240	240	16	0.2	11	435
海城市水泥有限公司	275	22	330	330	28	330	330	22	0.275	14	600

假设：2019 年拟新建水泥公司纳入中心各项工作月度工作量按 17 家平均工作量估算，即等于卡片中 EWL 值。

（2）同行业标杆企业调研结果。某标杆企业的财务共享服务中心各岗位人均业务量如表 3-13 所示。

表 3-13　同行标杆企业财务共享服务中心各岗位人均业务量

单位：单／月

序号	1	2	3	4	5	6	7	8	9	10	11	12	13
业务类型	应收核算	应收对账（月度发生业务的客户数量）	应付核算	应付复核	应付对账（月度发生业务的供应商数量）	费用核算	费用复核	资产核算	存货成本核算	成本分析	总账报表	资金结算（收付款）	单据归档
人均业务量	1 000	2 000	800	2 000	16 000	1 000	2 000	500	80	160	80	2 000	7 000

注：该标杆企业财务共享服务中心交易处理人员规模为 50 人，运营组 4 人，可支撑共享中心日常运营工作开展。

模块四 FSSC 流程规划沙盘推演

一、流程优化路径设计

流程优化路径，是指企业采取怎样的计划，将财务共享的业务内容和服务对象组织范围逐步扩大。流程优化路径的选择，主要考虑以下因素：

（1）对现有业务、组织和人员的影响。影响范围和程度越大，推进的阻力就可能越高。

（2）人力资源和技能的就绪度。实施财务共享服务后，财务人员要尽量稳定，因此现有财务人员要能够胜任首批进行共享流程优化后的业务要求。

（3）财务共享的实施周期。首批纳入流程优化的业务和组织数量越多、复杂度越大，要求的实施周期就会越长。因此，确定流程优化路径要考虑到集团对财务共享服务中心首次上线运营的时间要求。

（4）项目推进难度。不同的集团企业，其业务单元加入的方式有差别，集团对各个业务单元的控制力度不同。如果集团管控是以分权为主，集团企业财务共享推进的难度就较大，首批纳入流程优化的业务及组织数量就不能太大，否则二者叠加、共享项目推进就愈发困难。

（5）系统和基础设施就绪度。不同企业集团其业务单元的信息化管理基础千差万别。有些集团已经实现了主要业务系统的统一，推进财务共享的系统和基础设施就绪度较高、难度相对较小；有些集团的各个业务单元使用互不相同的业务系统或企业管理软件（如ERP），推进财务共享的系统和基础设施就绪度较低、难度相对较大。系统和基础设施就绪度低的集团，首批纳入共享流程优化的业务及组织数量就不能太大。

假设用 1~4 这 4 个数字来表示不同的优化业务范围及组织范围组合，其中"1"代表单一业务、单一组织实施共享，"2"代表单一业务、全组织实施共享，"3"代表全业务、单一组织实施共享，"4"代表全业务、全组织实施共享，则常见的流程优化路径选择如下表 3-14 所示：

表 3-14 常见的流程优化路径选择

路径选择	概要描述
3-4	从单一公司开始试点，将全部业务纳入共享服务中心进行试点，等试点公司全部业务稳定运行后，再扩展到全部公司

续表

路径选择	概要描述
2-4	从全部公司的某一业务纳入财务共享服务中心进行试点，等试点业务稳定运行后，再逐步将其他业务纳入财务共享服务中心
1-3-4	先将单一公司的某一业务纳入财务共享服务中心进行试点，等试点业务稳定运行后，将试点公司的所有业务纳入财务共享服务中心，再扩大范围将其他子公司纳入财务共享服务中心
1-2-4	先将单一公司的某一业务纳入财务共享服务中心进行试点，等试点业务稳定运行后，将这项试点业务推广到所有子公司，再逐步将其他业务纳入财务共享服务中心

二、业务职责切分

FSSC 流程梳理和优化的核心，是对财务共享服务中心产生业务交互的流程进行重新评估与再造。借助财务共享服务中心所带来的组织和业务交互模式变革，可以改善企业在成本、服务质量与响应速度方面的绩效。

建设财务共享服务中心以后，业务流程的执行除了战略财务、业务财务、共享财务等部门会参与，业务单元的业务部门也会参与。业务职责切分，就是确定哪些业务流程、哪些流程步骤纳入财务共享服务中心来处理。这就需要首先确定哪些业务流程纳入财务共享服务范围，然后对纳入共享的业务流程进一步确定每个步骤（动作）归属哪个部门。

（一）纳入 FSSC 的业务流程选择

根据国内已有财务共享服务中心的建设经验，财务核算、费用共享、业财一体化管控、影像扫描、资金集中管控是财务共享规划设计时需要重点设计的业务流程（如图 3-11 所示）。

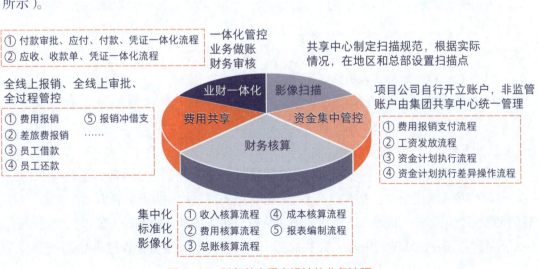

图 3-11　财务共享重点设计的业务流程

（二）业务职责切分

将拟纳入财务共享服务的业务流程细化到具体的流程步骤（活动），逐一分析每个活动的特征，并根据不同特征将活动切分到业务部门、业务财务、共享财务、战略财务中的一个部门。

（1）活动属于本地现场支持还是可以远程集中处理。如果属于本地现场支持，或由现场驱动的某些流程活动，则倾向于属地化处理，即由业务财务或业务部门来处理；如果可以远程集中处理，则可以考虑交由共享财务或战略财务来处理。

（2）活动关注业务经营还是关注经营数据。如果是关注业务经营，则倾向于属地化处理，即由业务财务或业务部门来处理；如果是关注经营数据，则可以考虑交由共享财务或战略财务来处理。

（3）活动属于常规重复操作还是需要专业知识技能支撑。属于常规重复操作，可由共享财务或业务财务来处理；需要专业知识技能支撑，可以由业务部门来处理；需要专业的财务、税务和资金管理知识技能支撑，可以由战略财务（专家团队）来处理。

（4）纯事务性操作和初级层次的客户服务，可以纳入共享中心，实现共享服务的规模效益；更高层次的问题解决和升级流程，也可以考虑纳入共享中心，但通常需要进一步分析。

（5）财务治理、政策制定以及高端战略通常保留在战略财务；财务计划与分析等由业务伙伴推动的，保留在业务财务。

三、流程优化设计

（一）流程优化设计简要过程

逐个选取纳入财务共享服务范围、需要进行优化的业务流程，根据业务职责切分和组织规划的结果，将该业务的现有流程转换为共享后的流程。转换时明确该流程在共享后所需要的配套制度，以及每一个流程活动（动作）的下述要素：

（1）角色：执行该动作人员的岗位角色。

（2）单据：输入的单据、输出的单据。

（3）技术：所涉及的技术或信息系统名称。

（二）流程优化设计的端到端原则

流程优化设计时，需要遵循端到端的设计原则。"端"是指企业外部的输入或输出点，这些外部的输入或输出点包括客户、市场、外部政府或机构以及企业的利益相关者。"端到端流程"指以客户、市场、外部政府或机构以及企业的利益相关者为输入或输出点的，一系列连贯、有序的活动的组合。图3-12是一个企业端到端业务流程设计结果的示例。

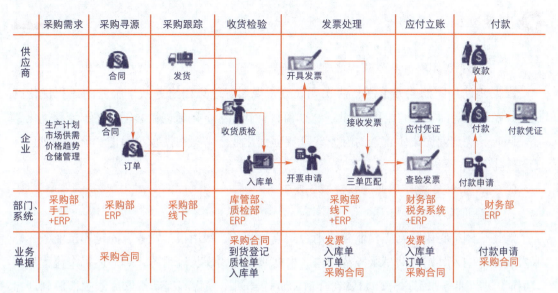

	采购需求	采购寻源	采购跟踪	收货检验	发票处理	应付立账	付款
供应商		合同	发货		开具发票		收款
企业	生产计划 市场供需 价格趋势 仓储管理	合同 订单		收货质检 入库单	开票申请　接收发票 三单匹配	应付凭证 查验发票	付款　付款凭证 付款申请
部门、系统	采购部 手工 +ERP	采购部 ERP	采购部 线下	库管部、 质检部 ERP	采购部 线下 +ERP	财务部 税务系统 +ERP	财务部 ERP
业务单据		采购合同		采购合同 到货登记 质检单 入库单	发票 入库单 订单 采购合同	发票 入库单 订单 采购合同	付款申请 采购合同

图 3-12　企业端到端业务流程设计示例

端到端业务流程设计应用到企业财务共享服务业务流程优化中，要遵循如下具体原则。

1. 业务组织与财务组织地域分离原则

（1）原始单据的传递。需要对影像扫描进行设计，包括制单人扫描、专岗扫描。

（2）原始单据的归档。需要对档案管理进行设计，包括本地归档、共享中心归档、电子档案归档、纸质档案归档等。

（3）内控的管理要求。由于地域分离带来的对内控的管理设计需求要考虑。

2. 跨业务组织流程的标准化原则

实现业务形态不同、信息系统差异、审批流程差异、业务环节差异、主数据差异等的标准化。

3. 信息系统的现状与集成原则

尽量兼容企业现有的信息系统，并进行信息系统集成。有些企业其业务系统与 FSSC 系统一体化，即由同一套管理软件或管理信息系统同时完成业务操作及 FSSC 作业处理；但很多企业的业务系统已经存在比较长的时间，而 FSSC 的建设采用了异构（即不同的）系统，此时需要将 FSSC 系统与既有系统进行集成。

4. 新技术应用原则

共享服务模式是在信息技术支持下的管理变革，实现业务财务、共享财务的有效协同，推动财务管理向更高价值领域迈进。

 **模块实训** ┣- -

（一）鸿途集团财务共享流程优化路径设计实训

根据鸿途集团的业务范围、营收规模等，规划鸿途集团财务共享服务的流程优化路径，并在沙盘盘面上的"流程规划区 > ① 流程优化路径"区域内用彩笔标注出流程优化路径。同时，确定鸿途集团首选的财务共享流程优化业务，写在沙盘盘面上"流程规划区 > ① 流程优化路径 > 首选业务"区域。

（二）鸿途集团共享后业务职责切分实训

1. 沙盘推演

鸿途集团拟将采购到应付业务、销售到应收业务、费用报销业务、固定资产业务、总账报表业务纳入到财务共享服务范围内。根据鸿途集团现状流程图，对上述每个流程步骤（动作）进行业务职责切分、归属到合适的责任部门，并将流程动作卡片依次摆放到沙盘盘面上"流程规划区 > ② 业务职责切分"区域的相应部门象限中。

2. 切分结果填报

将鸿途集团采购到应付业务、销售到应收业务、费用报销业务、固定资产业务、总账报表业务的业务职责切分结果，分别在表 3-15 到表 3-19 中勾选标注。

表 3-15　采购到应付业务职责切分表

业务流程动作	业务部门	业务财务	共享财务	战略财务
签订采购订单				
审批采购订单				
采购入库				
录入采购发票				
审批应付单				
审核应付单				
审核记账凭证				
生成应付账龄分析表				
审定采购财务政策				
扫描发票上传				
提交付款单				
提交应付单				
审批付款单				
审核付款单				
支付应付款				

表 3-16 销售到应收业务职责切分表

业务流程动作	业务部门	业务财务	共享财务	战略财务
录入销售订单				
审批销售订单				
销售发货出库				
录入销售发票				
扫描发票上传				
提交应收单				
审核应收单				
审核记账凭证				
生成应收账龄分析表				
录入收款单				
扫描银行回单并上传				
审核收款单				
确认收款结算				

表 3-17 费用报销业务职责切分表

业务流程动作	业务部门	业务财务	共享财务	战略财务
制定费用政策与制度				
填制报销单				
业务审批				
本地初审报销凭证				
审核报销凭证				
报销支付				
审核记账凭证				
报表				
分析				

表 3-18　固定资产业务职责切分表

业务流程动作	业务部门	业务财务	共享财务	战略财务
审核政策合规性				
初步审核申请单				
资产相关账务处理申请				
资产相关账务处理				
资产折旧入账				
制定固定资产管理政策				

表 3-19　总账报表业务职责切分表

业务流程动作	业务部门	业务财务	共享财务	战略财务
预提需求审核				
预提需求申请				
月结关账				
会计政策				
月结申请				
财务制度				

（三）鸿途集团财务共享流程优化实训

对初始状态摆盘所摆的财务核算流程（费用报销），做财务共享流程优化设计，注意扫描设置、档案管理等，将优化后的财务核算流程（动作、角色、单据、技术或信息系统）以及流程支持性制度用卡片摆放到沙盘盘面的"流程规划区 > 流程优化设计"区域。注意每个动作所对应的角色、单据、技术或信息系统要垂直对齐。

模块五　用友 NC Cloud 财务共享服务初始配置

在进行财务共享服务中心的规划与设计的同时，要确保能够有合适的财务共享服务信息系统来支持规划设计在企业的落地实现。本模块以用友网络科技股份有限公司的新一代财务管理信息系统 NC Cloud 为例，学习企业财务共享服务的初始配置。

被组长指定为系统管理员角色的学生登录 D-FSSC1.0 后，从学习中心进入教学任务 "C.财务共享服务规划与设计 > 06.财务共享服务规划与设计 > 构建测试"，单击 "3.FSSC 构建配置" 学习步骤页签，便可看到 "系统管理员" 的入口。单击该入口，系统将弹出 "NC Cloud 重量端" 或 "NC Cloud 轻量端" 选择按钮（如图 3-13 所示）。

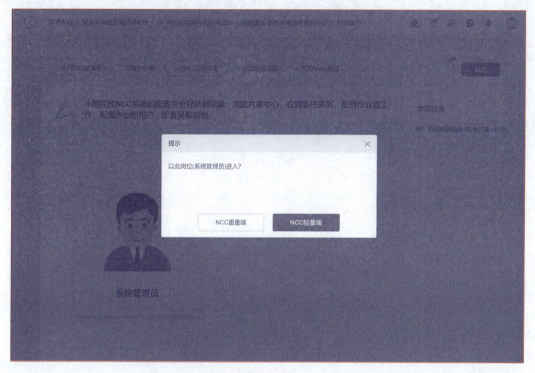

图 3-13　以系统管理员角色登录 NC Cloud 轻量端

【特别提示】

NC Cloud 有些功能通过重量端实现，有些功能通过轻量端实现。所谓重量端，是指需要在客户端安装 UClient 程序才能访问 NC Cloud；所谓轻量端，是指可以直接用网络浏览器（如 Google Chrome 等）访问 NC Cloud。本教材所涉及的 NC Cloud 功能清单及其属于重量端还是属于轻量端，可阅读 "本课程所涉及的 NC Cloud 功能菜单" 教学资源。

本课程所涉及的 NC Cloud 功能菜单

选择进入 NC Cloud 轻量端后，可以看到如图 3-14 所示的界面。图 3-14 下方 "共享中心委托关系" 区域的内容，就是本模块即将学习的 FSSC 初始配置内容。

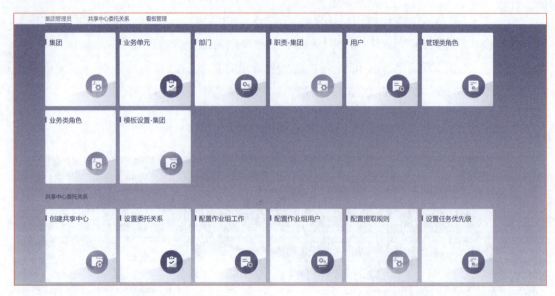

图 3-14　系统管理员登录 NC Cloud 轻量端后的桌面

一、NC Cloud FSSC 初始配置的内容

NC Cloud 财务共享服务配置的内容，主要包括以下几个方面：

（一）创建财务共享服务中心

指定企业的哪个组织作为财务共享服务中心。NC Cloud 支持多中心模式，即可以创建多个财务共享服务中心。

（二）设置委托关系

将具体业务单元（即 FSSC 服务对象）的具体业务（即 FSSC 服务内容）委托给财务共享服务中心，如将费用报销业务委托给费用共享中心。同一个业务单元可以将不同的业务委托给不同的共享中心处理，但同一业务单元的相同业务不能委托给多个共享中心。

（三）配置作业组工作

作业组是 FSSC 的一种组织设置，不同的服务内容或业务可以由不同的作业组来完成。配置作业组工作，就是设置共享中心的作业组并给各作业组分配工作范围或服务内容。

（四）配置作业组用户

配置每个作业组由哪些作业人员构成，另外每个作业组还可以设置多名作业组长。

（五）配置提取规则

每当有财务共享服务业务进入 FSSC 处理时，根据作业组工作的配置情况，该作业将进入某个唯一的作业组待处理作业清单（称作作业池或单据池），由对应作业组的用户提取后进行处理。提取规则就是作业组组员进行任务提取的规则，包括提取方式、提取阈值、每次提取数量等。

二、创建财务共享服务中心

单击图 3-14 中的"共享中心委托关系 > 创建共享中心"入口，系统进入共享中心管理界面。单击右上角"新增"按钮，弹出财务共享服务中心创建对话框（如图 3-15 所示）。录入共享中心编码、名称，并选择该共享中心绑定到哪一个预置的业务单元，然后单击"保存"按钮进行保存。

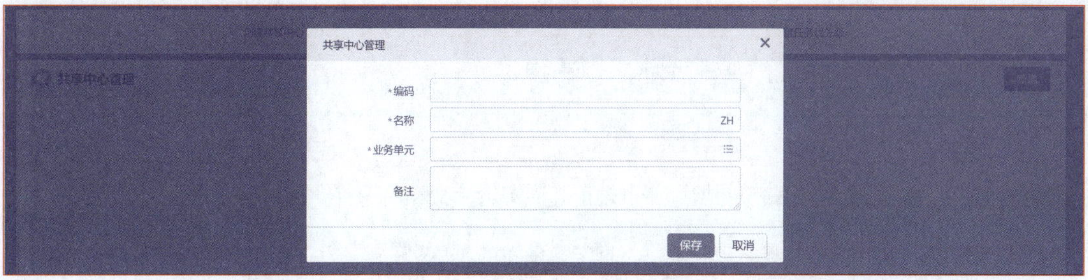

图 3-15　创建财务共享服务中心并绑定预置的业务单元

三、设置共享委托关系

即设置共享中心的服务对象和服务内容。在图 3-14 中单击"共享中心委托关系 > 设置委托关系"入口，或单击共享中心管理（图 3-15）页面顶部的"设置委托关系"页签链接，NC Cloud 轻量端将进入设置委托关系页面。左上角"财务共享服务中心"框中选中刚刚创建的财务共享服务中心，然后单击右上角的"新增"按钮，NC Cloud 将弹出"新增共享委托关系"对话框（如图 3-16 所示）。在"业务单元"框中选中所有的服务对象（即纳入 FSSC 服务范围的业务单元），在下方选中所有的服务内容（如费用管理、应收管理等），然后单击"保存"按钮进行保存。

NC Cloud 支持的财务共享服务内容及业务单据如表 3-20 所示。

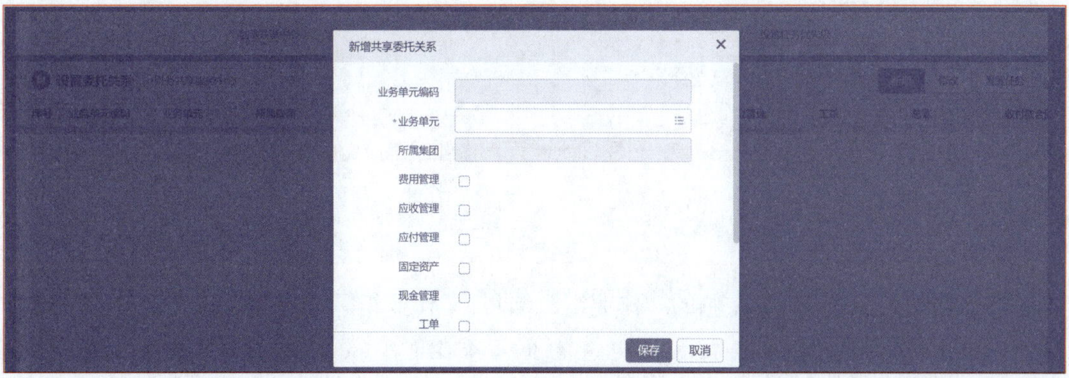

图 3-16　NC Cloud 新增共享委托关系

表 3-20　NC Cloud 财务共享服务内容及业务单据

序号	服务内容	业务单据
1	费用管理	费用申请单、费用预提单、借款单、报销单、还款单、费用调整单
2	应收管理	应收单、收款单
3	应付管理	应付单、付款单
4	现金管理	付款申请单、付款结算单、划账结算单、收款结算单
5	收付款合同	收款合同、付款合同
6	总账	凭证单
7	固定资产	新增资产审批单、固定资产变动单、资产减少单
8	工单	预制工单、自定义发布的工单
9	基础数据	供应商申请单、供应商银行账户申请单
10	资产	资产变动、资产减少、资产报废

四、配置作业组工作

在图 3-14 中单击"共享中心委托关系 > 配置作业组工作"入口，或单击共享中心管理（图 3-15）页面顶部的"配置作业组工作"页签链接，NC Cloud 轻量端将进入"配置作业组工作"页面（如图 3-17 所示）。左上角"财务共享服务中心"框中选择刚刚建立的财务共享服务中心。

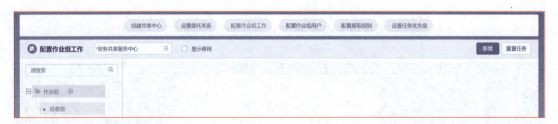

图 3-17　NC Cloud 配置作业组工作页面

（一）创建作业组

鼠标移动到图 3-17 中左侧的"作业组"项目，"作业组"文字后面将出现"⊕"操作链接。单击该链接，便可在"作业组"下新增一个作业组。NC Cloud 支持建立多级的作业组，如在图 3-17 中的"应收组"下还可以建立新组（如应收初审组等）。

（二）设置作业组规则

在图 3-17 中选中某一个作业组，然后单击右上角"新增"按钮，NC Cloud 轻量端便弹出"新增作业组规则"对话框（如图 3-18 所示）。

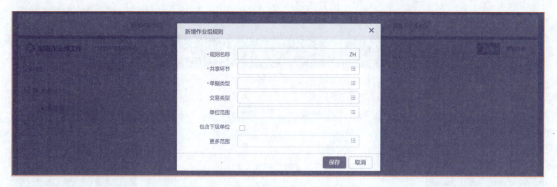

图 3-18 新增作业组规则

（1）规则名称。为了便于记忆，可以在作业组的名称后面加上"规则"二字。

（2）共享环节。NC Cloud 支持财务共享服务中心作业处理的两级审核。如果是单级审核或两级审核的初审作业组，则共享环节选"共享审核"；如果是复审作业组，则共享环节选"共享复核"。

（3）单据类型。NC Cloud 的财务共享服务作业分配是以流转的业务单据为标准，单据类型设置就是将单据类型与作业组建立关联，一旦业务单据流转到 FSSC 处理环节，NC Cloud 就按照这个设置将单据分配到恰当的作业组单据池内。如果作业组是按照共享服务内容（如应付管理、费用管理等）设置的，则单据类型可参照表 3-17 来设置。

（4）交易类型。如果同一类单据还要根据交易类型的不同而细分到不同的工作组来处理，则可以设置交易类型。

（5）单位范围。这里的单位是指共享服务对象，即财务共享服务的委托方（业务单元）。如果同一种业务单据要按照所属业务单元（共享服务对象）的不同而细分到不同的工作组来处理，则可以设置单位范围。

（6）包含下级单位。如果选中，则"单位范围"中所选择的业务单元其下属业务单元的单据与本业务单元单据将由同一个作业组来处理。

（7）更多范围。NC Cloud 还提供了多种丰富的作业组单据分配条件。

五、配置作业组用户

在图 3-14 中单击"共享中心委托关系 > 配置作业组用户"入口，或单击共享中心管理（图 3-15）页面顶部的"配置作业组用户"页签链接，NC Cloud 轻量端将进入"作业组用户配置"页面。左上角"财务共享服务中心"框中选择新建立的财务共享服务中心，系统将列出该 FSSC 已经创建的作业组列表，单击一个作业组行、"操作"列中的"+ 组员"链接，NC Cloud 将弹出"作业组用户配置"对话框（如图 3-19 所示）。选中要配置的用户，单击下方"确定"按钮进行保存。

图 3-19　配置作业组用户

六、配置提取规则

在图 3-14 中单击"共享中心委托关系 > 配置提取规则"入口，或单击共享中心管理（图 3-15）页面顶部的"配置提取规则"页签链接，NC Cloud 轻量端将进入"提取规则"页面。左上角"财务共享服务中心"框中选择新建立的财务共享服务中心，单击"新增"按钮，NC Cloud 轻量端将弹出"新增提取规则"对话框（如图 3-20 所示）。

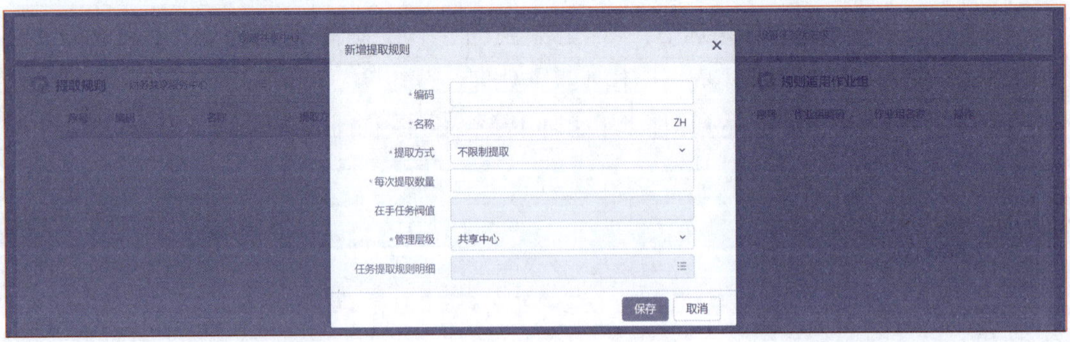

图 3-20　新增提取规则

1. 提取方式

对作业人员提取任务时的控制方式，NC Cloud 支持三种控制方式：

（1）不限制提取。作业人员可以无限次地提取任务。

（2）处理完毕后提取。作业人员必须把当前任务处理完后才能提取下一次任务。

（3）阀值限制。当作业人员当前在手任务数量不大于阀值的时候，可再次提取。

2. 每次提取任务量

作业人员每次可以提取到手的最大任务数。

3. 在手任务量阀值

该字段与提取方式配合使用，当提取方式限制选择"阀值限制"的时候，限制在手任务量必填，且必须为正整数；当提取方式限制选择其他两种方式的时候，限制在手任务量不可用。

4. 管理层级

该提取规则的使用范围，支持两种级次：① 共享服务组织：适用于整个共享服务中心内的所有岗位；② 岗位：适用于该规则所包含的岗位。如果两个层级都定义了，优先匹配岗位级。

【特别提示】

一个共享服务组织只能定义一条共享服务组织层级的提取规则；每个共享服务都必须定义相应的提取规则，当某岗位的作业人员匹配不到提取规则时，他在作业平台将无法提取任务。

⚙ 模块实训

鸿途集团财务共享服务中心初始配置实训

（一）鸿途集团 FSSC 规划与设计结果

经过财务共享服务中心建设项目组的多方论证，鸿途集团 FSSC 规划与设计的结论如下：

（1）鸿途集团采用单中心模式，财务共享服务中心的名称确定为"鸿途财务共享服务中心"（简称"鸿途 FSSC"），隶属于集团财务部。D-FSSC1.0 中已经预置了一个同名的业务单元。

（2）建设初期的服务对象确定为水泥板块的 17 家子公司，每家子公司都委托鸿途 FSSC 提供同样的服务内容，包括费用管理、应收管理、应付管理、固定资产、现金管理、总账、收付款合同、资产管理、基础档案管理。

（3）鸿途 FSSC 作业组设置及作业组工作职责如表 3-21 所示。所有作业组均只有初审环节、不设置复核环节。

表 3-21　鸿途 FSSC 作业组设置及工作职责

作业组编码	作业组名称	作业组职责及单据类型
01	应付组	处理应付账款付款类单据：应付单、付款单、主付款结算单
02	应收组	处理应收账款收款类单据：应收单、收款单、主收款结算单
03	费用组	处理费用报销类单据：主报销单
04	档案综合组	处理基础数据及收付款合同类单据：供应商申请单、供应商银行账号申请单、收款合同、付款合同

（4）鸿途 FSSC 的作业组组员用户信息如表 3-22 所示。

表 3-22　鸿途 FSSC 作业组组员用户信息

用户编码	用户名称	作业组	角色
z0**001	张春艳	应付组	应付初审岗角色
z0**002	王希	应收组	应收审核岗角色
z0**003	龚紫琪	费用组	费用初审岗角色
z0**006	丁军	档案综合组	档案综合岗角色

（5）鸿途 FSSC 确定了共享服务组织层级的提取规则，规则编码自主设置，规则名称为"鸿途 FSSC 提取规则"，提取方式为"处理完毕后提取"，每次提取数量为 1。

（二）实训任务

每个小组在 D-FSSC1.0 上完成鸿途集团财务共享服务中心的初始设置工作：

（1）创建"鸿途 FSSC"并绑定预置的同名业务单元。

（2）设置鸿途 FSSC 与水泥板块所有子公司之间的共享委托关系。

（3）配置鸿途 FSSC 作业组工作与作业组用户。

（4）配置鸿途集团 FSSC 单据提取规则。

✎ 项目实训 ▮- ▮▮▮

鸿途集团财务共享服务规划与设计高阶方案撰写与提交

以小组为单位，从 D-FSSC1.0 学生端的"快捷入口 > 下载中心"下载"财务共享服务中心高阶方案设计汇报模板"（如图 3-21 所示），然后小组讨论并撰写方案汇报 PPT。撰写完成后，由组长单击"学习中心 > C 财务共享服务规划与设计 > 06.财务共享服务规

划与设计 > 案例呈现 >"教学任务下的"去做任务"按钮，然后选择"2. 终稿分享"步骤页签（如图 3-22 所示），用"单击上传"按钮上传本组方案汇报的 PPT 文档。

新道财务共享
服务中心沙盘
推演配套手册

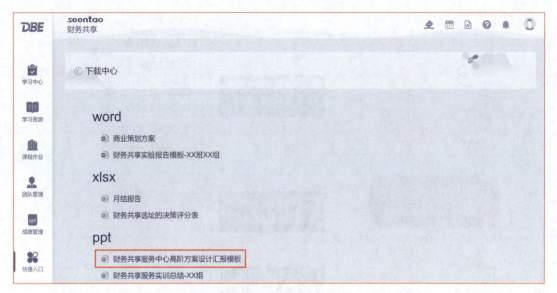

图 3-21 财务共享服务中心高阶方案设计汇报模板下载界面

图 3-22 组长提交财务共享服务中心高阶方案设计汇报的 PPT 文档

📋 **思维导图** ┠───

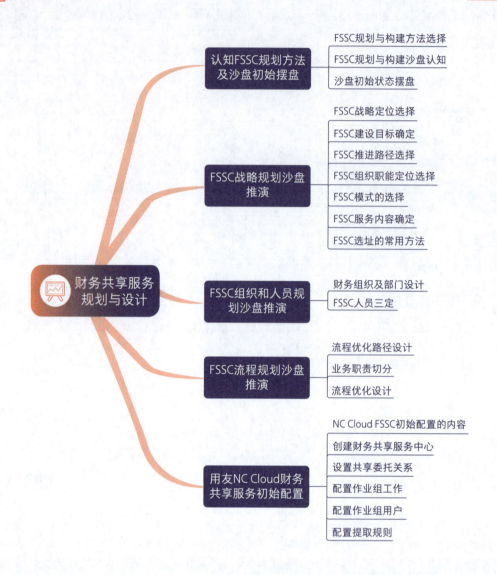

财务共享服务规划与设计

- 认知FSSC规划方法及沙盘初始摆盘
  - FSSC规划与构建方法选择
  - FSSC规划与构建沙盘认知
  - 沙盘初始状态摆盘
- FSSC战略规划沙盘推演
  - FSSC战略定位选择
  - FSSC建设目标确定
  - FSSC推进路径选择
  - FSSC组织职能定位选择
  - FSSC模式的选择
  - FSSC服务内容确定
  - FSSC选址的常用方法
- FSSC组织和人员规划沙盘推演
  - 财务组织及部门设计
  - FSSC人员三定
- FSSC流程规划沙盘推演
  - 流程优化路径设计
  - 业务职责切分
  - 流程优化设计
- 用友NC Cloud财务共享服务初始配置
  - NC Cloud FSSC初始配置的内容
  - 创建财务共享服务中心
  - 设置共享委托关系
  - 配置作业组工作
  - 配置作业组用户
  - 配置提取规则

项目 04 费用共享业务处理

鸿途集团财务共享服务中心建立以后，拟将费用报销纳入首批财务共享服务内容。鸿途集团计划将不同业务单元的费用报销进行标准化，统一费用报销的分类和流程，然后引入 FSSC 作业处理环节及智能商旅服务。

模块一　认知费用报销业务

一、费用报销的内容和总体过程

企业的费用报销业务流程，是指费用采购类业务从申请、财务核算到费用支付结算的端到端业务流程。费用报销可能由任意员工发起。

（一）费用报销的内容

根据费用采购的产品或服务是用于特定的个人（员工）还是用于单位组织，费用报销可以分为人员费用的报销和办公费用的报销：

（1）员工费用主要包含差旅费、业务招待费、日常费用、福利费等，费用结算的收款人一般是员工个人。

（2）办公费用主要包含会务费、会议培训费、咨询费等，费用结算的收款人一般是供应商企业。

企业的费用采购，一般都要受到费用预算的约束。根据费用预算的项目，费用报销又可以分为差旅费用报销、通信费用报销、专项费用报销等。

（二）费用报销的总体过程

费用报销的总体过程如图 4-1 所示，其中业务部门和人员称作"业务前台"、财务部门和人员称作"财务后台"：

图 4-1　费用报销的总体过程

（1）员工发起报销申请，其间可能需要报销助理的帮助（如填单、贴票等）。

（2）员工的业务主管进行业务审批，主要是从业务上审核该报销是否合理。

（3）财务人员进行财务审批，主要审核票据是否真实、合法，报销是否符合企业财务制度要求。

二、费用报销的场景

传统的费用报销有员工直接报销、员工借款报销、跨组织报销、先申请再报销 4 个主要的业务场景。

（一）员工直接报销

当费用发生时，先由员工垫资；费用发生后，由员工自己登录网上报销系统、录入报销单据；报销完成后，企业将报销款支付给员工。

（二）员工借款报销

费用发生前，员工申请从企业借款；费用发生时，员工付款；费用发生后，登录网上报销系统，在录入单据时选择是否冲借款；报销完成后，如果选择了冲借款则先用报销款来冲借款，报销款余额（若有的话）支付给员工。员工借款报销场景下的典型报销流程如图 4-2 所示。

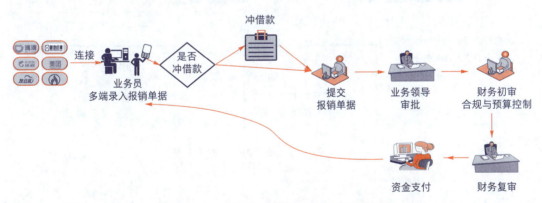

图 4-2 员工借款报销场景下的典型报销流程

（三）跨组织报销

跨组织报销是报销人单位与费用承担单位不同的情况下的一种报销业务，如员工在 A 单位报销，由 A 单位向其支付报销款项，但费用却由另一单位 B 来承担。在跨组织报销的场景下，也可能存在先借款、后报销（即跨组织借款）。报销的流程与员工直接报销或员工借款报销类似，但是往往会增加一步费用承担单位业务主管的审批环节。

跨组织报销场景中有一种多组织分摊的情形，即需要多个组织来承担（分摊）同一笔费用。

【例4-1】 至美家居集团是国内著名的家具和家居用品生产及销售集团，生产及销售由不同的法人公司来承担，且在国内主要的省区都成立了独立的销售子公司。假设上海至美销售公司市场部和浙江至美销售公司市场部联合在上海举办了一场家具展销会，展销会由上海至美销售公司市场部的员工张发负责并发生了会议费 30 000 元，但按照分摊协议，上海至美销售公司市场部和浙江至美销售公司市场部要按照 2∶1 的比例分摊该费用（如图 4-3 所示）。事后张发报销会议费 30 000 元，但上海至美销售公司市场部和浙江至美销售公司市场部将分别承担 20 000 元和 10 000 元。

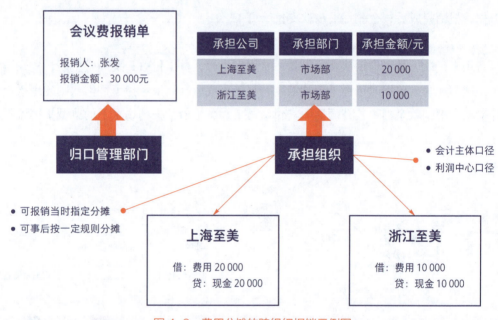

图 4-3　费用分摊的跨组织报销示例图

（四）先申请再报销

企业为了达到费用事前控制的目的，要求在某些费用项目上必须先申请、后办理业务，若未经申请就进行了费用支出则企业将不予报销。这种场景可能用于如下费用预算情形：

（1）企业在年初只做大的费用预算，在业务发生时再申请明细的费用额度。

（2）企业费用预算中未包括的费用项目，在业务发生时需另申请费用额度。

先申请再报销的过程如图 4-4 所示。

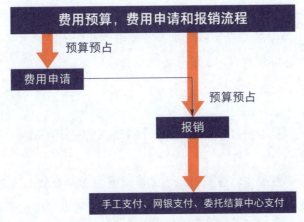

图 4-4　先申请再报销的过程示意图

三、费用报销的内控要点

费用报销的内部控制主要依靠财务报销制度来明确。内部控制的要点，可从报销制度说明、业务规则、流程、报销标准、权限等几个方面考虑。

（一）报销制度说明

财务报销制度是否配备了制度解释文件和报销操作手册，以帮助员工理解和掌握财务报销制度、流程与违反制度的处罚等，如报销制度修订说明、部门与预算项目对照表、企业网络报销系统操作手册等。

【例 4-2】　靓佳生化用品有限公司（以下简称"靓佳公司"）财务部每年的 3 月份开始启动新年度的财务报销工作（俗称"开账"），开账前财务部会公布新年度财务报销制度，同时提供一套报销手册供员工事先学习以及在实际报销过程中进行参考。

（二）业务规则

什么业务内容或业务内容组合是允许报销的？哪些部门可以报销什么业务或费用项目？

【例 4-3】　靓佳公司规定：差旅费报销时，出差地的餐饮发票必须单独报销，且要与差旅费报销单一同提交；除了研发中心外，一律不得进行"研发费用"项目的报销。

（三）流程

业务审批和财务审批都要到哪一级？系统是否需要根据费用承担部门、费用项目的不同而自动采用不同的审批流程？

【例4-4】 靓佳公司规定：凡是跨组织报销业务，均先由报销人本部门的业务主管审核，然后再自动流转到费用承担部门的业务主管审核；如果报销人本人是部门业务主管，则审核自动上升一级、由报销人的上级领导进行业务审批。

（四）报销标准

报销的内容与金额是否符合报销人职级所预先规定的报销标准？

【例4-5】 靓佳公司规定：普通员工出差时只有当列车最快到达时间超过5小时的情况下才能购买经济舱机票；一次出差往返工作所在地机场车站的出租车票（含商务用车）只能报销单程；北上广深一线城市的每晚住宿标准不超过350元。

（五）权限

什么人可以做什么、不可以做什么？

【例4-6】 靓佳公司规定：费用报销时，一级部门总经理的审批权限是5 000元，主管副总裁的审批权限是10 000元，公司总裁的审批权限是30 000元，超过30 000元需要董事长审批。

四、费用管理的目标

费用报销管理的几个不同管理目标如下：

（1）优化报销过程。目标是提高财务报销工作效率、提高员工满意度。这是见效最快的层级，管理程度浅。

（2）强化费用管理。实现费用预算管控，支撑按受益对象进行费用分摊，从而可以满足企业内部管理和考核的需要。这个层级的目标是提升管理水平。

（3）实现费用共享服务。目标是提供集团整体运行效率与服务水平，降低集团整体运营成本。这是最难的层级，也是管理程度最深的层级，且仅适用于集团管控力度大、专业化的大型集团企业。

 模块实训

鸿途现状业务
流程图

（一）绘制鸿途集团先申请再报销流程图

参照鸿途集团差旅费报销的现有流程图，如果改用先申请再报销的模式，用 Microsoft Visio 跨职能带的流程图绘制鸿途集团可能的差旅费报销流程。

（二）鸿途集团专项费用报销流程内控风险分析

根据费用报销的内控要点，分析鸿途集团专项费用报销现状流程所存在的内控风险并书写报告。

鸿途集团 2019 年费用管理制度

模块二　差旅费用报销业务共享

一、共享前典型痛点

差旅费用报销业务，在企业集团实施财务共享服务前普遍存在如下一些问题，纳入财务共享服务前必须先解决这些痛点：

（1）各业务单元的差旅费用报销流程或多或少存在差异，没有在集团范围内实现统一。

（2）各业务单元的差旅费用报销标准五花八门，员工职级设置、机票车票等级标准、各地住宿标准甚至餐补标准（含天数计算及每天补贴标准）都是业务单元自行设置。

（3）核算科目设置未进行统一，在集团层面进行差旅费用分类统计汇总时会存在口径差异。

（4）同一差旅报销业务由不同人员、在不同时间处理时，可能出现处理方式的不一致。

（5）费用报销后向员工支付的次数众多、每次平均支付金额较低，使用传统的网银转账工作量很大且容易出错。

二、差旅费用报销共享需求分析

（一）尽量保持共享前后业务流程的稳定性

（1）保留在业务单位的业务工作，流程和岗位职责尽量不变。

（2）建立 FSSC 后，基本核算工作从原业务单元财务部的工作中剥离，业务单元的财务岗位数量可能会变少、业务财务职责可能会合并。

（二）充分利用财务共享服务及相关技术

1. 用业务单据确定 FSSC 业务边界

根据传递到 FSSC 的业务单据，确定流程中业务单元与 FSSC 的边界，该业务单据需要经过 FSSC 的审核或初审。

【例 4-7】　宝通电器集团基于用友 NC Cloud 实施差旅费用报销业务共享时，传递到财务共享服务中心的业务单据如表 4-1 所示。

表 4-1　宝通电气集团差旅费用报销业务共享流程的业务单据列表

序号	名称	是否进 FSSC	是否属于作业组工作	流程设计工具
1	主报销单（差旅费报销单）	Y	Y	工作流

注：表 4-1 中各列的含义如下：

① 是否进 FSSC。表示该业务单据的处理过程是否需要财务共享服务中心参与。Y 表示需要、N 表示不需要。

② 是否属于作业组工作。表示是否需要分配到某个 FSSC 作业组、必须由该组成员从作业平台上提取进行处理。Y 表示属于、N 表示不属于。NC Cloud 的财务共享服务功能中需要 FSSC 处理、但又无法配置到 FSSC 作业组的单据表示为"N"。只有进 FSSC 的业务单据才有这个问题。

③ 流程设计工具。是指用 NC Cloud 的哪一个流程平台来对该业务单据进行流程建模。NC Cloud 中有"业务流""工作流""审批流"3 种流程建模平台，在 D-FSSC1.0 系统中，业务流部分已经预置到教学平台中，学生只需要进行工作流或审批流的建模。

2. 充分利用影像技术

FSSC 在地理位置上往往远离业务单元或业务发生地。为了让财务共享服务中心的作业处理人员审核有据，所有进入 FSSC 审核的业务单据，必须随附外部原始凭证的影像。在 NC Cloud FSSC 初始配置时配置到作业组的业务单据（即表 4-1 中"是否属于作业组工作"这一列为"Y"的单据），用影像上传的方法随附影像；由于 NC Cloud 的原因暂时无法配置到 FSSC 作业组、但又集中到 FSSC 进行处理的业务单据（即表 4-1 中"是否进 FSSC"这一列为"Y"，但"是否属于作业组工作"这一列为"N"的单据），用拍照后添加附件的方法随附影像。

FSSC 接收业务单据所随附的原始凭证，均由制单人在制单后立即扫描上传；此后需要审核该业务单据的环节，均同时审核该业务单据的原始单据影像。

3. 同步实现银企直连

在建设 FSSC 的同时实现银企直连，所有收付款均在财务管理信息系统中直接完成。

三、共享后差旅费用报销流程设计与 NC Cloud 配置

（一）共享后流程图设计

在差旅费用报销现状流程的基础上，结合企业的财务共享需求（参见上面第二节），根据企业财务职责和部门的调整情况以及财务共享服务中心费用类岗位的初始配置情况，设计共享后的差旅费用报销流程。

【特别提示】

共享后的流程可能有多种设计结果，只要能够符合 FSSC 的岗位职责设计及共享需求便可。

【例 4-8】　宝通电器集团 FSSC 设置了费用组，该组中的用户均属于"费用会计"岗位角色，同时实现了资金结算（中心出纳岗）和总账（总账主管岗）的共享。宝通电器集团建立 FSSC 后，业务单元只保留财务经理岗和业务财务岗。集团在共享前的差旅费用报销流程如图 4-5 所示，共享后由 FSSC 处理的业务单据参见例［4-7］。要求：设计并使用 Microsoft Visio 绘制共享后的宝通电器集团差旅费用报销流程。

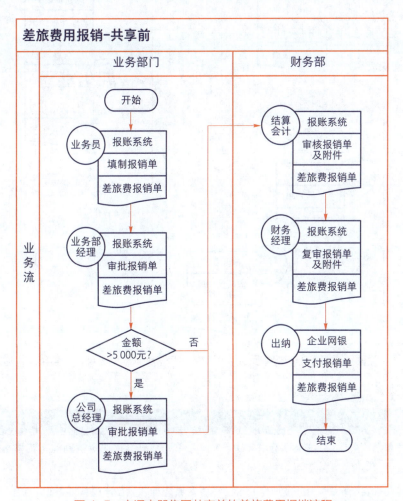

图 4-5　宝通电器集团共享前的差旅费用报销流程

【解析】　图 4-6 是宝通电器集团共享后差旅费用报销流程的一种设计结果，设计依据见表 4-2。

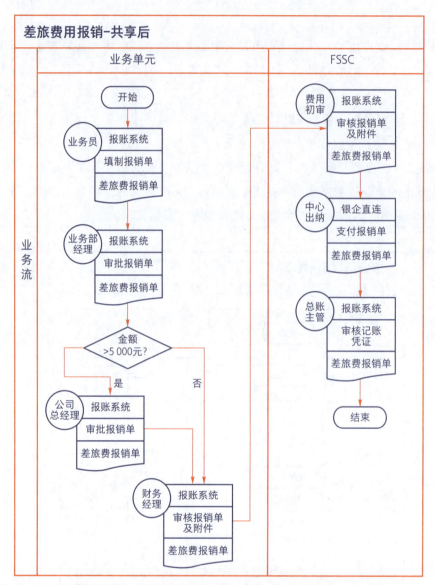

图 4-6　宝通电器集团共享后差旅费用报销流程的一种设计结果

表 4-2　宝通电器集团共享后差旅费用报销流程设计依据

序号	共享前	共享后	设计依据
1	财务部结算会计审核	FSSC 费用会计审核	业务单元结算会计职责被剥离，转移至 FSSC 费用会计
2	财务经理在结算会计后审核	财务经理在 FSSC 费用会计前审核	从费用会计开始，流程从业务单元进入 FSSC 环节，正常情况不再转回业务单元
3	业务单元出纳通过企业网银支付	中心出纳通过银企直连支付	资金结算实现 FSSC 共享，同步建设了银企直连
4	无总账审核环节	新增总账会计环节	集团实现了总账共享，总账会计不再隶属于业务单元

（二）NC Cloud 工作流配置

当共享后的流程设计出来以后，需要将流程在 NC Cloud 中进行配置。

1. 进入 D–FSSC1.0 学习任务

以学生的账号登录 D–FSSC1.0 的学习中心，进入学习任务"D. 费用共享 > 08. 差旅费用报销业务 > 构建测试"。

2. 以系统管理员角色进入系统配置任务步骤

单击"3. 系统配置"学习步骤，然后单击"系统管理员"角色头像（如图 4–7 所示）。

图 4-7　以系统管理员角色进入 NC Cloud 重量端

【特别提示】

当前登录的学生需要获得组长"系统管理员"角色授权。

3. 登录 NC Cloud 重量端

单击图 4–7 中的"NC Cloud 重量端"按钮，在弹出的浏览器窗口中单击"打开 Yonyou UClient Application"链接（如图 4–8 所示），NC Cloud 重量端（UClient）将自动登录（如图 4–9 所示）。

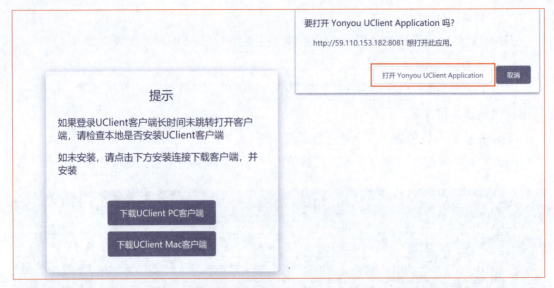

图 4-8　从浏览器中打开 NC Cloud UClient 客户端

图 4-9　自动登录 NC Cloud 重量端

本课程所涉及的 NC Cloud 功能菜单

【特别提示】

　　进入 NC Cloud 重量端还是 NC Cloud 轻量端，需要查阅相关功能菜单。如果本机还没有安装 NC Cloud UClient 客户端，系统将不会提示"打开 Yonyou UClient Application"。教学时可以根据学生机所安装的操作系统，分别单击图 4-8 中的"下载 UClient PC 客户端"（微软的 Windows 系统）或"下载 UClient Mac 客户端"（Apple 的 Mac 系统）按钮进行下载安装。

4. 打开差旅费报销单工作流定义界面

双击 NC Cloud 左侧 "功能导航" 页签下面的 "动态建模平台 > 流程管理 > 流程设计 > 工作流定义 – 集团" 菜单，系统将打开工作流定义窗口。在左上角查询窗口中录入 "差旅费报销单" 并选中查询结果 "2641 差旅费报销单"。

【特别提示】

NC Cloud 中的工作流是定义在业务单据（如此处的 "主报销单"）之上的，每个业务单据根据不同的交易类型（如此处的 "差旅费报销单"）可以定义不同的工作流，也可以直接在业务单据上定义工作流（此时该工作流适用于该业务单据的所有交易类型）。

5. 新增工作流并配置

单击左上角 "新增 > 手工新增" 菜单，NC Cloud 重量端将打开工作流定义窗口（如图 4-10 所示）。此时学生可以根据图 4-6 的差旅费用报销共享流程图，在 NC Cloud 中定义工作流。

NC Cloud 工作流与审批流配置视频

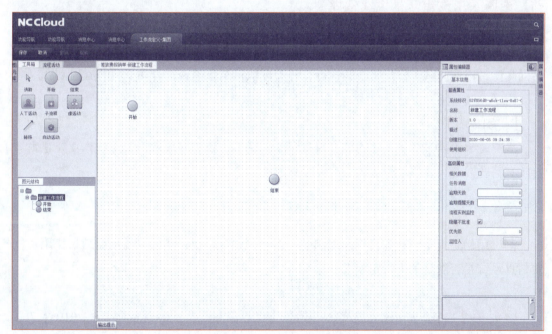

图 4-10 NC Cloud 新增工作流定义窗口

【特别提示】

NC Cloud 中的工作流只能配置到共享中心第一个作业处理角色（即图 4-6 中的 "费用初审" 工作步骤，后续的步骤已经由 NC Cloud 业务流定义，不体现在工作流配置工作中）。

（三）启用 D-FSSC1.0 预置的工作流

D-FSSC1.0 预置了一个共享后的差旅费用报销的工作流，但尚未启用。学生可以打开这个流程作为参考，也可以直接启用这个工作流，跳过 NC Cloud 工作流配置环节。

学生首先进行与"（二）NC Cloud 工作流配置"一节中①～④的相同操作，然后选中"差旅费报销单"已经预置的工作流（如图 4-11 所示），单击顶部的"启用＞启用"菜单，便可启用预置的工作流。

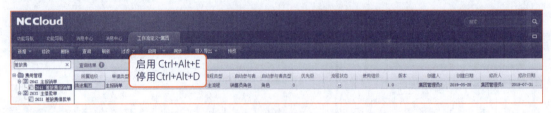

图 4-11　启用 D-FSSC1.0 预置的共享后差旅费报销单工作流

四、差旅费用报销共享作业处理

在 NC Cloud 中配置了共享后的工作流以后，学生可以用不同的角色权限来进行流程协同测试，以便测试工作流是否能执行，并验证执行结果是否符合共享后的流程设计。

【特别提示】

本节是首次学习作业处理内容，将进行详细讲解并配套多个截图。后续作业处理内容将适当简化。

（一）测试用例

测试用例是为某个特殊目标而编制的一组测试输入、执行条件以及预期结果，用于核实信息系统是否满足某个特定需求。

【例 4-9】　鸿途集团水泥有限公司销售处销售服务办公室的销售员李军 2019 年 7 月 6—9 日，从郑州到大连出差，各项费用如表 4-3 所示。回到郑州后于 7 月 12 日报销差旅费。假设员工报销的"结算方式"为网银（即通过银企直连支付），"单位银行账号"选鸿途集团水泥有限公司两个银行账号中编码较大的账号（支出户）。要求：用 D-FSSC1.0 预置的差旅费用报销共享流程进行协作处理。

表 4-3　鸿途水泥李军郑州出差费用清单

费用项目	总金额 / 元
去程火车票 G1294（7 月 6 日郑州东－大连北二等座），不含税金额为 600.92 元，税额为 54.08 元（税率 9%*）	655.00
返程火车票 G2625（7 月 9 日大连北－郑州东二等座），不含税额为 600.92 元，税额为 54.08 元（税率 9%）	655.00
目的地交通（出租车票）	27 + 29 = 56
大连住宿费（3 天）：大连市文苑酒店，增值税专用发票税率 6%，不含税金额为 509.43 元，税额为 30.57 元	180 × 3 = 540
出差补助（3.5 天）	60 × 3.5 = 210

　*　根据财政部　税务总局　海关总署公告 2019 年第 39 号《财政部　税务总局　海关总署关于深化增值税改革有关政策的公告》，取得注明旅客身份信息的铁路车票的，按照下列公式计算进项税额：铁路旅客运输进项税额 = 票面金额 ÷（1 + 9%）× 9%。

（二）角色分配

1. 确定组员分工

按照 D-FSSC1.0 预置的差旅费用报销共享流程，需要参与操作的角色包括销售员、销售经理、总经理、业务财务、费用初审、中心出纳、总账主管等。在学生进行分工协作之前，每个小组由组长进行角色指派。

2. 系统中分配角色

以组长身份登录 D-FSSC1.0，进入学习任务"D. 费用共享 > 08. 差旅费用报销业务 > 构建测试"，单击"2. 分配角色"学习步骤，按照指派的角色在系统中进行拖拽授权（如图 4-12 所示），授权结束后单击"完成设置"按钮保存。

【特别提示】
一个角色只能授予一名组员，但一名组员可以承担多个角色。

图 4-12　D-FSSC1.0 中分配组员角色

（三）协作处理

1. 填制并保存差旅费报销单

以"销售员"角色的组员身份登录 D-FSSC1.0，进入学习任务"D. 费用共享 > 08. 差旅费用报销业务 > 构建测试"，单击"4. 协作处理"学习步骤。单击"销售员"角色头像图标，并选择进入 NC Cloud 轻量端，然后单击"费用业务 > 差旅费报销单"快捷入口，进入 NC Cloud 差旅费报销单填制页面（如图 4-13 所示）。按照【例 4-9】中的测试用例

图 4-13　制单人填制差旅费报销单

进行填报，填报完毕后单击右上方"保存"按钮进行保存。

【特别提示】

在 NC Cloud 的单据填制页面中，一般有"保存"和"保存提交"两个按钮。"保存"表示只保存单据数据、单据不会流转到流程的下一个环节；"保存提交"表示系统保存单据数据后，将单据流转到流程的下一个环节。本步骤不用"保存提交"功能的原因，是因为下一步还需要制单人（即这里的销售员）扫描原始单据的电子影像，不能让单据流转到业务审批人（销售经理）处。

2. 扫描原始凭证影像并提交报销单

以"销售员"角色的组员身份登录 D-FSSC1.0，进入学习任务"D.费用共享 > 08.差旅费用报销业务 > 构建测试"，单击"4.协作处理"学习步骤。单击"销售员"角色头像图标，并选择进入 NC Cloud 轻量端，然后单击"我的报账 > 待提交"快捷入口，进入 NC Cloud 轻量端制单人报账单查询页面（如图 4-14 所示）。

图 4-14　制单人报账单查询

单击图 4-14 中查询结果的"单据编号"列，系统将进入单据明细页面。单击页面右上角的"影像扫描"按钮，系统将弹出打开影像管理系统客户端提示对话框（如图 4-15 所示）。单击"打开 TBrowser 应用程序"链接，系统将打开用友影像管理系统（如图 4-16 所示）。用户可以用这个系统、配合使用高影仪或扫描仪，进行原始凭证的电子影像采集、保存和提交。

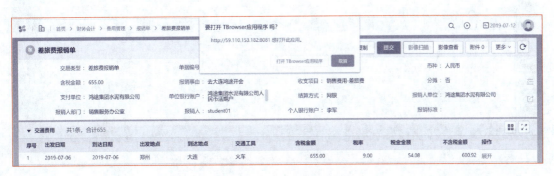

图 4-15　制单人扫描原始凭证影像入口

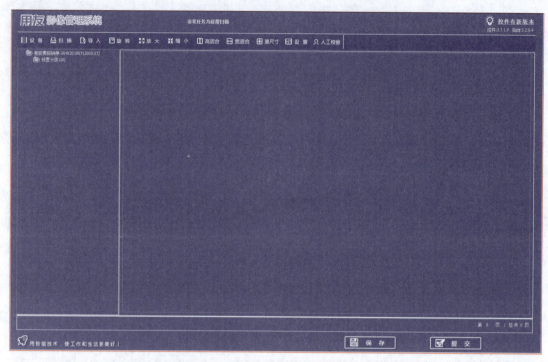

图 4-16　用友影像管理系统

提交原始凭证的电子影像后，再次单击图 4-15 中的"提交"按钮，该差旅费报销单将提交给差旅费报销流程的下一环节。

【特别提示】

在图 4-15 中提交单据后，单击右上角"更多＞联查＞联查审批情况"，可以看到单据的审批过程及当前审批环节和审批人（如图 4-17 所示）。

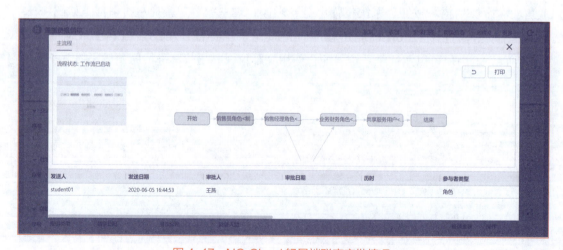

图 4-17　NC Cloud 轻量端联查审批情况

3. 差旅费报销单业务审批

以"销售经理"（差旅费报销的业务审批岗）的角色登录 D-FSSC1.0，进入学习任务"D. 费用共享 > 08. 差旅费用报销业务 > 构建测试"，单击"4. 协作处理"学习步骤。单击"销售经理"角色头像图标，并选择进入 NC Cloud 轻量端，在审批中心区域会发现有一个"未处理"状态的单据（如图 4-18 所示）。

图 4-18　NC Cloud 轻量端的审批中心入口

单击"未处理"状态单据链接，NC Cloud 将进入未处理单据列表页面（如图 4-19 所示）。单击"销售经理角色 < 批准 >"按钮可直接审批；单击"驳回至 > 制单人"可拒绝审批并将单据驳回到报销人制单环节，表示需要制单人进行纠错或重新申报；单击"驳回至 > 上一级"可拒绝审批并将单据驳回到流程的上一级审批节点，表示上一级审批人审批不当，需要重新审批。

图 4-19　NC Cloud 轻量端单据列表页面

审批人也可单击图 4-19 中的"student01 提交差旅费报销单……"处的黑色加粗文字链接，或单击"单据详情"按钮，先打开并查看单据的详细内容（如图 4-20 所示），然后再行审批。图 4-20 的顶部会详细列出审批痕迹及当前审批环节的在手时间。

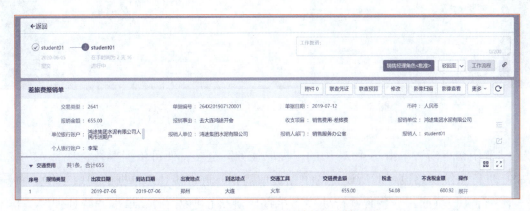

图 4-20　NC Cloud 轻量端单据详情页面

4. 差旅费报销单财务审批

【特别提示】

当业务审批完成、流转到财务审批环节时，企业实务中往往会要求报账人打印报销单并将原始凭证与打印的业务单据粘贴在一起，将物理单据同步流转到业务单元的财务部门或业务财务人员处，以便于业务财务审核原始凭证的合法性。

以"业务财务"（差旅费报销的业务单元财务审批岗）的角色登录 D-FSSC1.0，进入学习任务"D. 费用共享 > 08. 差旅费用报销业务 > 构建测试"，单击"4. 协作处理"学习步骤。单击"业务财务"角色头像图标，并选择进入 NC Cloud 轻量端，在审批中心区域会发现有一个"未处理"状态的单据。财务审批的系统操作与"3. 差旅费报销单业务审批"系统操作类似。

5. FSSC 费用作业处理

以费用初审岗（差旅费报销的 FSSC 作业处理岗）的角色登录 D-FSSC1.0，进入学习任务"D. 费用共享 > 08. 差旅费用报销业务 > 构建测试"，单击"4. 协作处理"学习步骤。单击"费用初审岗"角色头像图标，并选择进入 NC Cloud 轻量端，NC Cloud 会进入 FSSC 作业平台看板页面（如图 4-21 所示）。FSSC 作业平台看板页面给 FSSC 作业处理人员提供了一个直观的工作看板，其中"待处理"表示已被当前用户提取、但尚未处理的作业任务，"待提取"表示当前用户所属作业组单据池单据数量。

图 4-21　NC Cloud FSSC 作业平台看板页面

"费用初审岗"单击图 4-21 中的"提取任务"链接，便可依据本教材项目 03 中对 FSSC 进行系统初始设置时所设置的单据提取规则，进行待处理单据的提取工作。刷新作业平台看板页面，会发现"待处理"单据数量从 0 变成了 1。单击"待处理"链接，

NC Cloud 轻量端将进入"我的作业"作业列表页面（如图 4-22 所示）。单击"单据编码"列的链接，便可进入单据审核界面（如图 4-23 所示）。

图 4-22　NC Cloud FSSC 作业处理岗作业列表页面

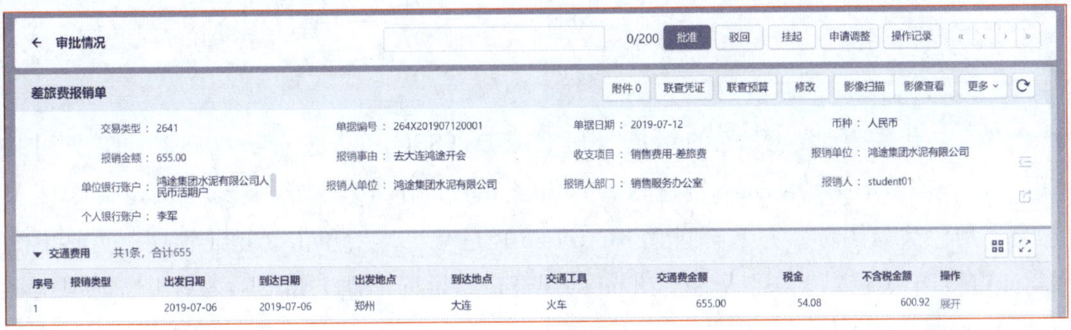

图 4-23　NC Cloud FSSC 单据审核界面 – 差旅费报销单

图 4-23 中，单击"影像查看"按钮，可以查看该业务单据制单人扫描上传的原始凭证影像；单击"批准"按钮，表示该业务单据通过 FSSC 的审核；单击"驳回"按钮、选择驳回到审批记录中的某一个环节，表示该业务单据未通过 FSSC 审核并需要退回业务单元的某一个岗位重新处理。

6. FSSC 支付结算

以"中心出纳岗"角色的组员身份登录 D-FSSC1.0，进入学习任务"D. 费用共享 > 08. 差旅费用报销业务 > 构建测试"，单击"4. 协作处理"学习步骤。单击"中心出纳岗"角色头像图标，并选择进入 NC Cloud 轻量端，然后单击"结算处理"页签下的"结算"快捷入口，进入 NC Cloud 的结算页面。左上角"财务组织"选择鸿途集团水泥有限公司及其下属 16 家子公司，"业务单据日期"选择"去年~今年"，单击"查询"按钮并单击左侧"待结算"页签，NC Cloud 将查询出水泥板块待结算的所有业务单据列表（如图 4-24 所示）。

选中需要支付的单据行，单击右上方的"支付 > 网上转账"并确定进行网上支付，系统便完成了"银企直连"模式下的支付结算操作。

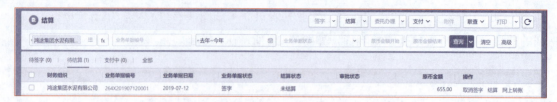

图 4-24　NC Cloud 轻量端待结算单据清单页面

【特别提示】

如果结算方式是银企直连下的网银支付，则要使用图 4-24 中的"支付 > 网上转账"按钮；如果结算方式是其他方式（如线下付款、商业票据等），则要使用图 4-24 中的"结算"按钮。本教材的案例中一律假设使用银企直连下的网银支付方式。

7. FSSC 总账凭证审核

以"总账主管岗"角色的组员身份登录 D-FSSC1.0，进入学习任务"D. 费用共享 > 08. 差旅费用报销业务 > 构建测试"，单击"4. 协作处理"学习步骤。单击"总账主管岗"角色头像图标，并选择进入 NC Cloud 轻量端，然后单击"凭证管理"页签下的"凭证审核"快捷入口，进入 NC Cloud 的凭证审核页面。左上角"财务核算账簿"选择鸿途集团水泥有限公司基准账簿，"制单日期"可以选择"去年~今年"，NC Cloud 将列出所有符合条件的待审核记账凭证（如图 4-25 所示）。可以单击某一个凭证所在行的"审核"链接进行审核，也可以选中多条凭证，然后单击右上角"审核"按钮进行批量审核。

图 4-25　NC Cloud 轻量端待审核记账凭证列表页面

在图 4-25 中可以双击某一记账凭证行，NC Cloud 便打开该凭证的详细页面（如图 4-26 所示）。用户也可以在凭证详细页面中单击右上角的"审核"按钮进行该记账凭证的审核。

	行号	摘要	会计科目	辅助核算	币种	原币	组织本币（借方）	组织本币（贷方）
	+ 1	去大连鸿途开会	销售费用\差旅费	【部门：销售服务办公室】	人民币	600.92	600.92	
	+ 2	去大连鸿途开会	应交税费\应交增值税\进项税…		人民币	54.08	54.08	
	+ 3	去大连鸿途开会	银行存款\支出户	【银行账户：鸿途集团水泥有…	人民币	655.00		655.00

图 4-26　NC Cloud 差旅费报销记账凭证明细页面

模块实训

（一）鸿途集团共享后差旅费用报销流程设计

鸿途集团建立 FSSC 后，基本核算工作从原业务单元财务部的工作中剥离，业务单元一般只保留财务经理岗和业务财务岗。

假设鸿途集团财务共享服务中心各作业处理环节均是一级审核、不设置复核环节。为了简化学生的流程设计工作，共享后流程中审批环节最高只设计到子公司总经理。

鸿途集团在推行差旅费用报销业务共享时，进入 FSSC 的业务单据列表如表 4-4 所示。要求：结合鸿途集团差旅费用报销现状流程，进行鸿途集团差旅费用报销共享后流程图设计。每个小组需要用 Microsoft Visio 完成流程设计结果，并由组长提交 D-FSSC1.0 教学平台，由教师发起全班的同学评价。

表 4-4 鸿途集团差旅费用报销业务共享流程的业务单据列表

序号	名称	是否进 FSSC	是否属于作业组工作	流程设计工具
1	主报销单	Y	Y	工作流

（二）鸿途集团共享后差旅费用报销流程角色扮演

组长对组员进行分工，用角色扮演的方式路演一遍共享后的差旅费用报销流程，每个组员要明确报出自己的角色、输入单据、动作、输出单据或结果。

（三）鸿途集团共享后差旅费用报销作业处理

1. 启动预置的工作流

启用系统预置的鸿途集团共享后差旅费用报销工作流。

2. 完成协作处理实训

用下述测试用例，完成差旅费用报销的端到端协作处理实训。

鸿途集团水泥有限公司销售服务办公室的销售员李军 2019 年 7 月 16—7 月 20 日，郑州出差广州，花费如表 4-5 所示，事前已报备，出差回来后 7 月 21 日报销。由于恰逢广交会，住宿紧张，导致住宿费用超过标准。

鸿途水泥李军广州出差原始凭证

员工报销的"结算方式"为网银，付款方的"单位银行账号"选账号编码较大的账号（支出户）。

表 4-5 李军广州出差费用列表

费用项目	总金额 / 元
去程机票（2019 年 7 月 16 日），不含税金额为 1 086.70 元（包括机场建设费即民航发展基金 50 元），税额为 93.30 元 *	1 180

续表

费用项目	总金额 / 元
返程机票（2019 年 7 月 20 日），不含税金额为 958.26 元（包括机场建设费即民航发展基金 50 元），税额为 81.74 元	1 040
目的地交通	48 + 51 + 43 + 55 + 56 + 43 + 46 = 342
广州住宿费：广州白云宾馆，增值税专用发票税率 6%，不含税金额为 2 320.75 元，税额为 139.25 元	615 × 4 = 2 460
出差补助（出差补助为每天 60 元）	60 × 4.5 = 270

* 机场建设费（民航发展基金）不包括在可抵扣增值税的计算基数中。

模块三　智能商旅服务共享

一、认知智能商旅服务

企业智能费控
业务流程介绍
视频

（一）企业商旅费控管理的现状

模块二中的费用报销流程代表了传统费用报销流程，在费用控制与管理方面存在如下问题：

1. 费用报销慢，效率和服务水平低

（1）填报不规范、报销不及时。由于是全员根据实际消费的各种原始凭证人工填制报销单，在企业实务中报销工作往往要耗费报销人的大量时间。而普通员工又很难具备专业的财务和税务知识，从费用项目、交易类型的选择到实名制长途交通票据的增值税计算抵扣，对于普通员工都是报销单填制难点，因此容易造成报销单因填报不规范而被驳回、重新填写，进一步降低了费用报销的流程效率，员工服务水平低。

（2）审批环节多、审批周期长，审批责任不明确。从业务单元可能存在的多级业务审批、财务审批，到财务共享服务中心审核，审批周期比较长，而不同审批环节审批的要点与职责区分并不明确。

（3）报销单据需要人工校验。传统费控虽然有了事前申请，但报销单所附原始凭证大多还是实报实销，即事后根据实际发生并取得的物理原始凭证进行报销单填报。物理原始凭证的合法性、合理性都需要各审批环节人工审核，审核效率低，还容易出现人为差错。

2. 费用管控落后，管控弱

（1）费用管控依靠人工。由于没有信息系统的支持，业务负责人事前审批费用申请时无法准确掌握费用预算及预算执行结果的数据，只能由人来主观控制。而业务负责人出于对业务经营结果的担心，一般情况下审批员工差旅申请时只看重出差事项、不太看重费用预算以及费用标准的管控。

（2）预算无法实现事前管控。商旅预订大部分由员工自主完成，在报账后才审核预订结果，对差旅预订过程无管控，很多超预算、超标准的商旅费用，出于各种原因和各类超标理由，往往都能获得高层领导的特批而依然得以报销。

3. 数据信息不对称，风险高

（1）业务数据真实性难以验证，增加财务风险。费用报销流程中的审核人员仅能审核原始凭证，对于原始凭证的业务发生和金额真实性无法验证，企业会面临员工虚假报销的风险。

（2）报表数据不及时、不准确，增加管理风险。手工报销的数据滞后，无法在费用发生后及时进行数据分类汇总、发现风险并恰当应对，企业费用管理风险增加。

4. 信息不完整，难以及时管理

（1）无法及时准确了解费用支出细节。只有代表费用发生结果的原始凭证（如出差地发生的出租车票），没有反映费用发生时的、原始凭证并未反映的数据（如上下车地点是否与出差目的相关等）。

（2）难以对费用发生过程进行管控。除了事前商旅出差申请审批外，商旅过程中费用的发生不受企业控制，企业只有在员工事后报销时才能知道费用发生的项目和金额。

（二）智能商旅服务的模式

1. 商旅服务的概念

所谓商旅服务，又称商旅管理，就是指由第三方服务平台为众多企业因公差旅和出行活动提供服务。这类第三方服务平台又称商旅服务公司（Travel Management Company，TMC）。根据艾瑞咨询《2019 年中国商旅管理市场白皮书》[①]显示，2018 年中国商旅管理市场的交易规模为 2 261.2 亿元，差旅费用高达 2.4 万亿元，占据了全球差旅费用支出的 25%。然而，根据商务旅行和商务会议组织全球商务旅行协会（Global Business Travel Association，GBTA）2018 年统计显示，中国商旅管理的理念渗透率平均系数为 7%，而欧美企业的平均值为 25%。商旅成本已成为企业运营管理中仅次于人力成本的第二大可控成本。如何智能化改变商旅，让出行更高效、让服务更便捷，则是企业商旅及报账服务的新趋势。

2. 商旅服务创新的动因

（1）企业内生资金管理的变革。传统的商旅预订，都是由员工先行垫资、事后报销收款，尤其是随着信用卡、花呗等各种个人信用消费手段的普及，员工借款报销的情况日益减

---

① 艾瑞咨询研究院. 2019 年. 中国商旅管理市场白皮书［R/OL］.（2019-01）［2020-06-13］. http://report.iresearch.cn/wx/report.aspx?id=3340.

少。由于第三方商旅服务平台的出现，开始出现了由员工垫资向企业垫资（企业在商旅服务平台上预存资金、员工用雇主企业预存资金进行商旅预订）转变，进而向商旅服务商垫资（商旅服务平台向雇主企业提供信用融资、双方定期结算企业雇员的商旅预订订单）转变。

（2）新技术带动企业商业模式创新。云计算、大数据、移动互联网、人工智能等技术变革，带动了商业创新：

① 社会化商业模式的发展。社会化商业模式，是指企业间通过连接、协同、共享，实现跨企业、社会化分工，共同创造和分享价值的商业模式。

② 平台型企业的繁荣。通过共享经济的发展，催生了众多平台型企业的诞生和发展。

③ 交易平台化、金融泛在化。互联网金融的发展除了推动交易平台化以外，还推动了金融泛在化，即在交易或价值链的任意环节都能伴生金融服务。

④ 数据驱动型企业和数字企业的涌现。数据驱动型企业，是指将数据作为生产要素、创造价值的企业，大数据技术催生了数据驱动型企业；数字企业，又称"虚拟企业"，是将有形企业映射到无形的、虚拟的网络之中，形成一个与现实企业相对应的、密切相连的，其功能又能够局部或全部模拟企业行为的系统，而社会化商业模式的普及会让所有企业都在向数字企业转型。

3. 智能商旅服务的模式

商旅管理服务协议

（1）"个人预订＋报销"模式。员工个人自行选择 TMC 平台（如携程、去哪儿等）进行商旅预订并垫资，事后进行费用报销。

（2）TMC 线下模式。由企业选定单一 TMC，企业员工通过线下（如电话）进行商旅预订，由企业定期与 TMC 结算（即商旅服务商垫资）。

（3）TMC 线上模式。由企业选定单一 TMC，企业员工通过线上（如 TMC 提供的 App）进行商旅预订，由企业定期与 TMC 结算。

（4）自建商旅平台模式。自建、外购第三方平台，整合多方资源，同时与内部管理系统打通，实现全流程商旅管理与服务。

（三）智能商旅特征及价值分析

1. 智能商旅与报账服务对传统模式的颠覆

智能商旅采用前和采用后，对企业及不同层级雇员的影响如表 4-6 所示。

表 4-6　采用智能商旅对企业及不同层级雇员的影响

	采用前	采用后
企业	企业差旅费用居高不下，费用管控力度低；企业的差旅报销制度不能很好落实；企业的报销流程繁琐，员工满意度低	移动互联网时代的智能商旅及报账服务连接社会化服务资源，企业可以自行设置差旅规则，对差旅申请、审批、预订、支付和报销等差旅全流程进行自动化管理

续表

	采用前	采用后
普通员工	报销差旅费用时，每次都要填写厚厚一沓的报销单据；完成一次费用报销，需要拿着单据逐个找领导审批，审批领导经常出差、开会，个人垫付资金，报销不及时	员工管理个人商务旅行，随时随地进行出差申请、商旅及出行预订、差旅费用报销等，全部使用线上应用，提高工作效率；员工免除垫付资金，不需要贴票报销，商旅报账方便快捷，提高员工满意度
部门经理	不能及时了解费用预算执行情况及剩余额度；审核财务费用时，不能及时获得合法数据或相关材料的支持	及时审批员工差旅申请，实时掌握费用预算达成情况；提升管理水平，提高部门管理满意度，实现管理升级
财务人员	员工单据填写不规范；报销审核工作占用大量时间，票据审核困难；无法掌控各项目、各部门以及异地分公司的费用发生情况；企业财务制度难以落实，员工出差商旅预订五花八门，缺少费用报销制度的监管	简化财务核算，极大提升财务效率；有效管理员工差旅行为和差旅费用；帮助企业优化差旅管理规范和流程，将差旅管理规范化、信息化，提高企业的专业形象；提高差旅透明度和合规性，更好地进行预算规划、费用管控
企业领导层	不清楚公司的费用支出是否合理，是否带来相匹配的效益；费用管理中肯定有疏漏现象，费用居高不下，成本难以降低；不能按照企业内部管理的要求获取准确的费用分析数据	有效地了解员工差旅行为、企业费用支出情况；为企业优化差旅制度、预算规划、员工行为管理、费用控制等提供决策依据

2. 智能商旅服务的建设方向

智能商旅服务的建设方向，是打通企业商旅报账全流程，实现费用可视可控，如图4-27所示。

差旅申请	行程预定	自动报账	对账开票	付款结算	核算	报告
● 多端接入 ● 预算控制前置 ● 审批效率提升	● 差旅标准嵌入服务预定过程 ● 管控行程预定过程 ● 自动甄别价格最低供应商	● 自动传回消费记录 ● 自动读取发票信息，作为报账依据 ● 自动识别发票真伪	● 线上实时对账 ● 月末集中开票	● 日常供应商垫付，月末统一结算 ● 员工免垫付	● 多维度核算 ● 自动生成凭证	● 月/季/年度报告 ● 内部管理分析

图 4-27　智能商旅服务的建设方向

3. 智能商旅服务建设特征

（1）应用全员化。让全体员工都参与进来，同时为员工提供智能简易的应用，提高员工满意度。

（2）接入多端化。支持手机、平板电脑、PC等设备随时随地接入。

（3）管控智能化。通过 OCR 技术自动获取报账信息，且发票能自动验伪查重。

（4）链接社会化。企业内部信息系统与各类商旅交易平台实现连接、协同、共享，使得商旅服务便利、可控；企业同时能够获取和积累大量准确与及时的商旅交易数据，能够利用数据分析创造价值。

4. 智能商旅服务价值分析

智能商旅服务解决了传统费控管理模式下的痛点和难点，具体价值如下：

（1）数据看得透，企业管得到。审批有依据，业务的真实性可以得到验证；费用报表数据实时有效，且可追溯；费用成本信息透明，风险管控有抓手；商旅实现集中采购，企业议价能力得到提升。

（2）报销周期短，员工满意度高。员工报销单填制容易、审批快速、报销款到账快；员工可以少垫付、少跑腿、少贴票；员工进行费用报销不受时间和地点限制。

二、智能商旅服务共享作业处理

智能商旅报账
流程视频

【特别提示】

智能商旅服务共享与差旅费用报销业务共享采用的是同样的工作流，在学习完模块二后，无须再进行共享后流程设计与初始化设置。

（一）测试用例

【例 4-10】 鸿途集团水泥有限公司销售处销售服务办公室的销售员李军 2019 年 7 月 21—22 日从郑州出差到上海参加分销商大会。根据企业费用管理制度，只能购买经济舱机票，住宿酒店标准 350 元 / 日 / 人。李军的身份证号码为 370321199505060428，手机号码为 13813719921。

7 月 19 日李军通过商旅平台完成机票、酒店预订服务。25 日李军出差结束，通过商旅平台完成报销。所发生的费用清单如表 4-7 所示。

表 4-7　鸿途水泥李军上海出差费用清单

费用项目	总金额 / 元
去程机票（7 月 21 日郑州至上海），票价 970 元、民航发展基金 50 元，不含税金额 939.91 元、税额 80.09 元	1 020
返程机票（7 月 22 日上海至郑州），票价 791 元、民航发展基金 50 元，不含税金额 775.69 元、税额 65.31 元	841
目的地交通（出租车票 21 日从机场到酒店）	69

续表

费用项目	总金额 / 元
上海住宿费（七天淮海东路店 1 天），增值税专用发票（发票号 15775457），税率 6%，不含税金额 319.81 元、税额 19.19 元	339
出差补助（2 天）	60×2 = 120

（二）角色分配

按照 D-FSSC1.0 预置的差旅费用报销共享流程，需要参与操作的角色包括销售员、销售经理、总经理、业务财务、财务经理、费用初审、中心出纳、总账主管等。在学生进行分工协作之前，每个小组由组长进行角色指派。

以组长身份登录 D-FSSC1.0，进入学习任务"D. 费用共享 > 09. 智能商旅服务 > 构建测试"，单击"1. 分配角色"学习步骤，按照指派的角色在系统中进行拖拽授权，授权结束后单击"完成设置"按钮保存。

（三）协作处理

1. 报账人扫码获取智能商旅 APP

D-FSSC1.0 内置了一个仿真实训用的智能商旅 APP，学生需要用微信扫描二维码，模拟安装使用该 APP。

以"销售员"角色的组员身份登录 D-FSSC1.0，进入学习任务"D. 费用共享 > 09. 智能商旅服务 > 构建测试"，单击"2. 操作商旅服务"学习步骤，系统将进入智能商旅 APP 访问页面（如图 4-28 所示）。用手机微信扫描图中的二维码，在手机上单击"继续访问"，

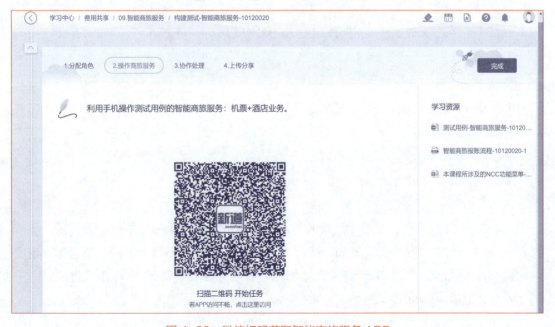

图 4-28　微信扫码获取智能商旅服务 APP

进行连续两次确认，最终手机将进入智能商旅 APP 页面（如图 4-29 所示）。

图 4-29　D-FSSC1.0 智能商旅 APP 界面

【特别提示】

　　如果 D-FSSC1.0 的服务器是安装在学校的局域网服务器内，则需要在实训场所安装学校局域网 wifi 接入点并确保学生的手机能够通过 wifi 连接。若手机连接不畅，也可单击图 4-28 中二维码下方的"若 APP 访问不畅，单击这里访问"处的链接，用 PC 机模仿手机 APP 进行后续智能商旅服务共享作业处理实训。

　　图 4-28 中的二维码，是本书编撰者所用测试服务器所产生的二维码。因为每个学校的 D-FSSC1.0 服务器安装位置不同，所产生的 APP 访问二维码也会不同，请学生一定要进入本校 D-FSSC1.0 学习环境进行扫码访问，切勿扫描本教材图 4-28 中的二维码。

　　2. 智能商旅 APP 提交并审批出差申请

　　"销售员"角色在智能商旅 APP 中单击上方的"申请"图标及下一页的"申请单"图

标，进入出差申请单填写界面（如图 4-30 所示）。填写出差日期、交通工具、出发地、目的地、事由等信息后，单击"提交"按钮提交申请。

图 4-30　事前通过智能商旅 APP 填写出差申请单

出差申请单提交成功后，智能商旅 APP 转入待审批出差申请单列表界面（如图 4-31 所示）。

【特别提示】

D-FSSC1.0 所仿真的智能商旅 APP 重在让学生能够完整体会智能商旅流程，因此没有进行权限控制，制单人可以直接进行出差申请的审批。

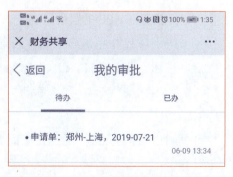

图 4-31　智能商旅 APP 待审批出差申请单列表界面

图 4-31 中单击刚刚提交的出差申请单，智能商旅 APP 进入出差申请单审批界面（如图 4-32 所示）。

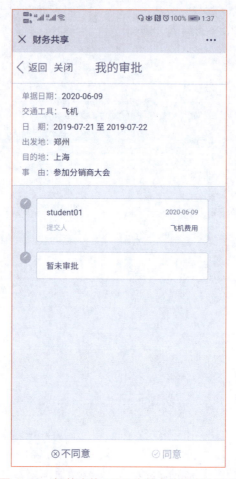

图 4-32　智能商旅 APP 出差申请单审批界面

3. 智能商旅 APP 机票预订

（1）图 4-32 中单击右下角"同意"按钮，智能商旅 APP 将提示是否立即购票，单击"确定"按钮，智能商旅 APP 将进入机票预订界面（如图 4-33a 所示）。

（2）依次选择航班、录入乘机人、进行在线支付（如图 4-33b、图 4-33c、图 4-33d 所示）。

（3）用同样的方法，通过智能商旅 APP 预订返程机票。

图 4-33　智能商旅 APP 机票预订及付款

4. 智能商旅 APP 差旅报销明细维护

（1）单击智能商旅 APP 首页的"差旅费报账"图标，智能商旅 APP 将进入差旅费报销单填制界面（如图 4-34a 所示）。

（2）单击图 4-34a 中的"添加报销明细"链接，智能商旅 APP 进入报销明细选择界面（如图 4-34b 所示），可以看出在线机票预订记录将自动成为可报销明细项。

（3）单击图 4-34b 中右上角的"添加"按钮，依据本节测试用例（表 4-7）的数据，添加市内交通费明细项目（如图 4-34c），添加完成后单击下方"保存"按钮进行保存。用类似方法，可以添加测试用例中的住宿费明细项目。

图 4-34　智能商旅 APP 差旅报销明细维护

5. 智能商旅 APP 填制并提交差旅费报销单

（1）从所有可选明细中，选中将在此次差旅费报销单上进行报销的明细（如图 4-35a 所示）。

（2）单击右下角的"确定"按钮，智能商旅 APP 将自动添加差旅补助内容（如图 4-35b 所示），并形成最终的差旅费报销单。单击图 4-35b 右下角的"提交"按钮，便正式提交了差旅费报销单。

图 4-35　智能商旅 APP 中选择报销明细并提交差旅费报销单

6. 通过 PC 端完成后续差旅费用报销流程

后续流程与本项目"模块二　差旅费用报销业务共享 > 四、差旅费用报销共享作业处理 >（三）协作处理"中的步骤 2~7 完全相同。

⚙ **模块实训** ▌ -

鸿途集团智能商旅共享作业处理实训

鸿途集团水泥有限公司销售服务办公室的销售员李军 2019 年 7 月 11—12 日，郑州出差到三亚，11 日下午 1 点与客户洽谈，12 日支持当地水泥市场推介活动，活动 5 点结束。根据企业费用管理制度，只能选用经济舱，住宿酒店标准 300 元 / 日 / 人，住宿费按从出发日期到返程到达日期的全部天数计算，每天补贴标准 60 元。

9 日李军通过商旅平台完成机票、酒店预订服务；13 日李军出差结束，通过商旅平台完成报销。出差期间发生的费用清单如表 4-8 所示。要求：分组进行角色扮演协同实训，完成智能商旅服务共享模式下的端到端差旅申请、

鸿途水泥李军
三亚出差原始
凭证

123

商旅预订及差旅费用报销的完整流程及共享作业处理。

表 4-8　鸿途水泥李军三亚出差费用清单

费用项目	总金额 / 元
去程机票（7 月 11 日 CZ6224 航班），票价 1 260 元、民航发展基金 50 元，不含税金额 1 205.96 元、税额 104.04 元	1 310
返程机票（7 月 12 日 CZ6223 航班），票价 1 410 元、民航发展基金 50 元，不含税金额 1 343.58 元、税额 116.42 元	1 460
目的地交通（出租车票）	48＋51＝99
住宿费（1 天）：三亚凤凰岛酒店，增值税专用发票税率 6%，不含税金额 271.70 元、税额 16.30 元	288
出差补助（2 天）	60×2＝120

模块四　专项费用报销业务共享

一、共享前典型痛点

专项费用适用于因工作需要发生的广告、宣传、印刷、咨询、会议、培训等费用。在企业集团实施财务共享服务前普遍存在如下一些痛点：

（1）专项费用实行的是预算单项控制，报销时必须对应正确的预算项目。

（2）相对于员工费用报销来说，专项费用报销的金额较大，供应商管理未纳入集团统一管理，服务或产品质量、供应商信息准确性等较难控制。

（3）专项费用有时候存在多个组织分摊情况，分摊的比例、审核流程都比较复杂。

二、专项费用报销共享需求分析

（一）特殊流程要求

（1）专项费用发生前需进行申请和审批。

（2）专项费用属于集团强控项目，原则上是集团统筹管理，按照"谁受益谁承担"的原则承担费用。

（3）在建设 FSSC 的同时实现银企直连，所有付款均在财务管理信息系统中直接支付。

（4）简化审批过程，最多只到业务单元（子公司）总经理处。

（二）共享后流程用到的业务单据

【例 4-11】　鸿途集团基于用友 NC Cloud 实施专项费用报销业务共享时，所使用到的业务单据如表 4-9 所示，各列的含义与表 4-1 相同。

表 4-9　鸿途集团专项费用报销业务共享流程的业务单据列表

序号	名称	是否进 FSSC	是否属于作业组工作	流程设计工具
1	费用申请单	N	—	工作流
2	主报销单（通用报销单）	Y	Y	工作流

三、共享后专项费用报销流程设计与 NC Cloud 配置

（一）共享后流程图设计

在鸿途集团专项费用申请与报销共享前业务流程的基础上，结合企业的财务共享需求，根据企业财务职责和部门的调整情况及财务共享服务中心费用类岗位的初始配置情况，设计共享后的专项费用报销流程。

鸿途集团专项费用申请与报销共享前业务流程

【例 4-12】　鸿途集团 FSSC 设置了费用组，该组中的用户均属于"费用会计"岗位角色，同时实现了资金结算（中心出纳岗）和总账（总账主管岗）的共享。鸿途集团建立 FSSC 后，业务单元只保留财务经理岗和业务财务岗。要求：设计并使用 Microsoft Visio 绘制共享后的鸿途集团专项费用报销流程。

【解析】

（1）专项费用申请流程，因不涉及会引起会计核算的业务单据处理，共享前后无变化。

（2）图 4-36 是鸿途集团共享后专项费用报销流程的一种设计结果，设计依据与表 4-2 相同。

（二）NC Cloud 工作流配置

根据表 4-9，费用申请单的设计工具是"业务流"，已经预置到 NC Cloud 中，因此本小节只讲解专项费用（会议费）报销的 NC Cloud 工作流配置过程，且以综合办公室作为业务部门、以会议费作为专项费用的例子。

专项费用报销构建演示视频

（1）进入 D-FSSC1.0 学习任务。以学生的账号登录 D-FSSC1.0 的学习中心，进入学习任务"D. 费用共享 > 10. 专项费用–市场会议费用报销业务 > 构建测试"。

（2）以系统管理员角色进入系统配置任务步骤。单击"3.系统配置"学习步骤，然后单击"系统管理员"角色头像。

（3）登录 NC Cloud 重量端。

（4）打开会议费用报销单工作流定义界面。双击 NC Cloud 左侧"功能导航"页签下面的"动态建模平台 > 流程管理 > 流程设计 > 工作流定义 – 集团"菜单，系统将打开工作流定义窗口。在左上角查询窗口中录入"通用报销单"并选中查询结果"2646 通用报销单"。

（5）新增工作流并配置。单击左上角"新增 > 手工新增"菜单，NC Cloud 重量端将打开工作流定义窗口。此时学生可以根据图 4-36 的会议费用报销共享流程图，在 NC Cloud 中定义工作流。

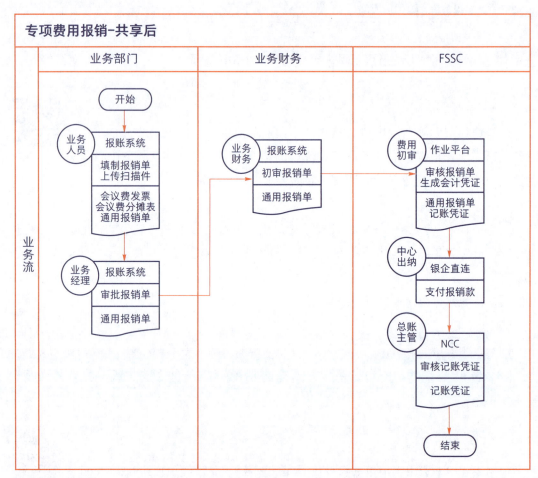

图 4-36　鸿途集团共享后会议费用报销流程设计

（三）启用 D-FSSC1.0 预置的工作流

D-FSSC1.0 预置了一个费用申请单的工作流，以及一个共享后的会议费用报销的工作流（挂在"通用报销单"单据下），但均尚未启用。学生可以直接启用这个工作流，跳过 NC Cloud 工作流配置环节。

学生首先进行与上一模块第三节"（二）NC Cloud 工作流配置"中（1）~（4）的相同操作，然后分别选中"费用申请单"及"264X-Cxx-TYBXD 通用报销单"已经预置的工作流，单击顶部的"启用 > 启用"菜单，便可启用预置的工作流。

四、专项费用报销共享作业处理

（一）测试用例

【例 4-13】　辽宁水泥协会 2019 年 7 月 8 日在沈阳举办 2019 年协会活动，鸿途集团水泥有限公司组织驻地在辽宁的几家子公司参加，会务费 20 000 元，发票号为 16587788，供应商为白云国际会议中心有限公司（银行账号为中国工商银行大连寺儿沟支行 600024001384846273），鸿途集团水泥有限公司统一支付并由鸿途水泥综合办公室专员发起会务费报销流程，但费用由几家参会子公司承担。具体分摊比例如表 4-10 所示：

表 4-10　沈阳会议会务费分摊表

参会公司	分摊比例 /%
大连鸿途水泥有限公司	30
鸿途集团京北水泥有限公司	15
鸿途集团金州水泥有限公司	25
大连金海建材集团有限公司	10
海城市水泥有限公司	20

2019 年 7 月 5 日，鸿途集团水泥有限公司综合办公室专员发起费用申请，预计费用 20 000 元，费用承担部门是各家单位的销售服务办公室，经鸿途集团水泥有限公司综合办公室经理、总经理和业务财务审批，通过后生效。

7 月 12 日，鸿途集团水泥有限公司综合办公室专员收到供应商的会务费发票并发起会务费报销流程。

（二）角色分配

1. 确定组员分工

按照 D-FSSC1.0 预置的会议费报销共享流程，需要参与操作的包括综合办公室专员、综合办公室经理、总经理、业务财务、费用初审、中心出纳、总账主管等角色。在学生进行分工协作之前，每个小组由组长进行角色指派。

2. 系统中分配角色

以组长身份登录 D-FSSC1.0，进入学习任务"D. 费用共享 > 10. 专项费用 – 市场会议费用报销业务 > 构建测试"，单击"2. 分配角色"学习步骤，按照指派的角色在系统中进行拖拽授权，授权结束后单击"完成设置"按钮保存。

本课程所涉及的 NC Cloud 功能菜单。

（三）协作处理

1. 业务员填制并提交费用申请单

以"综合办公室专员"角色的组员身份登录 D-FSSC1.0，进入学习任务"D. 费用共享 > 10. 专项费用 – 市场会议费用报销业务 > 构建测试"，单击"4. 协作处理"学习步骤。单击"综合办公室专员"角色头像图标，并选择进入 NC Cloud 重量端，双击 NC Cloud 左侧"功能导航"页签下面的"财务会计 > 费用管理 > 费用申请单录入 > 费用申请单"菜单，系统将打开费用申请单窗口。单击左上角"新增"按钮，NC Cloud 重量端将进入费用申请单录入窗口（如图 4-37 所示）。按照测试用例的数据进行填报，填报完毕后单击左上角"保存提交"按钮进行提交。注意：申请时可按照分摊比例分摊到多个费用承担单位，"费用承担部门"要选择销售处销售服务办公室，"收支项目"要选择"销售费用 – 会务费"。

图 4-37 NC Cloud 重量端费用申请单录入窗口

2. 业务经理审批费用申请单

以"综合办公室经理"角色的组员身份登录 D-FSSC1.0，进入学习任务"D. 费用共享 > 10. 专项费用 – 市场会议费用报销业务 > 构建测试"，单击"4. 协作处理"学习步骤。单击"综合办公室经理"角色头像图标，并选择进入 NC Cloud 重量端，双击 NC Cloud 左侧"功能导航"页签下面的"财务会计 > 费用管理 > 费用申请单 > 费用申请单管理"菜单，系统将打开费用申请单管理窗口。单击"查询"并输入查询条件，可查询到步骤 1

所提交的费用申请单（如图 4-38 所示）。单击顶部的"审批 > 审批"菜单，在弹出的对话框中单击"确定"按钮，便可批准该费用申请单。

图 4-38 查询并审批费用申请单

单击图 4-38 中顶部"审批 > 查看审批意见"，便可查看费用申请单的工作流处理情况（如图 4-39 所示）。因为该费用申请单金额已经达到 10 000 元，下一步应该由总经理刘金涛审批。

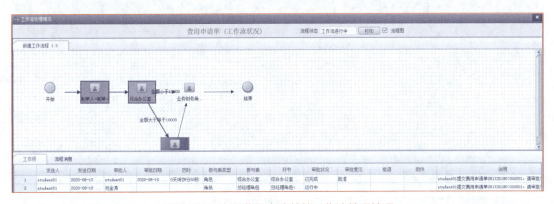

图 4-39 查看费用申请单的工作流处理情况

3. 总经理和业务财务审批费用申请单

依次以"总经理"和"业务财务"角色的组员身份登录 D-FSSC1.0，进入学习任务"D. 费用共享 > 10. 专项费用 – 市场会议费用报销业务 > 构建测试"，单击"4. 协作处理"学习步骤。然后分别用步骤 2 相同的方法，完成费用申请单的审批工作。

4. 业务员填制并保存通用报销单

以"综合办公室专员"角色的组员身份登录 D-FSSC1.0，进入学习任务"D. 费用共享 > 10. 专项费用 – 市场会议费用报销业务 > 构建测试"，单击"4. 协作处理"学习步骤。单击"综合办公室专员"角色头像图标，并选择进入 NC Cloud 重量端，双击 NC Cloud 左侧"功能导航"页签下面的"财务会计 > 费用管理 > 报销管理 > 通用报销单"菜单，系统将打开通用报销单录入窗口。单击左上角"新增 > 费用申请单"菜单，查询到已经审批通过的费用申请单（如图 4-40 所示）。

图 4-40　查询用于新增通用报销单的费用申请单

选中该费用申请单并单击"确定"按钮，NC Cloud 重量端将生成通用报销单并进入通用报销单编辑界面。补充填写必填信息后（如图 4-41 所示），单击"暂存"按钮进行通用报销单的保存。注意："收款信息"下的"收款对象"要选择"供应商"，"客商银行账户"填入测试用例中所提供的供应商银行账户信息。

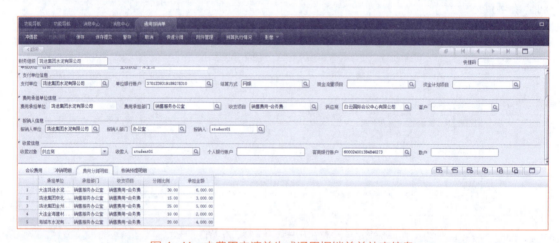

图 4-41　由费用申请单生成通用报销单并补充信息

5. 扫描原始凭证影像并提交通用报销单

综合办公室专员（制单人）单击图 4-41 中的"影像 > 影像扫描"菜单，可以扫描上传原始凭证的电子影像。扫描完成后，单击"保存提交"按钮，提交通用报销单。

6. 通用报销单业务审批

以"综合办公室经理"（会务费报销的业务审批岗）的角色登录 D-FSSC1.0，进入学习任务"D. 费用共享 > 10. 专项费用－市场会议费用报销业务 > 构建测试"，单击"4. 协作处理"学习步骤。单击"综合办公室经理"角色头像图标，并选择进入 NC Cloud 重量端，双击 NC Cloud 左侧"功能导航"页签下面的"财务会计 > 费用管理 > 报销管理 > 单据管理"菜单，NC Cloud 重量端将弹出"单据管理"窗口。单击顶部"查询"按钮，录入查询条件，NC Cloud 重量端将列出上一步骤所提交的通用报销单（如图 4-42 所示）。选中该通用报销单，单击顶部"审批"按钮，在弹出的对话框中单击"确定"按钮，便完成了通用报销单的业务审批工作。

图 4-42　NC Cloud 重量端报销单查询界面

7. 通用报销单财务审批

以业务财务（会务费报销的财务审批岗）的角色登录 D-FSSC1.0，进入学习任务"D. 费用共享 > 10. 专项费用 - 市场会议费用报销业务 > 构建测试"，单击"4. 协作处理"学习步骤。单击"业务财务"角色头像图标，并选择进入 NC Cloud 重量端，双击 NC Cloud 左侧"功能导航"页签下面的"财务会计 > 费用管理 > 报销管理 > 单据管理"菜单，NC Cloud 重量端将弹出"单据管理"窗口。用与上面步骤 6 相同的操作，完成通用报销单的财务审批工作。

8. FSSC 费用作业处理

以"费用初审岗"（会务费报销的 FSSC 作业处理岗）的角色登录 D-FSSC1.0，进入学习任务"D. 费用共享 > 10. 专项费用 - 市场会议费用报销业务 > 构建测试"，单击"4. 协作处理"学习步骤。单击"费用初审岗"角色头像图标，并选择进入 NC Cloud 轻量端，NC Cloud 会进入 FSSC 作业平台看板页面（可参见模块二的图 4-21）。

费用初审岗单击图 4-21 中的"提取任务"链接，便可依据本教材项目 03 中对 FSSC 进行系统初始设置时所设置的单据提取规则，进行待处理单据的提取工作。刷新作业平台看板页面，会发现"待处理"单据数量从 0 变成了 1。单击"待处理"链接，NC Cloud 轻量端将进入"我的作业"作业列表页面（可参见模块二的图 4-22）。

单击"单据编码"列的链接，便可进入单据审核界面（可参见模块二的图 4-23）。单击"影像查看"按钮，可以查看该业务单据制单人扫描上传的原始凭证影像；单击"批准"按钮，表示该业务单据通过 FSSC 的审核；单击"驳回"按钮，选择驳回到审批记录中的某一个环节，表示该业务单据未通过 FSSC 审核并需要退回业务单元的某一个岗位重新处理。

9. FSSC 支付结算

以"中心出纳岗"角色的组员身份登录 D-FSSC1.0，进入学习任务"D. 费用共享 > 10. 专项费用 - 市场会议费用报销业务 > 构建测试"，单击"4. 协作处理"学习步骤。单击"中心出纳岗"角色头像图标，并选择进入 NC Cloud 轻量端，然后单击"结算处理"

页签下的"结算"快捷入口，进入 NC Cloud 的结算页面。左上角"财务组织"选择鸿途集团水泥有限公司及其下属 16 家子公司，"单据日期"选择"去年~今年"，单击"查询"按钮，NC Cloud 将查询出水泥板块待结算的所有业务单据列表（可参见模块二的图 4-24）。

选中需要支付的单据行，单击右上方的"支付 > 网上转账"并确定进行网上支付，系统便完成了"银企直连"模式下的支付结算操作。

10. FSSC 总账凭证审核

以"总账主管岗"角色的组员身份登录 D-FSSC1.0，进入学习任务"D. 费用共享 > 10.专项费用－市场会议费用报销业务 > 构建测试"，单击"4.协作处理"学习步骤。单击"总账主管岗"角色头像图标，并选择进入 NC Cloud 轻量端，然后单击"凭证管理"页签下的"凭证审核"快捷入口，进入 NC Cloud 的凭证审核页面。左上角"财务组织"选择鸿途集团水泥有限公司及其下属的 16 个子公司，"单据日期"可以选择"去年~今年"，NC Cloud 将列出所有符合条件的待审核记账凭证（可参见模块二的图 4-25）。可以单击某一个凭证所在行的"审核"链接进行审核，也可以选中多条凭证、然后单击右上角"审核"按钮进行批量审核。

 **模块实训**

鸿途集团共享后专项费用报销作业处理

1. 启用预置的工作流

启用系统预置的鸿途集团共享后费用申请单和通用报销单工作流。

2. 完成协作处理实训

用下述测试用例，完成会务费报销的端到端协作处理实训。

中国水泥协会 2019 年 7 月 15 日在大连举办 2019 年水泥技术及装备展览会，鸿途集团水泥有限公司组织大连地区的 5 家子公司参加，会务费总共 2 万元，鸿途集团水泥有限公司统一支付，但具体由大连鸿途水泥有限公司等 5 家子公司承担。具体分摊比例如表 4-11 所示：

表 4-11　大连会议会务费分摊表

参会公司	分摊比例 /%
大连鸿途水泥有限公司	30
鸿途集团京北水泥有限公司	15
鸿途集团金州水泥有限公司	46

续表

参会公司	分摊比例 / %
大连金海建材集团有限公司	3
海城市水泥有限公司	6

2019 年 7 月 5 日，鸿途集团水泥有限公司综合办公室专员发起费用申请，费用承担部门是各家单位的销售服务办公室，经鸿途集团水泥有限公司综合办公室经理、总经理和业务财务审批，通过后生效。

大连会务费原始凭证

7 月 16 日，鸿途集团水泥有限公司综合办公室专员发起会务费支付，支付给会展承办方：白云国际会议中心；由上述 5 家公司的销售服务办公室承担各家公司的会务费。

思维导图

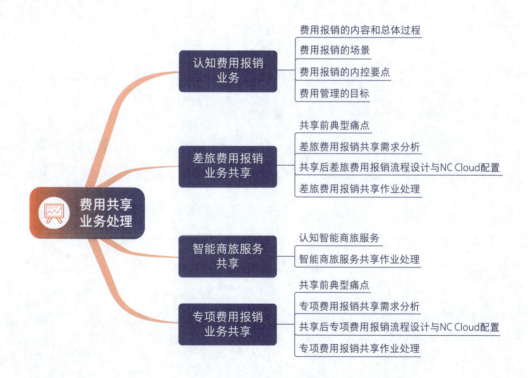

项目 05 采购 – 应付共享业务处理

✈ **学习目标** ┃ ┄┄┄┄┄┄┄┄┄┄┄┄┄┄┄┄┄┄┄┄┄┄┄┄┄

知识目标
- 掌握采购的基本概念
- 熟悉采购到付款业务的一般概念和典型流程
- 理解生产制造业的不同采购场景

技能目标
- 能在财务共享信息系统中完成采购发票信息登记工作
- 能在财务共享信息系统中完成采购到付款流程中业务单据的审核工作并生成记账凭证
- 能够绘制出企业实施财务共享模式后的采购到付款业务流程图
- 参照教学视频，能够初步在财务共享信息系统中配置共享后的采购到付款流程

素养目标
- 培养学生热爱会计工作、忠于职守的敬业精神
- 培养学生严肃认真、严谨细致的工作作风
- 培养学生熟悉企业采购管理制度，严格实施会计监督的职业操守

模块一　认知采购管理 – 应付业务

一、企业采购业务介绍

（一）采购的概念

采购，是指企业购买物资（或接受劳务）及支付款项等相关活动。其中，物资主要包

括企业的原材料、商品、工程物资、固定资产等[①]。采购是企业生产经营的起点，既是企业的"实物流"的重要组成部分，又与"资金流"密切关联。众所周知，采购物资的质量和价格、供应商的选择、采购合同的订立、物资的运输、验收等供应链状况，在很大程度上决定了企业的生存与可持续发展。采购流程的环节虽不很复杂，但蕴藏的风险却是巨大的。采购概念涉及两个关键的方面：

（1）采购标的物为物资（或劳务）。

（2）采购要支付与采购标的物相对应的款项。

（二）常见采购物资分类

企业对采购物资会进行分类管理。不同物资类别其业务特征不同，采购业务控制关键点也将有所不同。

（1）工业企业的采购物资，一般分为主要生产原材料、辅材、资产设备、备品备件与工具、办公劳保等低值易耗品。

（2）商业企业的物资，主要就是面向最终消费者的商品，一般可以按照消费者的需求及特征（如衣、食、住、用、行）划分，分为食品类、服装类、鞋帽类、日用品类、家具类、家用电器类、纺织品类、五金电料类、厨具类等。

（3）服务型行业的物资，可以分为资产设备、项目物资、运维物资等。

二、工业企业典型采购业务流程

本教材所使用的主要案例是鸿途集团水泥板块，也是工业企业的一种。

（一）通用采购业务环节

工业企业的通用采购业务环节，包括签订购销合同、下达采购订单、采购到货、验收入库、收到发票并确认应付账款、付款结算与核销等（如图5-1所示）。

图5-1　工业企业的通用采购业务环节

[①] 中华人民共和国财政部. 强化采购风险管控　提高企业采购效能——财政部会计司解读《企业内部控制应用指引第7号——采购业务》[EB/OL]. 2010-06-11 [2020-06-11]. http://kjs.mof.gov.cn/zhengcejiedu/201006/t20100611_322435.htm.

1. 签订购销合同

对于工业企业来说，采购物资（原材料、主要辅料、生产设备零配件等）的质量至关重要，且采购物资所占的生产成本比例也较高，因此往往由工业企业的采购部门及其他多个部门一起，一次性与供应商签订长期（如一年）的购销合同，需要补货时再分次视需要量向供应商下达采购订单。

2. 下达采购订单

工业企业往往根据不同物资采取不同的订货模型，确定不同的再订货点和订货数量。当到达再订货点时，由工业企业的采购部门向供应商下达订货订单。采购订单是企业与供应商之间结算的重要依据。

3. 采购到货

工业企业采购部门跟踪采购订单的执行，当采购物资到达指定的仓库时，采购部门根据采购订单核对货物，并通知仓库、质检等部门。

4. 验收入库

质检部门进行质量检验后，仓库办理采购物资入库。

5. 收到发票并确认应收账款

采购部门接收供应商开具的发票，核对无误发起结算付款请求，并将采购物资的入库单与发票移交财务部门。财务部门进行三单（订单、入库单、发票）匹配，匹配成功后确认对供应商的应付账款。

6. 付款结算与核销

财务部门根据采购部门发起的付款请求，结合购销合同中的付款条件，对供应商进行付款。付款成功（如收到银行回单）后，核销供应商的应付账款。

（二）集团企业集中采购的典型业务流程

对于集团型企业来说，往往采用集团统管（集中）采购与子公司自主（分散）采购相结合的方式。一般来说，重要的物资及大宗物资（即采购数量或金额很大的物资），往往纳入集团统管采购的范围；而一般物资或小额零星物资，则可纳入子公司自主采购的范围。

集团集中采购物资，一般要经过供应商准入、供应商集中招投标、采购协议审批、采购到货与付款等环节（如图 5-2 所示）。

1. 供应商准入

集团统管采购物资的供应商，集团要统一供应商的遴选标准。各业务单元可以寻找或推荐备选供应商，但要经过集团统一审批，审批后纳入集团层级的供应商档案、供全集团共享。集团企业在建立共享中心前，供应商准入的牵头单位可能是集团采购部门；建立共享中心后，可以由共享中心来实施供应商准入的审批。

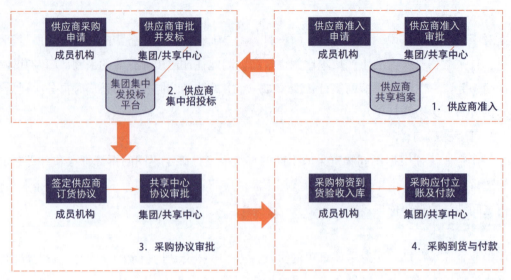

图 5-2　集团集中采购典型业务流程

2. 供应商集中招投标

为了确保集团集中采购的可靠性和经济性，集团往往会定期或不定期收集、汇总各业务单元的采购需求，并进行公开采购招标。

3. 采购协议审批

当招标结束后，集团、各业务单元将与中标供应商签订框架性合作协议或合同。

4. 采购到货与付款

业务单元根据经营需要发起统管物资的采购需求，集团汇总需求并向签约供应商下达采购订单。假设采用分散收货模式，即汇总采购订单上标明多家不同子公司的采购数量和收货仓库地点，货物到达指定地点后，各子公司进行收货、检验入库、应付立账，然后子公司根据合同付款条件发起付款申请、审批、支付结算流程。

 模块实训

绘制鸿途集团备品备件集中采购的流程图

鸿途集团备品备件采购流程图现状

参照鸿途集团备品备件采购流程图现状，如果改用集团集中采购的模式，用 Microsoft Visio 跨职能带的流程图绘制鸿途集团可能的备品备件采购流程。（不考虑财务共享服务中心的建设）

模块二　备品备件采购业务共享

一、共享前典型痛点

备品备件采购，一般作为子公司自主采购来对待。在集团企业实现共享前，典型的痛点有：

（1）总部与分子公司之间无法实现采购数据、供应商、采购价格的共享。

（2）采购数量的控制比较严格，需依据采购计划采购，一般不按照经济批量来采购。

（3）采购计划的跟踪欠缺，只关注库存数量，不关注采购计划执行后是否使用。

（4）采购计划分配到多个部门，流程繁琐、效率不高。

二、备品备件采购共享需求分析

（一）共享后的功能要求

田螺水泥集团是国内上市的知名集团型水泥生产企业，其备品备件采购业务在共享前的流程，见书侧二维码。

田螺水泥集团
备品备件采购
共享前业务流程

（1）建立财务共享服务中心后，尽量保持业务流程的稳定性：

① 根据传递到 FSSC 的业务单据，确定流程中业务单元与 FSSC 的边界，该业务单据需要经过 FSSC 的审核或初审。

② FSSC 接收业务单据所随附的原始凭证，均由制单人在制单后立即扫描上传；此后需要审核该业务单据的环节，均同时审核该业务单据的原始单据影像。

③ 保留在业务单元的工作，流程和职责不变，但原业务单元财务部的工作除财务经理职责外均由业务财务承担。

（2）田螺水泥集团的所有收付款，均以网银（银企直连）方式完成。

（3）田螺水泥集团选择的是单共享中心模式。

（二）共享后流程用到的业务单据

【例 5-1】　田螺水泥集团基于用友 NC Cloud 实施备品备件采购业务共享时，所使用到的业务单据如表 5-1 所示，各列的含义与表 4-1 相同。

表 5-1　田螺水泥集团备品备件采购业务共享的业务单据列表

序号	名称	是否进 FSSC	是否属于作业组工作	流程设计工具
1	采购订单	N	—	审批流
2	入库单	N	—	—
3	采购发票	N	—	—
4	应付单	Y	Y	工作流
5	付款单	Y	Y	工作流

三、共享后备品备件采购流程设计与 NC Cloud 配置

（一）共享后流程图设计

【例 5-2】　在田螺水泥集团备品备件采购业务现状流程的基础上，结合企业的财务共享需求（参见上面"二、"），根据企业财务职责和部门的调整情况及财务共享服务中心应付类岗位的初始配置情况，设计共享后的备品备件采购流程。

【解析】　采购订货、订货入库这 2 个流程因为不涉及职责调整到 FSSC 的情况，不用重新设计；图 5-3 与图 5-4 是一种田螺水泥集团共享后备品备件采购流程中应付挂账和应付账款付款的设计结果，设计依据见表 5-2。

表 5-2　田螺水泥集团共享后备品备件采购流程设计依据

序号	共享前	共享后	设计依据
1	财务处存货会计录入、保存采购发票、提交应付单	改由业务单元业务财务完成	业务单元只保留业务财务岗和财务经理岗
2	无	业务单元业务财务扫描上传影像	FSSC 与业务单元和原始凭证不在一起，要基于影像进行共享审核
3	无	应付初审岗审核应付单及付款单	从应付初审岗开始，应付挂账和应付账款付款流程从业务单元进入 FSSC 环节
4	财务处出纳通过网银进行支付	中心出纳岗通过银企直连支付	资金结算实现了 FSSC 共享，同步建设了银企直连
5	财务处总账会计审核记账凭证	FSSC 总账主管岗审核记账凭证	集团实现了总账共享，总账会计职责不再隶属于业务单元

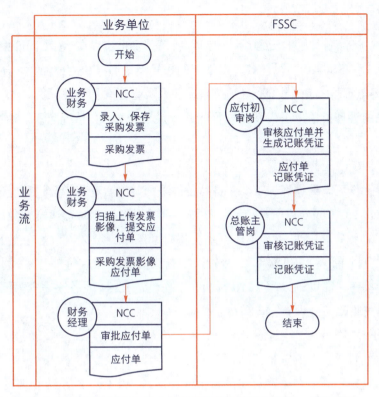

图 5-3　田螺水泥集团共享后备品备件采购流程设计 – 应付挂账

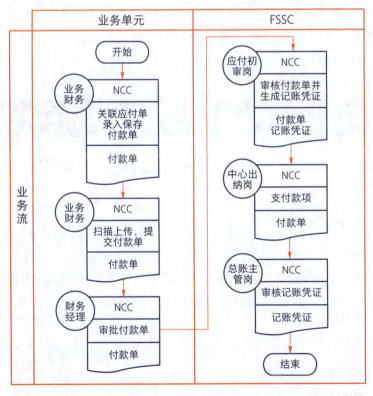

图 5-4　田螺水泥集团共享后备品备件采购流程设计 – 应付账款付款

（二）NC Cloud 工作流配置

当共享后的备品备件采购流程设计出来以后，需要将流程在 NC Cloud 中进行配置。

（1）进入 D-FSSC1.0 学习任务。以学生的账号登录 D-FSSC1.0 的学习中心，进入学习任务"E. 采购管理 – 应付共享 > 12. 备品备件采购业务 > 构建测试"。

（2）以系统管理员角色进入系统配置任务步骤。单击"3. 系统配置"学习步骤，然后单击"系统管理员"角色头像。

（3）登录 NC Cloud 重量端。

（4）设置工作流。根据表 5-2，在备品备件采购共享后流程中，设置应付单、付款单的工作流。双击 NC Cloud 重量端"功能导航"页签下面的"动态建模平台 > 流程管理 > 流程设计 > 工作流定义 – 集团"菜单，系统将打开工作流定义窗口。在左上角查询窗口中依次录入"应付单"和"付款单"，分别选中查询结果"F1 应付单""F3 付款单"，然后单击"新增"按钮，便可进入图 4-10 所示的工作流定义窗口。分别按照图 5-3 设置应付单的工作流、按照图 5-4 设置付款单的工作流。

（三）启用 D-FSSC1.0 预置的审批流和工作流

1. 启用采购订单预置的审批流

D-FSSC1.0 预置了一个采购订单的审批流，但尚未启用。以系统管理员身份进入 NC Cloud 重量端，双击"功能导航"页签下面的"动态建模平台 > 流程管理 > 流程设计 > 审批流定义 – 集团"菜单，系统将打开审批流定义窗口。在左上角查询窗口中录入"采购订单"，选中查询结果"21 采购订单"，在右侧选中已经预置的审批流，然后单击顶部"启用 > 启用"菜单，如图 5-5 所示。

图 5-5　启用 D-FSSC1.0 预置的采购订单审批流

2. 启用应付单和付款单预置的工作流

D-FSSC1.0 还分别预置了应付单和付款单共享后的工作流，但尚未启用。学生可以不自行配置工作流，而是采用"项目 04　模块二"中所使用的方法（图 4-11），启用预置的工作流。

四、备品备件采购共享作业处理

（一）测试用例

【例 5-3】　2019 年 7 月 8 日鸿途集团水泥有限公司提出备品备件采购需求（如表 5-3 所示），其中单价含有 13% 的增值税。2019 年 7 月 15 日 "公制深沟球轴承"到货并检验入库（备品备件库），采购发票随货同到，财务部同日完成应付挂账流程。2019 年 7 月 22 日，公司启动付款流程并完成该笔款项支付，其中 "结算方式" 为网银（银企直连），付款方的 "单位银行账号" 选账号编码较大的账号（支出户）。

采购 – 应付共享业务处理操作视频

表 5-3　鸿途水泥备品备件 7 月 8 日请购信息

物料名称	需求数量 / 个	含税单价 / 元	供应商
公制深沟球轴承	80	1 130	东莞市大朗昌顺五金加工厂

（二）角色分配

1. 确定组员分工

按照 D-FSSC1.0 预置的备品备件采购端到端共享流程，需要参与操作的角色包括采购员、采购经理、仓管员、业务财务、财务经理、应付初审、中心出纳、总账主管等。在学生进行分工协作之前，每个小组由组长进行角色指派。

2. 系统中分配角色

以组长身份登录 D-FSSC1.0，进入学习任务 "E. 采购管理 – 应付共享 > 12. 备品备件采购业务 > 构建测试"，单击 "2. 分配角色" 学习步骤，按照指派的角色在系统中进行拖拽授权，授权结束后单击 "完成设置" 按钮保存。

（三）协作处理

1. 采购订货

（1）签订采购订单。以 "采购员" 角色的组员身份登录 D-FSSC1.0，进入学习任务 "E. 采购管理 – 应付共享 > 12. 备品备件采购业务 > 构建测试"，单击 "4. 协作处理" 学习步骤。单击 "采购员" 角色头像图标，并选择进入 NC Cloud 轻量端，然后单击 "采购业务 > 采购订单维护" 快捷入口，进入 NC Cloud 采购订单维护页面。单击右上角的 "新增 > 自制" 菜单，进入 NC Cloud 采购订单录入界面。按照【例 5-3】中的测试用例进行填报（如图 5-6 所示），填报完毕单击右上方 "保存提交" 按钮正式提交。

本课程所涉及的 NC Cloud 功能菜单

图 5-6　NC Cloud 采购订单录入界面

（2）审批采购订单。以"采购经理"角色的组员身份登录 D-FSSC1.0，进入学习任务"E. 采购管理－应付共享 > 12. 备品备件采购业务 > 构建测试"，单击"4. 协作处理"学习步骤。单击"采购经理"角色头像图标，并选择进入 NC Cloud 轻量端，在审批中心区域会发现有一个"未处理"状态的单据。单击"未处理"入口，找到步骤（1）所提交的待审批采购订单，单击后，NC Cloud 将进入采购订单审批页面（如图 5-7 所示）。单击右上角"批准"按钮，可完成采购订单的审批工作。

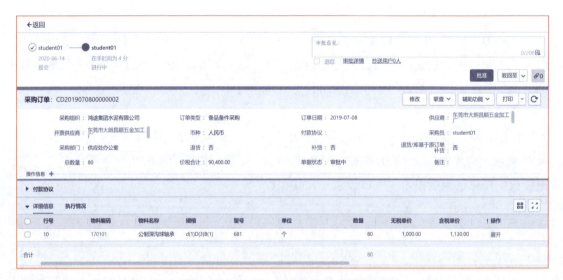

图 5-7　NC Cloud 采购订单审批界面

2. 订货入库

在业务实务中，当采购员收到供应商发货通知后及时跟踪运输过程，当货物到达企业时接收货物并按照供应商提供的到货单和采购订单清点货物，无误后签收并通知仓库和质检部门。质检部门进行必要的质量检验，合格后仓库的仓管员启动订货入库流程。

以"仓管员"角色的组员身份登录 D–FSSC1.0，进入学习任务"E.采购管理–应付共享 > 12.备品备件采购业务 > 构建测试"，单击"4.协作处理"学习步骤。单击"仓管员"角色头像图标，并选择进入 NC Cloud 轻量端。单击"业务处理 > 采购入库"快捷入口进入"采购入库"页面，再单击右上角"新增 > 采购业务入库"菜单，NC Cloud 进入"选择订单 / 到货单"页面。选择左上角的"采购订单"页签，"收货库存组织"选择鸿途集团水泥有限公司，"计划收货日期"选择"去年~今年"，单击"查询"按钮，NC Cloud 将查询出所有待入库的采购订单（如图 5-8 所示）。

图 5-8　NC Cloud 采购入库 – 选择采购订单生成入库单

选中步骤 1 审批通过的采购订单，然后单击右下角"生成入库单"按钮，NC Cloud 将生成入库单并返回"采购入库"页面。"仓库"选择"备品备件库"，"实收数量"录入实际验收入库的数量（如 80 个），"入库日期"输入"2019-07-15"（如图 5-9 所示）。最后单击"保存"按钮完成采购入库操作，并单击保存后页面顶部的"签字"按钮确认入库。

图 5-9　NC Cloud 生成入库单后的采购入库页面

3. 应付挂账

在业务实务中，当采购员收到供应商发票且企业已经完成采购入库操作、生成采购入库单之后，外部原始凭证（到货单、供应商发票等）将移交给财务部的业务财务人员，启动应付账款立账（或称挂账）流程、确认对供应商的负债。

（1）根据采购入库单生成采购发票。以"业务财务"的角色登录 D-FSSC1.0，进入学习任务"E. 采购管理 – 应付共享 > 12. 备品备件采购业务 > 构建测试"，单击"4. 协作处理"学习步骤。单击"业务财务"角色头像图标，并选择进入 NC Cloud 轻量端。单击"采购业务 > 采购发票维护"快捷入口，NC Cloud 进入采购发票管理页面。单击右上角"新增 > 收票"菜单，NC Cloud 进入"选择订单 / 入库单"页面。左上角选择"采购入库单"页签，"结算财务组织"选择鸿途集团水泥有限公司，"入库日期"选择"去年~今年"，单击"查询"按钮，NC Cloud 将列出符合条件的采购入库单（如图 5-10 所示）。

图 5-10　NC Cloud 采购发票生成 – 选择订单 / 入库单页面

选中步骤 2 中生成并签字的采购入库单，然后单击右下角"生成发票"按钮，NC Cloud 便根据采购入库单生成相应的采购发票信息（如图 5-11 所示）。单击右上角的"保存提交"按钮进行采购发票的提交，NC Cloud 将保存发票并根据发票生成应付单。

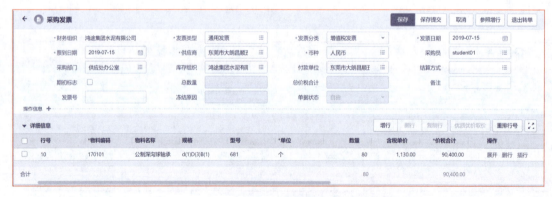

图 5-11　NC Cloud 采购发票生成后提交页面

（2）扫描上传影像并提交应付单。以"业务财务"的角色登录 D-FSSC1.0，进入学习任务"E. 采购管理 – 应付共享 > 12. 备品备件采购业务 > 构建测试"，单击"4. 协作处理"学习步骤。单击"业务财务"角色头像图标，并选择进入 NC Cloud 轻量端。单击

"采购业务 > 应付单管理"快捷入口，NC Cloud 进入应付单页面。"财务组织"选择鸿途集团水泥有限公司，"单据日期"选择"全年~今年"，单击"查询"按钮，NC Cloud 将列出所有满足条件的应付单（如图 5-12 所示）。

图 5-12　NC Cloud 应付单管理 – 查询应付单

选中步骤（1）所生成的应付单，单击右上角"更多 > 影像管理 > 影像扫描"菜单，便可扫描上传采购发票物理单据（如增值税专用发票的发票联和抵扣联等）的电子影像（参见图 4-16）。扫描完成后，单击图 5-12 右上角的"提交"按钮，将应付单提交。

（3）审批应付单。以"财务经理"的角色登录 D-FSSC1.0，进入学习任务"E. 采购管理 – 应付共享 > 12. 备品备件采购业务 > 构建测试"，单击"4. 协作处理"学习步骤。单击"财务经理"角色头像图标，并选择进入 NC Cloud 轻量端，在审批中心区域会出现一个"未处理"状态的单据。单击"未处理"入口，找到步骤（2）所提交的待审批应付单（如图 5-13 所示），单击该行的"财务经理角色 < 批准 >"按钮，可完成应付单的审批工作。

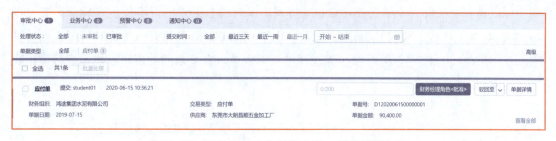

图 5-13　NC Cloud 应付单审批 – 财务经理角色

（4）FSSC 应付单作业处理。以"应付初审岗"的角色登录 D-FSSC1.0，进入学习任务"E. 采购管理 – 应付共享 > 12. 备品备件采购业务 > 构建测试"，单击"4. 协作处理"学习步骤。单击"应付初审岗"角色头像图标，并选择进入 NC Cloud 轻量端。NC Cloud 会进入 FSSC 作业平台看板页面（参见图 4-21）。单击作业平台中的"我的作业 > 提取任务"链接，便可依据本教材项目 03 中对 FSSC 进行系统初始设置时所设置的单据提取规则，进行待处理单据的提取工作。刷新作业平台看板页面，会发现"我的作业 > 待处理"单据数量从 0 变成了 1。单击"我的作业 > 待处理"链接，NC Cloud 轻量端将进入"我的作业"作业列表页面（参见图 4-22）。单击"单据编码"列的链接，便可进入应付单FSSC 审核界面（如图 5-14 所示）。

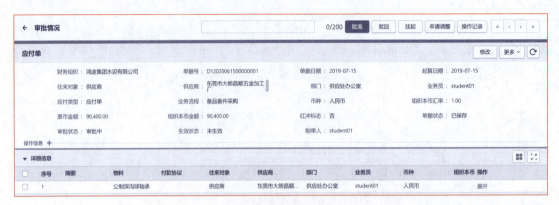

图 5-14　NC Cloud FSSC 应付单审核界面

图 5-14 中，单击右上角"更多 > 影像管理 > 影像查看"菜单，可以查看前序环节扫描上传的原始凭证影像。应付初审岗单击"批准"按钮，批准所提取的应付单单据，NC Cloud 将自动生成应付挂账的总账凭证。

（5）FSSC 应付挂账总账凭证审核。以"总账主管岗"角色的组员身份登录 D-FSSC1.0，进入学习任务"E. 采购管理 – 应付共享 > 12. 备品备件采购业务 > 构建测试"，单击"4. 协作处理"学习步骤。单击"总账主管岗"角色头像图标，并选择进入 NC Cloud 轻量端。然后单击"凭证管理"页签下的"凭证审核"快捷入口，进入 NC Cloud 的凭证审核页面。左上角"财务核算账簿"选择鸿途集团水泥有限公司的基准账簿，"制单日期"可以选择"去年～今年"，NC Cloud 将列出所有符合条件的待审核记账凭证（参见图 4-25）。找到新生成的应付挂账记账凭证并双击，NC Cloud 便打开该凭证的详细页面（如图 5-15 所示）。总账主管岗可以在凭证详细页面中单击右上角的"审核"按钮进行该记账凭证的审核。

	行号	摘要	会计科目	辅助核算	币种	原币	组织本币（借方）	组织本币（贷方）
□	+ 1	外系统生成凭证	应交税费\应交增值税\进项税…		人民币	10,400.00	10,400.00	
□	+ 2	外系统生成凭证	原材料\备品备件	【物料基本分类：滚动轴承】	人民币	80,000.00	80,000.00	
□	+ 3	外系统生成凭证	应付账款\应付货款	【客商：东莞市大朗昌顺五金…】	人民币	90,400.00		90,400.00

图 5-15　NC Cloud 应付挂账记账凭证明细页面

4. 应付账款付款

（1）关联应付单生成付款单。以"业务财务"的角色登录 D-FSSC1.0，进入学习任务"E. 采购管理 – 应付共享 > 12. 备品备件采购业务 > 构建测试"，单击"4. 协作处理"学习步骤。单击"业务财务"角色头像图标，并选择进入 NC Cloud 轻量端。单击"采购业务 > 付款单管理"快捷入口，NC Cloud 进入付款单管理页面。单击右上角"新增 > 应付单"菜单，NC Cloud 进入"选择应付单"页面。左上角"财务组织"选择鸿途集团水泥有限公司，"单据日期"选择"去年~今年"，单击"查询"按钮，NC Cloud 将列出符合条件的应付单。选中步骤 3 所审核通过的应付单（如图 5-16 所示），单击右下角"生成下游单据"按钮，便可生成付款单（如图 5-17 所示）。图 5-17 中，"结算方式"选择"网银"方式（即采用银企直连、购买方直接支付的方式），"付款银行账户"选择购买方的支出户。单击右上角"保存"按钮保存付款单。

图 5-16 NC Cloud 由应付单生成付款单 – 查询应付单

图 5-17 NC Cloud 由应付单生成的付款单

【特别提示】

为了便于教学，D-FSSC1.0 给鸿途集团每家子公司准备的外部银行账户中，账号较大的账户作为企业基本存款账户，同时也作为企业的支出户。

（2）扫描上传影像并提交付款单。在图 5-17 保存后的页面上，单击右上角"更多 > 影像管理 > 影像扫描"菜单，便可为该付款单扫描上传必要原始凭证的电子影像（如其他付款方式的银行回单等）。扫描完成后，单击右上角的"提交"按钮，将付款单提交。

（3）审批付款单。以"财务经理"的角色登录 D-FSSC1.0，进入学习任务"E. 采购管理 – 应付共享 > 12. 备品备件采购业务 > 构建测试"，单击"4. 协作处理"学习步骤。

单击"财务经理"角色头像图标，并选择进入 NC Cloud 轻量端，在审批中心区域会发现有一个"未处理"状态的单据。单击"未处理"入口，找到步骤（2）所提交的待审批付款单（如图 5-18 所示），单击该行的"财务经理角色 < 批准 >"按钮，可完成付款单的审批工作。

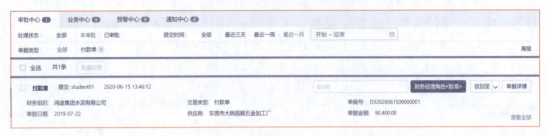

图 5-18　NC Cloud 付款单审批 - 财务经理角色

（4）FSSC 付款单作业处理。以"应付初审岗"的角色登录 D-FSSC1.0，进入学习任务"E. 采购管理 - 应付共享 > 12. 备品备件采购业务 > 构建测试"，单击"4. 协作处理"学习步骤。单击"应付初审岗"角色头像图标，并选择进入 NC Cloud 轻量端。NC Cloud 会进入 FSSC 作业平台看板页面（参见图 4-21）。单击作业平台中的"我的作业 > 提取任务"链接，便可依据本教材项目 03 中对 FSSC 进行系统初始设置时所设置的单据提取规则，进行待处理单据的提取工作。刷新作业平台看板页面，会发现"我的作业 > 待处理"单据数量从 0 变成了 1。单击"我的作业 > 待处理"链接，NC Cloud 轻量端将进入"我的作业"作业列表页面（参见图 4-22）。单击"单据编码"列的链接，便可进入付款单 FSSC 审核界面（如图 5-19 所示）。图 5-19 中，单击右上角"更多 > 影像管理 > 影像查看"菜单，可以查看前序环节扫描上传的原始凭证影像。应付初审岗单击"批准"按钮，批准所提取的付款单单据，NC Cloud 将自动生成应付账款付款的总账凭证。

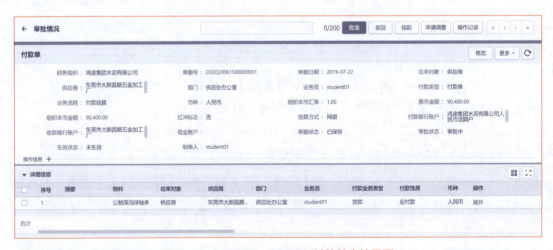

图 5-19　NC Cloud FSSC 付款单审核界面

（5）FSSC 付款单支付结算。以"中心出纳岗"角色的组员身份登录 D–FSSC1.0，进入学习任务"E. 采购管理－应付共享 > 12. 备品备件采购业务 > 构建测试"，单击"4. 协作处理"学习步骤。单击"中心出纳岗"角色头像图标，并选择进入 NC Cloud 轻量端，然后单击"结算处理"页签下的"结算"快捷入口，进入 NC Cloud 的结算页面。左上角"财务组织"选择鸿途集团水泥有限公司及其下属 16 家子公司，"业务单据日期"选择"去年~今年"，单击"查询"按钮并单击左侧"待结算"页签，NC Cloud 将查询出水泥板块待结算的所有业务单据列表（参见图 4-24）。选中需要支付的单据行，单击右上方的"支付 > 网上转账"并确定进行网上支付，则系统便完成了"银企直连"模式下的支付结算操作。

（6）FSSC 应付账款付款总账凭证审核。以"总账主管岗"角色的组员身份登录 D–FSSC1.0，进入学习任务"E. 采购管理－应付共享 > 12. 备品备件采购业务 > 构建测试"，单击"4. 协作处理"学习步骤。单击"总账主管岗"角色头像图标，并选择进入 NC Cloud 轻量端。然后单击"凭证管理"页签下的"凭证审核"快捷入口，进入 NC Cloud 的凭证审核页面。左上角"财务核算账簿"选择鸿途集团水泥有限公司的基准账簿，"制单日期"可以选择"去年~今年"，NC Cloud 将列出所有符合条件的待审核记账凭证（参见图 4-25）。找到新生成的应付账款付款记账凭证并双击，NC Cloud 便打开该凭证的详细页面（如图 5-20 所示）。总账主管岗可以在凭证详细页面中单击右上角的"审核"按钮进行该记账凭证的审核。

图 5-20　NC Cloud 应付账款付款记账凭证明细页面

模块实训

（一）鸿途集团共享后备品备件采购流程设计

鸿途集团建立 FSSC 后，基本核算工作从原业务单元财务部的工作中剥离，业务单元一般只保留财务经理岗和业务财务岗。假设鸿途集团财务共享服务中心各作业处理环节均是一级审核、不设置复核环节。

鸿途集团在推行备品备件采购业务共享时，进入 FSSC 的业务单据列表如

鸿途集团备品备件采购流程图现状

表 5–4 所示。

表 5–4　鸿途集团备品备件采购业务共享流程进入 FSSC 的业务单据列表

序号	名称	是否进 FSSC	是否属于作业组工作	流程设计工具
1	采购订单	N	—	审批流
2	应付单	Y	Y	工作流
3	付款单	Y	Y	工作流

要求：结合鸿途集团备品备件采购流程现状，进行鸿途集团备品备件采购共享后流程图设计。每个小组需要用 Microsoft Visio 完成流程设计结果，并由组长提交 D–FSSC1.0 教学平台，由教师发起全班的同行评价。

（二）鸿途集团共享后备品备件采购流程角色扮演

组长对组员进行分工，用角色扮演的方式路演一遍共享后的备品备件采购流程，每个组员要明确报出自己的角色、输入单据、动作、输出单据或结果。

（三）鸿途集团共享后备品备件采购作业处理

（1）启用预置的鸿途集团采购订单审批流及共享后应付单和付款单的工作流。

（2）用下述测试用例，完成共享后备品备件采购端到端协作处理实训：2019 年 7 月 1 日鸿途集团水泥有限公司提出物资采购需求，请购信息如表 5–5（其中单价含有 13% 的增值税）。2019 年 7 月 10 日"公制深沟球轴承"到货并检验入库（备品备件库），采购发票随货同到。2019 年 7 月 15 日，公司启动付款流程并完成该笔款项支付，其中"结算方式"为网银（银企直连），付款方的"单位银行账号"选账号编码较大的账号（支出户）。

鸿途水泥备品备件采购实训用原始凭证

表 5–5　鸿途水泥备品备件请购信息

物料名称	需求数量 / 个	含税单价 / 元	供应商
公制深沟球轴承	100	1 130	东莞市大朗昌顺五金加工厂

模块三　原燃料采购业务共享

一、共享前典型痛点

大宗原燃料对于水泥行业生产的稳定性影响很大，因此水泥生产企业往往采取集中采购管理的模式。实现业务共享之前，水泥行业企业原燃料采购业务存在的典型痛点有：

（1）采购入库实收数量的计量难度大。

（2）采购付款周期较长，影响了供应商供货积极性。任何采购付款都需要有采购发票、合同、到货验收单，三者缺一不可；结算前还要根据供应商应付账款余额，由采购部门核定本月付款金额、通知供应商开具发票，还要由公司领导签批付款。

（3）付款结算情况复杂。如果合同约定有预付款、质保金的情形，还要扣除预付款、质保金后入账，并核销相应的付款单。

（4）与合同价对比价格上浮时的处理复杂。如果订单价格比合同价格高，就需要有调价审批表。

大宗原燃料采购的过磅系统简介

二、原燃料采购共享需求分析

（一）流程现状

【例 5-4】　田螺水泥集团是国内上市的知名集团型水泥生产企业，其原燃料采购业务在共享前需要经过以下 6 个步骤：

（1）供应商准入。对于拟发生采购交易的、新的供应商需要审批。

（2）询价。在已经准入的、可用的多家供应商之间进行询价、比价，最终确定拟进行交易的供应商。

（3）签订采购合同。对于原燃料这样的大宗原材料，鸿途集团要求与供应商按年度签订合同、需要时向供应商下达采购订单。

（4）采购到货入库。向供应商下达采购订单且收到采购货物后，进行验货、质检并登记入库。

（5）应付挂账。收到供应商的采购发票后，根据双方约定的付款条件延后付款，鸿途集团确认对供应商的应付账款。

（6）应付账款付款。达到对供应商付款条件后，发起支付流程、核销应付账款。

田螺水泥集团原燃料采购共享前业务流程

（二）共享后的功能要求

（1）供应商申请单、采购合同的审批。审批环节均由 FSSC 的档案综合岗负责。共享前属于普通财务人员审核的职责，若共享后划归 FSSC，则业务单元财务人员无须再审核；共享前属于财务经理审核的职责，共享后改由业务单元业务财务审核。但业务财务发起的流程仍需财务经理审批。

（2）田螺水泥集团的所有收付款，均以网银（银企直连）方式完成。

（3）田螺水泥集团选择的是单共享中心模式。

（三）共享后流程用到的业务单据

【例5-5】 田螺水泥集团基于用友NC Cloud实施原燃料采购业务共享时，所使用的业务单据如表5-6所示，各列的含义与表4-1相同。

表5-6 田螺水泥集团原燃料采购业务共享的业务单据列表

序号	名称	是否进FSSC	是否属于作业组工作	流程设计工具
1	供应商申请单	Y	Y	工作流
2	价格审批单	N	—	审批流
3	采购合同	Y	N	审批流
4	采购订单	N	—	审批流
5	应付单	Y	Y	工作流
6	付款单	Y	Y	工作流

三、共享后原燃料采购流程设计与 NC Cloud 配置

（一）共享后流程图设计

【例5-6】 在例5-4田螺水泥集团原燃料采购业务现状流程的基础上，结合企业的财务共享需求，根据企业财务职责和部门的调整情况及财务共享服务中心应付类岗位的初始配置情况，设计共享后的原燃料采购流程。

【解析】 询价、采购到货入库这2个流程因为不涉及职责调整到FSSC的情况，不用重新设计；应付挂账、应付账款付款的共享后流程与备品备件采购共享后的对应流程相同，分别可参见图5-3与图5-4。图5-21、图5-22分别是原燃料采购共享后的供应商准入流程及签订采购合同流程的设计结果，这部分的设计依据，如表5-7所示。

表5-7 田螺水泥集团共享后原燃料采购流程设计依据（供应商准入及采购合同）

序号	共享前	共享后	设计依据
1	财务处合同管理员审批供应商申请单	FSSC档案综合岗审批供应商申请单	供应商准入的审核职责转移给FSSC

续表

序号	共享前	共享后	设计依据
2	无	业务单元采购员扫描上传影像	FSSC 与业务单元和原始凭证不在一起，要基于影像进行共享审核
3	财务经理审批采购合同	业务财务审批采购合同	供应商申请单、采购合同的审批，共享前由财务经理审批，共享后改由业务财务审批

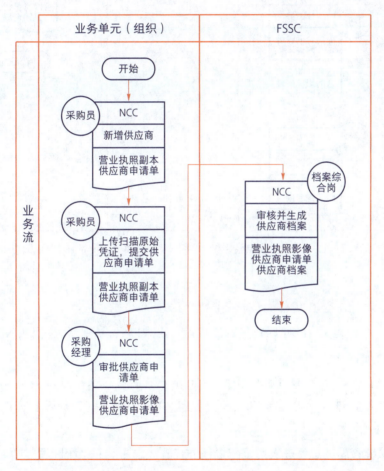

图 5-21　田螺水泥集团原燃煤采购 – 供应商准入的共享后流程

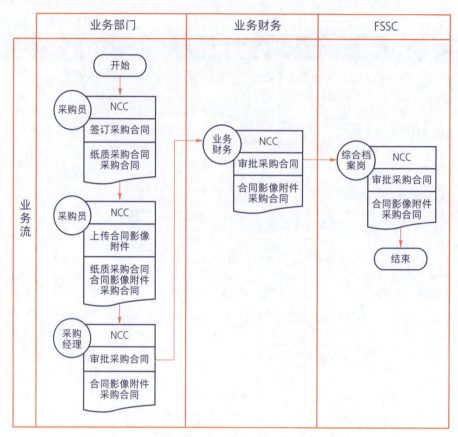

图 5-22　田螺水泥集团原燃煤采购 – 签订采购合同的共享后流程

（二）NC Cloud 工作流配置

当共享后的原燃料采购流程设计出来以后，需要将流程在 NC Cloud 中进行配置。

原燃料采购
共享构建演示
视频

（1）进入 D-FSSC1.0 学习任务。以学生的账号登录 D-FSSC1.0 的学习中心，进入学习任务"E.采购管理 – 应付共享 > 13.原燃料采购业务 > 构建测试"。

（2）以系统管理员角色进入系统配置任务步骤。单击"3.系统配置"学习步骤，然后单击"系统管理员"角色头像。

（3）登录 NC Cloud 重量端。

（4）设置工作流。根据表 5-6，在原燃料采购共享后流程中，设置供应商申请单、应付单、付款单的工作流。双击 NC Cloud 重量端"功能导航"页签下面的"动态建模平台 > 流程管理 > 流程设计 > 工作流定义 – 集团"菜单，系统将打开工作流定义窗口。在左上角查询窗口中依次录入"供应商申请单""应付单"和"付款单"，分别选中查询结果"10GY 供应商申请单""F1 应付单""F3 付款单"，然后单击"新增"按钮，便可进入图

4–10 所示的工作流定义窗口。可分别按照图 5–21 设置供应商申请单的工作流、按照图 5–3 设置应付单的工作流、按照图 5–4 设置付款单的工作流。

【特别提示】

应付单、付款单的工作流与本项目模块二"备品备件采购业务共享"的相同，若在模块二学习过程中已经完成初始设置，则无须重复设置。

（三）启用 D–FSSC1.0 预置的审批流和工作流

1. 启用价格审批单、采购合同预置的审批流

除了采购订单外，D–FSSC1.0 还预置了价格审批单和采购合同的审批流，但尚未启用。学生可以采用与图 5–5 相同的方法，启用这些审批流。

2. 启用供应商申请单预置的工作流

除了应付单和付款单，D–FSSC1.0 还预置了供应商申请单共享后的工作流，但尚未启用。学生可以不自行配置工作流，而采用项目 04 之模块二中所使用的方法（参见图 4–11），启用上述单据预置的工作流。

【特别提示】

应付单、付款单预置的工作流，以及采购合同预置的审批流，均与本项目模块二"备品备件采购业务共享"的相同，此处不做重复描述。

四、原燃料采购共享作业处理

（一）测试用例

【例 5–7】　鸿途集团水泥有限公司 2019 年 7 月发生以下业务：

原燃料采购共享业务处理举例的原始凭证

1. 供应商准入

2019 年 7 月 10 日，鸿途集团水泥有限公司根据业务需要，申请新增一家水泥供应商：平顶山矿业有限公司（联系人：薛斌；职位：销售代表；手机联系方式：13503721212），连带此供应商的营业执照副本（复印件）提交审批。经过审定，决定将此供应商纳入公司正式供应商名录（供应商准入目的组织为鸿途集团；供应商编码：G300555），有效期至 2021 年 12 月 31 日。

2. 询价

2019 年 7 月 12 日，鸿途集团水泥有限公司进行下半年原煤价格评估，下半年计划采购量 12 000 吨，并在找煤网上进行询价。最终有三家供应商发来价格信息（如表 5–8 所示）。

表5-8　原煤供应商询价结果

供应商	含税单价 / 元
平顶山矿业有限公司	558.00
中煤集团有限公司	542.40
神华乌海能源有限公司	565.00

最后经过综合评估，将下半年原煤价格确定为 542.40 元 / 吨（含税单价，增值税税率13%），由中煤集团有限公司负责供应。鸿途集团水泥有限公司拟与中煤集团有限公司签订原煤供应合同。

3. 签订采购合同

2019 年 7 月 17 日，鸿途集团水泥有限公司与中煤集团有限公司签署《采购合同（合同编码：PC20190555）》，签约信息详见书侧二维码中的原始凭证。

4. 采购到货入库

（1）2019 年 7 月 22 日鸿途集团水泥有限公司提出物资采购订单需求，订单信息如表5-9 所示。

表5-9　向中煤集团有限公司下达的原煤采购订单

项目名称	需求数量 / 吨	供应商
原煤	1 200	中煤集团有限公司

（2）2019 年 7 月 28 日"原煤"过磅到货并检验入库，发票随货同到。发票的关键信息如表 5-10 所示。

表5-10　中煤集团有限公司原煤采购发票关键信息

项目名称	需求数量 / 吨	含税单价 / 元	价税合计 / 元	税率	税额 / 元	供应商
原煤	1 200	542.40	650 880.00	13%	74 880.00	中煤集团有限公司

5. 应付挂账

2019 年 7 月 29 日，公司确认应付账款。

6. 应付账款付款

2019 年 7 月 31 日，公司完成付款。付款信息如表 5-11 所示。

表 5-11　向中煤集团有限公司支付原煤采购款的信息

供应商名称	付款金额 / 元	收款账户
中煤集团有限公司	650 880.00	中国工商银行北京东城分行 600024032487845234

（二）角色分配

1. 确定组员分工

按照 D-FSSC1.0 预置的原燃料采购端到端共享流程，需要参与操作的角色包括采购员、采购经理、质检员、仓管员、业务财务、财务经理、档案综合岗、应付初审岗、中心出纳岗、总账主管岗等。在学生进行分工协作之前，每个小组由组长进行角色指派。

2. 系统中分配角色

以组长身份登录 D-FSSC1.0，进入学习任务"E. 采购管理 – 应付共享 > 13. 原燃料采购业务 > 构建测试"，单击"2. 分配角色"学习步骤，按照指派的角色在系统中进行拖拽授权，授权结束后单击"完成设置"按钮保存。

（三）协作处理

1. 供应商准入

（1）申请新增供应商。以"采购员"角色的组员身份登录 D-FSSC1.0，进入学习任务"E. 采购管理 – 应付共享 > 13. 原燃料采购业务 > 构建测试"，单击"4. 协作处理"学习步骤。单击"采购员"角色头像图标，并选择进入 NC Cloud 轻量端，然后单击"采购业务 > 供应商申请单"快捷入口，进入 NC Cloud 供应商申请单维护页面。单击右上角的"新增"按钮，进入 NC Cloud 供应商申请单录入界面。按照【例 5-7】中的测试用例数据进行填写（如图 5-23 所示），填报完毕后单击右上方"保存"按钮进行保存。

本课程所涉及的 NC Cloud 功能菜单

【特别提示】

录入供应商联系人信息时，需要先单击"供应商联系人"区域的"增行"按钮，然后单击联系人录入框（如图 5-23 中的"薛斌"）右侧的列表图标，再录入联系人的详细信息。

（2）扫描上传原始凭证。单击供应商申请单页面顶部的"影像扫描"按钮，将备选供应商的营业执照（副本）扫描上传。扫描完成后，单击"提交"按钮提交供应商申请单。

（3）业务审批供应商申请单。以"采购经理"角色的组员身份登录 D-FSSC1.0，进入学习任务"E. 采购管理 – 应付共享 > 13. 原燃料采购业务 > 构建测试"，单击"4. 协作

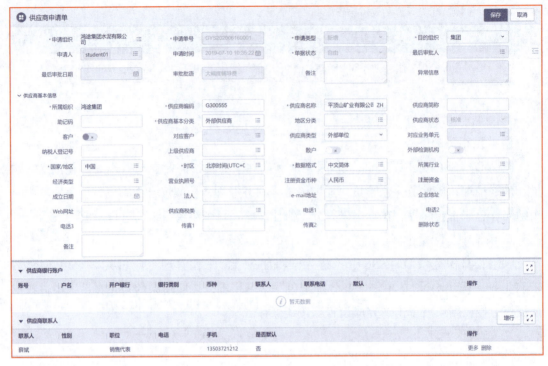

图 5-23　NC Cloud 供应商申请单录入页面

处理"学习步骤。单击"采购经理"角色头像图标，并选择进入 NC Cloud 轻量端，在审批中心区域会发现有一个"未处理"状态的单据。单击"未处理"入口，找到上一步骤（2）所提交的待审批供应商申请单（如图 5-24 所示），单击单据行的"采购经理角色＜批准＞"按钮，可完成供应商申请单的审批工作。

图 5-24　审批中心"未处理"状态的供应商申请单

（4）FSSC 供应商申请单作业处理。以"档案综合岗"角色的组员身份登录 D-FSSC1.0，进入学习任务"E. 采购管理 – 应付共享＞13. 原燃料采购业务＞构建测试"，单击"4. 协作处理"学习步骤。单击"档案综合岗"角色头像图标，并选择进入 NC Cloud 轻量端，NC Cloud 会进入 FSSC 作业平台看板页面。单击作业平台中的"我的作业＞提取任务"链接，便可依据本教材项目 03 中对 FSSC 进行系统初始设置时所设置的单据提取规则，进行待处理单据的提取工作。刷新作业平台看板页面，会发现"我的作业 > 待处理"单据数量从 0 变成了 1。单击"我的作业 > 待处理"链接，NC Cloud 轻量端将进入"我的作业"作业列表页面。单击"单据编码"列的链接，便可进入供应商申请单 FSSC 审核页面（如图 5-25 所示）。单击右上角"批准"按钮，完成供应商申请单的 FSSC 审核。

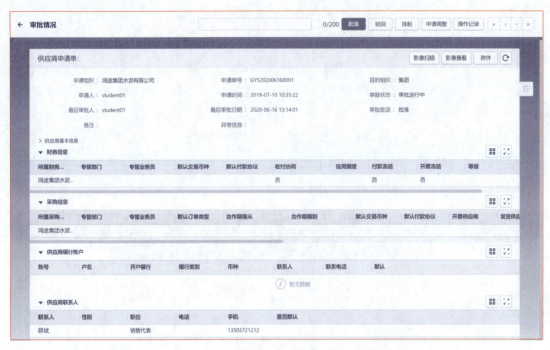

图 5-25　供应商申请单 FSSC 审核页面

2. 询价

（1）填写询报价单。以"采购员"角色的组员身份登录 D-FSSC1.0，进入学习任务"E. 采购管理－应付共享 > 13. 原燃料采购业务 > 构建测试"，单击"4. 协作处理"学习步骤。单击"采购员"角色头像图标，并选择进入 NC Cloud 重量端。双击 NC Cloud 重量端"功能导航"页签下面的"供应链 > 采购价格 > 采购询报价 > 询报价单"菜单，系统将打开询报价单管理窗口。单击左上角的"新增 > 自制"菜单，进入 NC Cloud 询报价单录入界面。按照【例 5-7】中的测试用例数据进行填写（如图 5-26 所示），填报完毕后单击右上方"保存"按钮进行保存。

（2）填写价格审批单。以"采购员"角色的组员身份登录 D-FSSC1.0，进入学习任务"E. 采购管理－应付共享 > 13. 原燃料采购业务 > 构建测试"，单击"4. 协作处理"学习步骤。单击"采购员"角色头像图标，并选择进入 NC Cloud 重量端。双击 NC Cloud 重量端"功能导航"页签下面的"供应链 > 采购价格 > 采购询报价 > 价格审批单"菜单，系统将打开价格审批单管理窗口。单击左上角的"新增 > 询报价单"菜单，查询并选中上

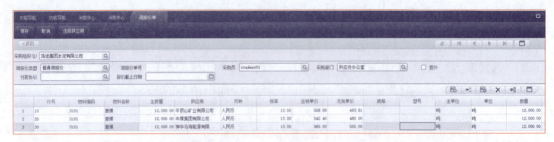

图 5-26　NC Cloud 询报价单录入界面

一步骤保存的询报价单，按照【例 5-7】中的数据勾选供应商"中煤集团有限公司"的询报价明细项（如图 5-27 所示），单击弹出对话框右下角的"确定"按钮，NC Cloud 将生成新的价格审批单（如图 5-28 所示），将价格审批单明细行中的"订货"列选中，然后单击左上角"保存提交"按钮提交价格审批单。

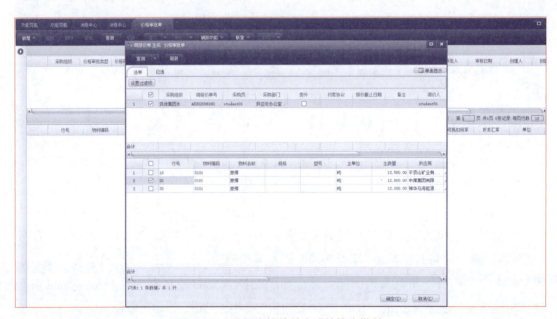

图 5-27　选择询报价单生成价格审批单

图 5-28　根据询报价单生成的价格审批单

（3）审批价格审批单。以"采购经理"角色的组员身份登录 D-FSSC1.0，进入学习任务"E.采购管理－应付共享 > 13.原燃料采购业务 > 构建测试"，单击"4.协作处理"学习步骤。单击"采购经理"角色头像图标，并选择进入 NC Cloud 重量端。双击 NC Cloud 重量端"功能导航"页签下面的"供应链 > 采购价格 > 采购询报价 > 价格审批单"菜单，系统将打开价格审批单管理窗口。单击顶部的"查询"按钮，在弹出的查询窗口中，"采购组织"选择鸿途集团水泥有限公司，"单据状态"选择"全选"（如图 5-29 所示），单击"确定"按钮，NC Cloud 将查询出上一步骤所提交的价格审批单（如图 5-30 所示）。选中该审批单，单击顶部的"审批"按钮，在弹出的审批对话框中单击"确定"按钮，完成价格审批单的审批工作。

图 5-29　价格审批单查询条件录入

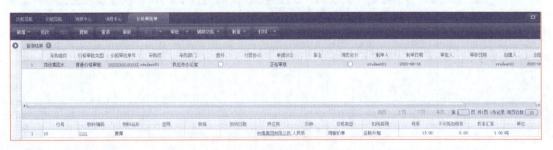

图 5-30　价格审批单查询结果

3. 签订采购合同

（1）录入采购合同信息。以"采购员"角色的组员身份登录 D-FSSC1.0，进入学习任务"E.采购管理－应付共享 > 13.原燃料采购业务 > 构建测试"，单击"4.协作处理"学习步骤。单击"采购员"角色头像图标，并选择进入 NC Cloud 重量端。双击 NC Cloud

重量端"功能导航"页签下面的"供应链 > 合同管理 > 采购合同 > 采购合同维护"菜单，系统将打开采购合同维护窗口。单击左上角的"新增 > 价格审批单"菜单，查询并选中步骤 2 审批通过的价格审批单，单击"确定"按钮后，NC Cloud 将根据价格审批单生成采购合同的框架信息（如图 5-31 所示）。根据原始凭证（即纸质采购合同）的信息补齐采购合同的其他必要信息，单击左上角"保存"按钮保存。

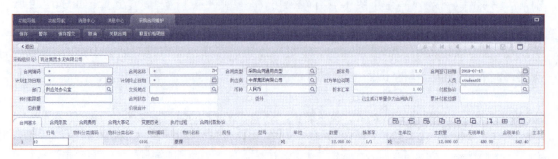

图 5-31　根据价格审批单新增采购合同

（2）扫描上传合同影像。由于采购合同在 NC Cloud 中是通过重量端管理的，无法使用"影像扫描"和"影像查看"功能来实现电子影像的管理，需要使用 NC Cloud 重量端单据的"附件管理"功能。采购员将原始凭证（即纸质采购合同）用扫描或拍照的方式变成电子影像文件，然后在 NC Cloud 重量端的采购合同维护界面中单击附件图标按钮（如图 5-32 所示），在弹出的"附件管理"对话框中单击"上传附件"按钮，便可将采购合同电子影像文件作为附件上传。上传完成后关闭"附件管理"对话框，然后单击采购合同维护界面上方的"提交"按钮提交采购合同。

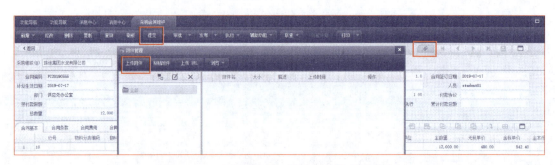

图 5-32　上传采购合同的电子影像文件附件

（3）采购合同业务审批。以"采购经理"角色的组员身份登录 D-FSSC1.0，进入学习任务"E.采购管理－应付共享 > 13.原燃料采购业务 > 构建测试"，单击"4.协作处理"学习步骤。单击"采购经理"角色头像图标，并选择进入 NC Cloud 重量端。双击 NC Cloud 重量端"功能导航"页签下面的"供应链 > 合同管理 > 采购合同 > 采购合同维护"菜单，系统将打开采购合同维护窗口。单击上方的"查询"按钮，在弹出的"查询条件"对话框中，"采购组织"选择鸿途集团水泥有限公司，"制单日期"选择介于"去年"和"今年"（用 NC Cloud 重量端查询条件 fx 功能），如图 5-33 所示。单击"确定"按钮，NC Cloud 将查询出所有符合条件的采购订单。在采购合同查询结果窗口中，找到并选中上一步骤采购员所提交的采购合同那一行，单击"合同编码"列的链接，NC Cloud 将进入采购合同详细界面（如图 5-34 所示）。单击顶部的"辅助功能 > 附件管理"，可以查看采购合同随附的原始凭证电子影像、作为审批人的审批参考；单击顶部的"审批"按钮，则可以完成采购合同的业务审批环节。

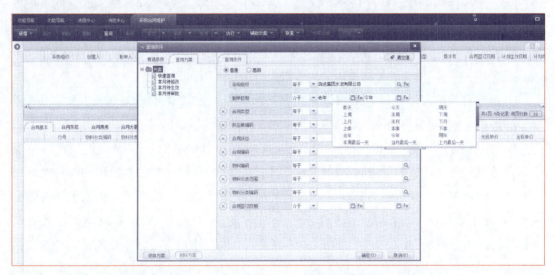

图 5-33　NC Cloud 重量端用 fx 设置日期查询条件

图 5-34　采购合同详细界面

（4）采购合同财务审批。以"业务财务"角色的组员身份登录 D-FSSC1.0，进入学习任务"E. 采购管理 – 应付共享 > 13. 原燃料采购业务 > 构建测试"，单击"4. 协作处理"学习步骤。单击"业务财务"角色头像图标，并选择进入 NC Cloud 重量端。用与步骤"（3）采购合同业务审批"相同的操作过程，完成采购合同的财务审批环节。

（5）采购合同 FSSC 审批。以 FSSC"档案综合岗"角色的组员身份登录 D-FSSC1.0，进入学习任务"E. 采购管理 – 应付共享 > 13. 原燃料采购业务 > 构建测试"，单击"4. 协作处理"学习步骤。单击"档案综合岗"角色头像图标，并选择进入 NC Cloud 重量端。用与步骤"（3）采购合同业务审批"相同的操作过程，完成采购合同的 FSSC 审批环节。

【特别提示】

根据【例5-5】，采购合同进入 FSSC 但并不属于工作组工作，因此采购合同的 FSSC 审批不是通过 FSSC 作业平台（NC Cloud 轻量端的一部分），而是通过 NC Cloud 重量端完成的。

（6）采购合同生效。只有 FSSC"档案综合岗"在审批采购合同后的采购合同维护界面，单击顶部"执行＞生效"菜单，该采购合同才能正式生效。如果实际生效日期与合同录入时输入的计划生效日期不符，还需要输入不符的原因（如线上审批流程超期等）。

4. 采购到货入库

（1）签订采购订单。以"采购员"角色的组员身份登录 D-FSSC1.0，进入学习任务"E. 采购管理－应付共享＞13. 原燃料采购业务＞构建测试"，单击"4. 协作处理"学习步骤。单击"采购员"角色头像图标，并选择进入 NC Cloud 轻量端，然后单击"采购业务＞采购订单维护"快捷入口，进入 NC Cloud 采购订单维护页面。单击右上角的"新增＞采购合同生成订单"菜单，进入选择采购合同界面，"采购组织"选择鸿途集团水泥有限公司，"实际生效日期"选择"去年~今年"，单击"查询"按钮，NC Cloud 将列出所有符合条件的已生效采购合同。勾选步骤"3. 签订采购合同"中所审批并生效的采购合同（如图5-35所示），单击右下角"生成采购订单"按钮，NC Cloud 便依据所勾选的采购合同生成采购订单。所生成采购订单的采购数量默认等于采购合同的数量。按照【例5-7】中的测试用例，采购订单的数量修改为实际采购数量（1 200吨），然后单击右上方"保存提交"按钮正式提交采购订单。

图5-35　查询并选择生成采购订单的采购合同

【特别提示】

企业实务中，原燃料等大宗产品采购往往都是签订一次有效期较长（如1年）的合同，但采购订货是随着生产过程分多次、在不同的时间进行。因此，由采购合同生成采购订单时，除了采购数量会有差别外，采购价格也可能会变化、也可能不会（视双方在采购合同中对价格条款的约定）。

（2）审批采购订单。以"采购经理"角色的组员身份登录 D-FSSC1.0，进入学习任务"E. 采购管理 - 应付共享 > 13. 原燃料采购业务 > 构建测试"，单击"4. 协作处理"学习步骤。单击"采购经理"角色头像图标，并选择进入 NC Cloud 轻量端，在审批中心区域会发现有一个"未处理"状态的单据。后续操作流程与本项目模块二第四节"备品备件采购共享作业处理"一致（参见图 5-7）。

（3）办理采购到货。以"仓管员"角色的组员身份登录 D-FSSC1.0，进入学习任务"E. 采购管理 - 应付共享 > 13. 原燃料采购业务 > 构建测试"，单击"4. 协作处理"学习步骤。单击"仓管员"角色头像图标，并选择进入 NC Cloud 轻量端，然后单击"业务处理 > 到货单维护"快捷入口，进入 NC Cloud 到货单维护页面。单击右上角的"收货"按钮，进入选择订单界面，"收货库存组织"选择鸿途集团水泥有限公司，"订单日期"选择"去年~今年"，单击"查询"按钮，NC Cloud 将列出所有符合条件的已审批采购订单。勾选上一步骤"（2）审批采购订单"中所审批的采购订单（如图 5-36 所示），单击右下角"生成到货单"按钮，NC Cloud 便依据所勾选的采购订单生成到货单。仓管员确认到货日期、实际收货数量（过磅重量）、收货仓库（如图 5-37 所示），然后单击右上角"保存提交"按钮提交。

图 5-36　查询并选择生成到货单的采购订单

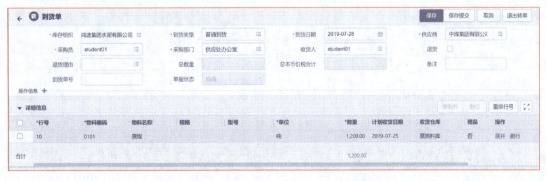

图 5-37　由采购订单生成的到货单

（4）到货检验。以"质检员"角色的组员身份登录D-FSSC1.0，进入学习任务"E.采购管理–应付共享＞13.原燃料采购业务＞构建测试"，单击"4.协作处理"学习步骤。单击"质检员"角色头像图标，并选择进入NC Cloud轻量端，然后单击"质检＞到货单检验"快捷入口，进入NC Cloud到货单检验页面。"库存组织"选择鸿途集团水泥有限公司，"到货日期"选择"去年~今年"，单击"查询"按钮，NC Cloud将查询出符合条件的全部未检验状态到货单。勾选上一步骤"（3）办理采购到货"中所提交的到货单（如图5-38所示），确认"本次报检数量"与"合格主数量"（即检验合格的数量），单击右上角"检验"按钮，并在弹出的"确认报检"对话框中单击"确认"按钮，提交到货检验结果。

图5-38　NC Cloud到货单检验结果录入页面

（5）办理采购入库。以"仓管员"角色的组员身份登录D-FSSC1.0，进入学习任务"E.采购管理–应付共享＞13.原燃料采购业务＞构建测试"，单击"4.协作处理"学习步骤。单击"仓管员"角色头像图标，并选择进入NC Cloud轻量端。单击"业务处理＞采购入库"快捷入口，进入"采购入库"页面，再单击右上角"新增＞采购业务入库"菜单，NC Cloud进入"选择订单/到货单"页面。选择左上角的"到货单"页签，"库存组织"选择鸿途集团水泥有限公司，"计划收货日期"选择"去年~今年"，单击"查询"按钮，NC Cloud将查询出所有待入库的到货单。选中步骤"（4）到货检验"检验通过的到货单（如图5-39所示），单击右下角"生成入库单"按钮，NC Cloud将生成入库单并返

图5-39　选择生成入库单的到货单

回"采购入库"页面。在采购入库页面中，"仓库"选择"原燃料库"，"实收数量"录入实际验收入库的数量（1 200 吨），"入库日期"输入"2019-07-28"（参见图 5-9）。最后单击"保存"按钮完成采购入库操作，并单击保存后页面顶部的"签字"按钮确认入库。

5. 应付挂账

（1）根据采购入库单生成采购发票。以"业务财务"的角色登录 D-FSSC1.0，进入学习任务"E. 采购管理 – 应付共享 > 13. 原燃料采购业务 > 构建测试"，单击"4. 协作处理"学习步骤。单击"业务财务"角色头像图标，并选择进入 NC Cloud 轻量端。单击"采购业务 > 采购发票维护"快捷入口，NC Cloud 进入采购发票管理页面。单击右上角"新增 > 收票"菜单，NC Cloud 进入"选择订单 / 入库单"页面。左上角选择"采购入库单"页签，"结算财务组织"选择鸿途集团水泥有限公司，"入库日期"选择"去年~今年"，单击"查询"按钮，NC Cloud 将列出符合条件的采购入库单。选中步骤"4. 采购到货入库"中生成并签字的原煤采购入库单，然后单击右下角"生成发票"按钮，NC Cloud 便根据采购入库单生成相应的采购发票信息。单击右上角的"保存提交"按钮进行采购发票的提交，NC Cloud 将保存发票并根据发票生成应付单。

（2）扫描上传影像并提交应付单。以"业务财务"的角色登录 D-FSSC1.0，进入学习任务"E. 采购管理 – 应付共享 > 13. 原燃料采购业务 > 构建测试"，单击"4. 协作处理"学习步骤。单击"业务财务"角色头像图标，并选择进入 NC Cloud 轻量端。单击"采购业务 > 应付单管理"快捷入口，NC Cloud 进入应付单管理页面。"财务组织"选择鸿途集团水泥有限公司，"单据日期"选择"全年~今年"，单击"查询"按钮，NC Cloud 将列出所有满足条件的应付单。选中步骤（1）所生成的应付单，单击右上角"更多 > 影像管理 > 影像扫描"菜单，便可扫描上传采购发票物理单据（如增值税专用发票的发票联和抵扣联等）的电子影像。扫描完成后，单击右上角的"提交"按钮，将应付单提交。

（3）审批应付单。以"财务经理"的角色登录 D-FSSC1.0，进入学习任务"E. 采购管理 – 应付共享 > 13. 原燃料采购业务 > 构建测试"，单击"4. 协作处理"学习步骤。单击"财务经理"角色头像图标，并选择进入 NC Cloud 轻量端，在审批中心区域会发现有一个"未处理"状态的单据。单击"未处理"入口，找到步骤（2）所提交的待审批应付单，单击该行的"财务经理角色 < 批准 >"按钮，可完成应付单的审批工作。

（4）FSSC 应付单作业处理。以"应付初审岗"的角色登录 D-FSSC1.0，进入学习任务"E. 采购管理 – 应付共享 > 13. 原燃料采购业务 > 构建测试"，单击"4. 协作处理"学习步骤。单击"应付初审岗"角色头像图标，并选择进入 NC Cloud 轻量端。NC Cloud 会进入 FSSC 作业平台看板页面。单击作业平台中的"我的作业 > 提取任务"链接，便可依据本教材项目 03 中对 FSSC 进行系统初始设置时所设置的单据提取规则，进行待处理单据的提取工作。刷新作业平台看板页面，会发现"我的作业 > 待处理"单据数量从 0 变成了 1。单击"我的作业 > 待处理"链接，NC Cloud 轻量端将进入"我的作业"作业列表页面。单击"单据编码"列的链接，便可进入应付单 FSSC 审核界面。应付初审岗单击"批准"按钮，批准所提取的应付单单据，NC Cloud 将自动生成应付挂账的总账凭证。

（5）FSSC 应付挂账总账凭证审核。以"总账主管岗"角色的组员身份登录 D-FSSC1.0，进入学习任务"E. 采购管理 – 应付共享 > 13. 原燃料采购业务 > 构建测试"，单击"4. 协作处理"学习步骤。单击"总账主管岗"角色头像图标，并选择进入 NC Cloud 轻量端。然后单击"凭证管理"页签下的"凭证审核"快捷入口，进入 NC Cloud 的凭证审核页面。左上角"财务核算账簿"选择鸿途集团水泥有限公司的基准账簿，"制单日期"可以选择"去年~今年"，NC Cloud 将列出所有符合条件的待审核记账凭证。找到新生成的应付挂账记账凭证并双击，NC Cloud 便打开该凭证的详细页面。总账主管岗可以在凭证详细页面中单击右上角的"审核"按钮进行该记账凭证的审核。

6. 应付账款付款

（1）关联应付单生成付款单。以"业务财务"的角色登录 D-FSSC1.0，进入学习任务"E. 采购管理 – 应付共享 > 13. 原燃料采购业务 > 构建测试"，单击"4. 协作处理"学习步骤。单击"业务财务"角色头像图标，并选择进入 NC Cloud 轻量端。单击"采购业务 > 付款单管理"快捷入口，NC Cloud 进入付款单管理页面。单击右上角"新增 > 应付单"菜单，NC Cloud 进入"选择应付单"页面。左上角"财务组织"选择鸿途集团水泥有限公司，"单据日期"选择"去年~今年"，单击"查询"按钮，NC Cloud 将列出符合条件的应付单。勾选步骤"5. 应付挂账"中所审核通过的应付单（参见图 5-16），单击右下角"生成下游单据"按钮，便可生成付款单（参见图 5-17）。在生成的付款单页面中，"结算方式"选择"网银"方式（即采用银企直连、购买方直接支付的方式），"付款银行账户"选择购买方的支出户（即 D-FSSC1.0 给鸿途集团每家子公司预置的 2 个银行账户中账号较大的那个账户）。单击右上角"保存"按钮保存付款单。

（2）扫描上传影像并提交付款单。在付款单保存后的页面上，单击右上角"更多 > 影像管理 > 影像扫描"菜单，便可为该付款单扫描上传必要原始凭证的电子影像（如其他付款方式的银行回单等）。扫描完成后，单击右上角的"提交"按钮，将付款单提交。

（3）审批付款单。以"财务经理"的角色登录 D-FSSC1.0，进入学习任务"E. 采购管理 – 应付共享 > 13. 原燃料采购业务 > 构建测试"，单击"4. 协作处理"学习步骤。单击"财务经理"角色头像图标，并选择进入 NC Cloud 轻量端，在审批中心区域会发现有一个"未处理"状态的单据。单击"未处理"入口，找到步骤（2）所提交的待审批付款单，单击该行的"财务经理角色 < 批准 >"按钮，可完成付款单的审批工作。

（4）FSSC 付款单作业处理。以"应付初审岗"的角色登录 D-FSSC1.0，进入学习任务"E. 采购管理 – 应付共享 > 13. 原燃料采购业务 > 构建测试"，单击"4. 协作处理"学习步骤。单击"应付初审岗"角色头像图标，并选择进入 NC Cloud 轻量端。NC Cloud 会进入 FSSC 作业平台看板页面。单击作业平台中的"我的作业 > 提取任务"链接，便可依据本教材项目 03 中对 FSSC 进行系统初始设置时所设置的单据提取规则，进行待处理单据的提取工作。刷新作业平台看板页面，会发现"我的作业 > 待处理"单据数量从 0 变成了 1。单击"我的作业 > 待处理"链接，NC Cloud 轻量端将进入"我的作业"作业列表页面。单击"单据编码"列的链接，便可进入付款单 FSSC 审核界面。应付初审岗单击"批准"按钮，批准所提取的付款单单据，NC Cloud 将自动生成应付账款付款的总账凭证。

（5）FSSC 付款单支付结算。以"中心出纳岗"角色的组员身份登录 D-FSSC1.0，进入学习任务"E. 采购管理 – 应付共享 > 13. 原燃料采购业务 > 构建测试"，单击"4. 协作处理"学习步骤。单击"中心出纳岗"角色头像图标，并选择进入 NC Cloud 轻量端，然后单击"结算处理"页签下的"结算"快捷入口，进入 NC Cloud 的结算页面。左上角"财务组织"选择鸿途集团水泥有限公司及其下属 16 家子公司，"业务单据日期"选择"去年~今年"，单击"查询"按钮并单击左侧"待结算"页签，NC Cloud 将查询出水泥板块待结算的所有业务单据列表。选中需要支付的单据行，单击右上方的"支付 > 网上转账"并确定进行网上支付，系统便完成了"银企直连"模式下的支付结算操作。

（6）FSSC 应付账款付款总账凭证审核。以"总账主管岗"角色的组员身份登录 D-FSSC1.0，进入学习任务"E. 采购管理 – 应付共享 > 13. 原燃料采购业务 > 构建测试"，单击"4. 协作处理"学习步骤。单击"总账主管岗"角色头像图标，并选择进入 NC Cloud 轻量端。然后单击"凭证管理"页签下的"凭证审核"快捷入口，进入 NC Cloud 的凭证审核页面。左上角"财务核算账簿"选择鸿途集团水泥有限公司的基准账簿，"制单日期"可以选择"去年~今年"，NC Cloud 将列出所有符合条件的待审核记账凭证。找到新生成的应付账款付款记账凭证并双击，NC Cloud 便打开该凭证的详细页面。总账主管岗可以在凭证详细页面中单击右上角的"审核"按钮进行该记账凭证的审核。

⚙ 模块实训

（一）鸿途集团共享后原燃料采购流程角色扮演

组长对组员进行分工，用角色扮演的方式完整路演一遍共享后的原燃料采购流程，每个组员要明确报出自己的角色、输入单据、动作、输出单据或结果。

鸿途集团共享后原燃料采购流程图

（二）鸿途集团共享后原燃料采购作业处理

1. 启动预置的审批流和工作流

（1）启用预置的鸿途集团采购订单、价格审批单和采购合同的审批流。

（2）启用系统预置的鸿途集团共享后供应商申请单、应付单和付款单的工作流。

2. 完成协作处理实训

用下述测试用例，完成原燃料采购业务共享的端到端协作处理实训。

原燃料采购共享作业处理模块实训原始凭证。

（1）供应商准入。2019 年 7 月 3 日，鸿途集团水泥有限公司根据业务需要，申请新增一家石膏供应商：郑州瑞龙有限公司（联系人：刘捷；职位：销售代表；手机联系方式：18255674432），连带此供应商的营业执照副本（复印件）提交审批。经过审定，决定将此供应商纳入公司正式供应商名录（供应商准入目的组织为集团；供应商编码：G300550），有效期至 2019 年 12 月 31 日。

（2）询价。2019 年 7 月 5 日，公司进行下半年原煤价格评估，下半年计划采购量 6 000 吨，并在找煤网上进行询价，有三家供应商发来价格信息，如表 5-12 所示。最后经过综合评估，将下半年的原煤价格确定为 565 元 / 吨（含税单价，税率 13%），由中煤集团有限公司负责供应，并签订原煤供应合同。

表 5-12　模块三模块实训测试用例的询报价信息

供应商	含税单价 / 元
陕西黑龙沟矿业有限责任公司	553.70
中煤集团有限公司	565.00
神华乌海能源有限公司	621.50

（3）签订采购合同。2019 年 7 月 10 日鸿途集团水泥有限公司与中煤集团有限公司签署《采购合同（合同编码：PC20190100）》，签约信息详见书侧二维码中原始凭证。

（4）采购到货入库：

① 2019 年 7 月 15 日鸿途集团水泥有限公司提出物资采购需求，请购信息如表 5-13 所示。

表 5-13　模块三模块实训测试用例的原燃料采购需求

项目名称	需求数量 / 吨	供应商
原煤	1 000	中煤集团有限公司

② 2019 年 7 月 21 日 "原煤" 过磅到货并检验入库，发票随货同到，发票的关键信息如表 5-14 所示。

表 5-14　模块三模块实训测试用例的采购发票关键信息

项目名称	需求数量 / 吨	含税单价 / 元	价税合计 / 元	税率	税额 / 元	供应商
原煤	1 000	565.00	565 000.00	13%	65 000.00	中煤集团有限公司

（5）应付挂账。2019 年 7 月 29 日，公司确认应付账款。

（6）应付账款付款。2019 年 7 月 31 日，公司完成付款，付款关键信息如表 5–15 所示。

表 5–15　模块三模块实训测试用例的付款关键信息

供应商名称	付款金额 / 元	收款账户
中煤集团有限公司	565 000.00	中国工商银行股份有限公司东城支行

思维导图

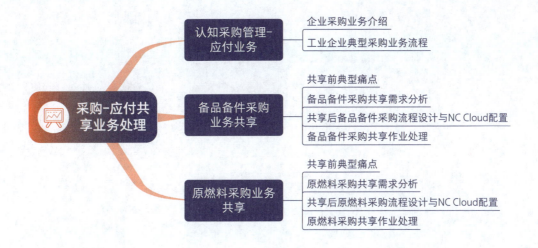

项目 06　销售－应收共享业务处理

学习目标

知识目标
- 掌握生产制造企业产成品销售到收款业务的典型流程
- 熟悉电子发票的概念
- 理解销售到收款业务的概念和各种业务场景

技能目标
- 能在财务共享信息系统中完成销售发票信息登记工作
- 能在财务共享信息系统中完成销售到收款流程中业务单据的审核工作并生成记账凭证
- 能够绘制出企业实施财务共享模式后的销售到收款业务流程图
- 参照教学视频，能够初步在财务共享信息系统中配置共享后的销售到收款流程

素养目标
- 培养学生热爱会计工作、忠于职守的敬业精神
- 培养学生熟悉最新财税法规，严格进行会计核算并实施会计监督的工作作风
- 培养学生熟悉企业销售业务流程，财务主动服务业务的职业操守

模块一　认知销售管理－应收业务

一、企业销售业务介绍

（一）销售的概念

销售业务是指企业出售商品（或提供劳务）及收取款项等相关活动[①]。企业生存、发

[①] 中华人民共和国财政部. 规范销售行为　扩大市场占有——财政部会计司解读《企业内部控制应用指引第 9 号——销售业务》［EB/OL］. 2010-06-13［2020-06-17］. http://kis.mot.gov.cn/zhengcejiedu/201006/t20100611_322434.htm.

展、壮大的过程，在相当程度上就是不断加大销售力度、拓宽销售渠道、扩大市场占有的过程。生产企业的产品或流通企业的商品如不能实现销售的稳定增长，售出的货款如不能足额收回或不能及时收回，必将导致企业持续经营受阻、难以为继。

（二）销售类型的划分

从企业销售的标的物形态，可以分为有形标的物（产品）销售和无形标的物（劳务或服务）销售。本教材的主案例是生产制造企业，销售标的物是有形的产品，因此下面的销售类型划分都限定在产品销售的范畴。

1. 直销与分销

直销与分销的划分依据是产品从生产者到达最终消费者之前是否经过中间环节。

（1）直销：生产者不经过中间环节，把自己的产品直接卖给消费者。

（2）分销：有中间组织代理生产者或品牌商的产品，中间组织有经销商（视同买断）、代理商（不买断）。

2. 单组织销售与跨组织销售

单组织销售与跨组织销售的划分依据是销售的过程中涉及几个卖方组织。对于即将建设财务共享服务中心的集团型企业来说，这种划分尤其具有实务价值。

（1）单组织销售：开具的发票与销售的产品属于同一组织。如 A 公司接单，向甲客户卖自己的货、开自己的票、自己收钱。

（2）跨组织销售：开具的发票与销售的产品不属于同一财务组织。如某集团的 A 销售中心向甲客户卖集团内 B 工厂的货，由 B 工厂发货，但由 A 销售中心开票、收款。

3. 接单销售与销售补货

接单销售与销售补货的划分依据是根据购销需求的发起方。

（1）接单销售：购买方发起购买需求。购买方先有明确的采购意向或采购订单，销售方才进行销售。

（2）销售补货：销售方先铺货后销售。销售方根据购买方的存货情况及一定的算法，向购买方自动补货。如沃尔玛的自动补货系统能使供应商自动跟踪补充各个销售点的货源。

4. 现销与赊销

现销与赊销的划分依据是购销双方付款义务及产品交付义务履行的先后顺序。

（1）现销：先全额收款、再进行后续开票和发货活动，因此销售方风险较小。

（2）赊销：以购买方信用为基础的销售。销售方与购买方签订购货协议后，销售方让购买方先取走货物，而购买方按照协议在规定日期付款或分期付款形式付清货款，赊销的销售方风险较大。但在生产高度发达、产品过剩为主要特征的行业，企业与企业间进行购销活动时，购买方往往具有商业谈判的优势（这种情况一般称作"买方市场"），赊销是普遍应用的销售方式。

二、工业企业典型销售业务流程

本教材所使用的主要案例是鸿途集团水泥板块，水泥生产属于产能过剩的行业。下面用直销、单组织销售、接单销售、赊销的方式为例，且假设其客户也是企业，介绍工业企业典型的销售业务流程。

工业企业的典型销售业务环节，包括签订销售合同、销售订货、制定生产计划、发货、销售出库、销售开票、应收记账、应收账款收款、应收账款核销等（如图 6-1 所示）。

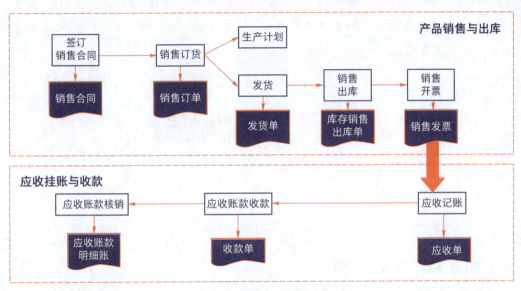

图 6-1　工业企业的典型销售业务环节

（1）签订销售合同。如果工业企业是其客户的重要供应商，或者所销售的产品数量多、价值高等，双方可能需要签订购销合同。

（2）销售订货。客户企业往往根据自身所采用的订货模型，确定不同的再订货点和订货数量。当到达再订货点时，由客户企业的采购部门向工业企业下达订货订单（从工业企业的角度看属于销售订单）。销售订单是工业企业与其客户之间结算的重要依据。

（3）生产计划。如果工业企业的库存不足，还需要安排生产计划进行产品生产。

（4）发货。工业企业备足存货后，销售部门会根据销售订单的要求按时、按质、按量下达发货指令。

（5）销售出库。产品仓库根据销售部门的发货指令，办理销售出库。

（6）销售开票。当满足销售合同或销售订单所约定的收款条件后，工业企业销售部门会通知财务部门开具销售发票并交付给客户企业的采购人员。

（7）应收记账。工业企业财务部门开具销售发票后，根据发票信息进行应收挂账、确认应收账款。

（8）应收账款收款。财务部门收到客户企业支付的销售货款（如收到银行入账通知单或网银回单）后，进行应收账款收款记账。

（9）应收账款核销。财务部门根据应收账款收款记录，核销对应客户的应收账款记录。

模块实训

鸿途集团共享前产成品销售流程

鸿途集团共享前产成品销售流程角色扮演

组长对组员进行分工，用角色扮演的方式路演一遍鸿途集团共享前的产成品销售流程，每个组员要明确报出自己的角色、输入单据、动作、输出单据或结果。

模块二　产成品销售业务共享

一、共享前典型痛点

产成品销售到收款业务，往往是企业的核心业务。在集团企业实现产成品销售到收款端到端流程共享前，典型的痛点有：

（1）在不同的业务单元，产成品销售业务流程虽基本一致，但业务关键控制点会有不同。

（2）客户档案和销售业务未在集团层面统一管理，不同业务单元的销售价格多样化，对不同类型的客户、甚至是同一家客户，不同的业务单元在产成品销售及客户信用管理的审批、执行及监管方面不能便捷、集中管理。

（3）产成品销售到收款流程中手工工作量大，较易出现错误（如客户信用余额计算、客户返利计算等）。

（4）各业务单元的工厂布局、生产硬件不同，销售发货流程无固定形式，流程中所涉及的业务单据格式不同、流转过程不统一，不便于标准化和精细化管理。

（5）销售统计报表以手工统计为主，工作量大，且报表的及时性较差。

二、产成品销售共享需求分析

（一）共享后的功能要求

田螺水泥集团是国内上市的知名集团水泥生产企业，其水泥产品的销售到收款业务在共享前的流程，见书侧二维码拓展阅读。田螺水泥集团的共享需求如下：

（1）销售合同的审批，由 FSSC 的档案综合岗负责。共享前属于普通财务人员审核的职责，若共享后划归 FSSC，则业务单元财务人员无须再审核；共享前属于财务经理审核的职责，共享后改由业务单元业务财务审核。但业务财务发起的流程仍需财务经理审批。

田螺水泥集团水泥产品销售－收款共享前业务流程

（2）田螺水泥集团的收款尚未实现银企直连，以普通企业网银方式查询收款情况。

（3）田螺水泥集团选择的是单共享中心模式。

（二）共享后流程用到的业务单据

【例 6-1】　田螺水泥集团基于用友 NC Cloud 实施产成品销售业务共享时，所使用到的业务单据如表 6-1 所示，各列的含义与表 4-1 相同。

表 6-1　田螺水泥集团产成品销售业务共享的业务单据列表

序号	名称	是否进 FSSC	是否属于作业组工作	流程设计工具
1	销售合同	Y	N	审批流
2	销售订单	N	—	审批流
3	应收单	Y	Y	工作流
4	收款单	Y	Y	工作流

三、共享后产成品销售流程设计与 NC Cloud 配置

（一）共享后流程图设计

【例 6-2】　在田螺水泥集团产成品销售到收款共享前业务流程的基础上，结合【例6-1】给出的企业财务共享需求，根据企业财务职责和部门的调整情况及财务共享服务中心应收类岗位的初始配置情况，设计共享后的产成品销售流程。

【解析】　销售发货出库这个流程因为不涉及职责调整到 FSSC 的情况，不用重新设计；图 6-2～图 6-4 分别是田螺水泥集团共享后产成品销售流程中签订销售合同、应收挂账和应收账款收款的设计结果，设计依据见表 6-2。

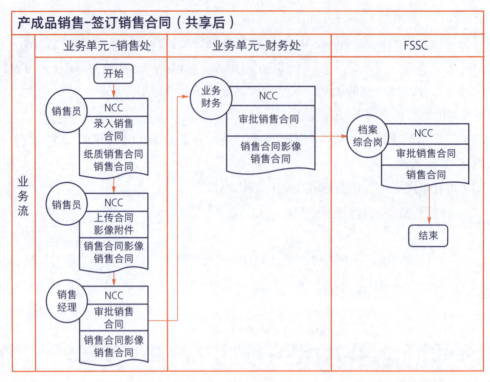

图6-2　田螺水泥集团共享后产成品销售流程设计－签订销售合同

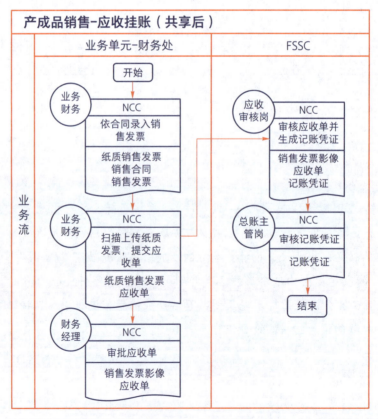

图6-3　田螺水泥集团共享后产成品销售流程设计－应收挂账

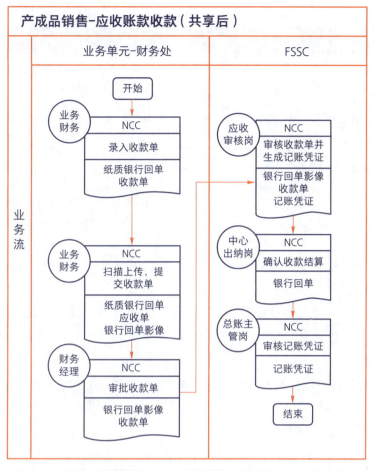

图 6-4　田螺水泥集团共享后产成品销售流程设计 – 应收账款收款

表 6-2　田螺水泥集团共享后产成品销售流程设计依据

序号	共享前	共享后	设计依据
1	无	业务单元销售员扫描上传合同影像附件	FSSC 与业务单元和原始凭证不在一起，要基于影像进行共享审核
2	销售会计审批销售合同	业务财务审批销售合同	业务单元只保留了财务经理和业务财务岗
3	无	档案综合岗审批	销售合同增加 FSSC 的档案综合岗审批环节
4	销售会计录入发票并提交应收单	业务财务录入发票并提交应收单	业务单元只保留了财务经理和业务财务岗
5	无	业务财务扫描上传发票及纸质银行回单影像附件	FSSC 与业务单元和原始凭证不在一起，要基于影像进行共享审核；收款未实现银企直连，因此需要使用网银查询银行回单

续表

序号	共享前	共享后	设计依据
6	无	应收审核岗审核应收单和收款单	应收单和收款单纳入了 FSSC 应收审核岗的共享服务范围
7	业务单元财务处出纳确认收款结算	中心出纳岗确认收款结算	资金结算实现了 FSSC 共享、由中心出纳岗进行共享服务
8	财务处总账会计审核记账凭证	FSSC 总账主管岗审核记账凭证	集团实现了总账共享，总账会计职责不再隶属于业务单元

（二）NC Cloud 工作流配置

产成品销售共享构建演示视频

当共享后的产成品销售流程设计出来以后，需要将流程在 NC Cloud 中进行配置。

（1）进入 D–FSSC1.0 学习任务。以学生的账号登录 D–FSSC1.0 的学习中心，进入学习任务"F. 销售管理 – 应收共享 > 15. 产成品销售业务 > 构建测试"。

（2）以系统管理员角色进入系统配置任务步骤。单击"3. 系统配置"学习步骤，然后单击"系统管理员"角色头像。

（3）登录 NC Cloud 重量端。

（4）设置工作流。根据表 6-1，在产成品销售业务共享后流程中，设置应收单、收款单的工作流。双击 NC Cloud 重量端"功能导航"页签下面的"动态建模平台 > 流程管理 > 流程设计 > 工作流定义 – 集团"菜单，系统将打开工作流定义窗口。在左上角查询窗口中依次录入"应收单"和"收款单"，分别选中查询结果"F0 应收单""F2 收款单"，然后单击"新增"按钮，进入图 4-10 所示的工作流定义窗口。可分别按照图 6-3 设置应收单的工作流、按照图 6-4 设置收款单的工作流。

（三）启用 D–FSSC1.0 预置的审批流和工作流

1. 启用销售合同与销售订单预置的审批流

D–FSSC1.0 为销售合同与销售订单分别预置了一个审批流，但尚未启用。以系统管理员身份进入 NC Cloud 重量端，双击"功能导航"页签下面的"动态建模平台 > 流程管理 > 流程设计 > 审批流定义 – 集团"菜单，系统将打开审批流定义窗口。在左上角查询窗口中依次录入"销售合同""销售订单"，分别选中查询结果"Z3 销售合同""30 销售订单"，在右侧选中已经预置的审批流，然后单击顶部"启用 > 启用"菜单。

2. 启用应收单和收款单预置的工作流

D–FSSC1.0 还分别预置了应收单和收款单共享后的工作流，但尚未启用。学生可以不自行配置工作流，采用项目 04、模块二中所使用的方法（参照图 4-11），启用预置的工作流。

四、产成品销售共享作业处理

（一）测试用例

【例 6-3】 2019 年 7 月，鸿途集团水泥有限公司发生如下产成品销售共享业务。

产成品销售共享举例的原始凭证

1. 签订销售合同

2019 年 7 月 8 日鸿途集团水泥有限公司与天海中天精细化工有限公司签署《销售合同（合同编码：SC20190777）》，签约信息如下（详细信息参见书侧二维码中的原始凭证）：

合同甲方：天海中天精细化工有限公司

合同乙方：鸿途集团水泥有限公司

乙方为甲方提供通用水泥产品，供应甲方的袋装 PC32.5 水泥价格为 339 元 / 吨（含税），月供应数量为 2 000 吨左右，实际数量依据每月的要货申请。

发票随货开具并交付合同甲方，于当月底完成收款结算。

此合同有效期为 2019 年 7 月 8 日~2019 年 12 月 31 日。

2. 销售发货出库

2019 年 7 月 12 日天海中天精细化工有限公司向鸿途集团水泥有限公司下达一笔订单。相关信息如表 6-3 所示：

表 6-3 天海中天 2019 年 7 月份水泥订单信息

项目名称	需求数量 / 吨	含税单价 / 元	客户
PC32.5 水泥袋装	1 800	339.00	天海中天精细化工有限公司

销售订单审批通过后，2019 年 7 月 13 日办理 "PC32.5 水泥袋装" 出库，并通过公路运输发货。

3. 应收挂账

2019 年 7 月 13 日，针对 "PC32.5 水泥袋装" 发货，鸿途集团水泥有限公司开具增值税专用发票，票随货走。表 6-4 是开票相关信息。

表6-4 天海中天2019年7月份水泥发票信息

项目名称	需求数量/吨	含税单价/元	价税合计/元	税率	税额/元	客户
PC32.5水泥袋装	1 800	339.00	610 200.00	13%	70 200.00	天海中天精细化工有限公司

开具发票的同日，鸿途集团水泥有限公司完成了应收挂账流程。

4. 应收账款收款

2019年7月31日，客户全额打款到账。鸿途集团水泥有限公司业务财务人员当日从网银查询到入账电子回单并打印，作为收款入账的原始凭证。

（二）角色分配

1. 确定组员分工

按照D-FSSC1.0预置的产成品销售到收款的端到端共享流程，需要参与操作的角色包括销售员、销售经理、仓管员、业务财务、财务经理、档案综合岗、应收审核岗、中心出纳岗、总账主管岗等。在学生进行分工协作之前，每个小组由组长进行角色指派。

2. 系统中分配角色

以组长身份登录D-FSSC1.0，进入学习任务"F.销售管理–应收共享＞15.产成品销售业务＞构建测试"，单击"2.分配角色"学习步骤，按照指派的角色在系统中进行拖拽授权，授权结束后单击"完成设置"按钮保存。

（三）协作处理

1. 签订销售合同

本课程所涉及的NC Cloud功能菜单

（1）录入销售合同。以"销售员"角色的组员身份登录D-FSSC1.0，进入学习任务"F.销售管理–应收共享＞15.产成品销售业务＞构建测试"，单击"4.协作处理"学习步骤。单击"销售员"角色头像图标，并选择进入NC Cloud重量端。双击NC Cloud重量端"功能导航"页签下面的"供应链＞合同管理＞销售合同＞销售合同维护"菜单，系统将打开销售合同维护窗口。单击左上角的"新增＞自制"菜单，进入NC Cloud销售合同录入界面。按照【例6-3】中的测试用例及"产成品销售共享举例的原始凭证"二维码阅读资料进行填报（如图6-5所示），填报完毕后单击左上方"保存"按钮进行保存。

（2）上传销售合同影像附件。由于销售合同在NC Cloud中是通过重量端管理的，无法使用"影像扫描"和"影像查看"功能来实现电子影像的管理，需要使用NC Cloud重量端单据的"附件管理"功能。销售员将原始凭证（纸质销售合同）用扫描或拍照的方式变成电子影像文件，然后在NC Cloud重量端的销售合同维护界面中单击附件图标按钮或顶部"辅助功能＞附件管理"菜单（如图6-6所示），在弹出的"附件管理"对话框中单

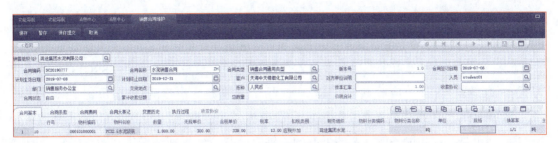

图 6-5　NC Cloud 销售合同录入界面

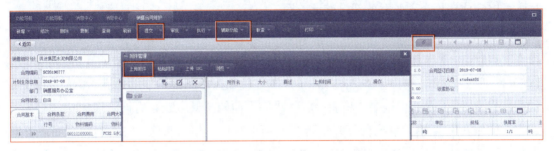

图 6-6　以附件方式上传销售合同的电子影像文件

击"上传附件"按钮，便可将销售合同电子影像文件作为附件上传。上传完成后关闭"附件管理"对话框，然后单击销售合同维护界面上方的"提交"按钮，在弹出的对话框中单击"确定"按钮，正式提交销售合同。

（3）销售合同业务审批。以"销售经理"角色的组员身份登录 D–FSSC1.0，进入学习任务"F. 销售管理 – 应收共享 > 15. 产成品销售业务 > 构建测试"，单击"4. 协作处理"学习步骤。单击"销售经理"角色头像图标，并选择进入 NC Cloud 重量端。双击 NC Cloud 重量端"功能导航"页签下面的"供应链 > 合同管理 > 销售合同 > 销售合同维护"菜单，系统将打开销售合同维护窗口。单击顶部"查询"按钮，"销售组织"选择鸿途集团水泥有限公司，"制单日期"选择"去年 ~ 今年"，单击"确定"按钮，NC Cloud 将列出所有满足条件的销售合同。选中步骤（2）所提交的销售合同（如图 6-7 所示），单击顶部"辅助功能 > 附件管理"可以查看已经上传的销售合同电子影像文件。单击顶部

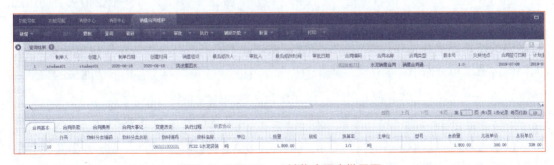

图 6-7　NC Cloud 销售合同审批界面

"审批"按钮，在弹出的"审批处理情况"对话框中单击"确定"按钮，可完成销售合同的业务部门审批工作。

（4）销售合同财务审批。以"业务财务"角色的组员身份登录 D-FSSC1.0，进入学习任务"F. 销售管理 – 应收共享 > 15. 产成品销售业务 > 构建测试"，单击"4. 协作处理"学习步骤。单击"业务财务"角色头像图标，并选择进入 NC Cloud 重量端。双击 NC Cloud 重量端"功能导航"页签下面的"供应链 > 合同管理 > 销售合同 > 销售合同维护"菜单，系统将打开销售合同维护窗口。用与步骤"（3）销售合同业务审批"相同的方法，可以完成销售合同的财务部门审批工作。

（5）FSSC 审批销售合同。以 FSSC "档案综合岗"角色的组员身份登录 D-FSSC1.0，进入学习任务"F. 销售管理 – 应收共享 > 15. 产成品销售业务 > 构建测试"，单击"4. 协作处理"学习步骤。单击 FSSC "档案综合岗"角色头像图标，并选择进入 NC Cloud 重量端。双击 NC Cloud 重量端"功能导航"页签下面的"供应链 > 合同管理 > 销售合同 > 销售合同维护"菜单，系统将打开销售合同维护窗口。用与步骤"（3）销售合同业务审批"相同的方法，可以完成销售合同的 FSSC 审批工作。FSSC "档案综合岗"审批销售合同后，在销售合同管理界面选中刚刚审批的销售合同，单击顶部"执行 > 生效"菜单，在弹出的"询问"对话框中单击"确定"按钮，将销售合同设置为生效状态。如果实际生效日期与合同录入时输入的计划生效日期不符，在弹出的"询问"对话框中还需要输入不符的原因（如线上审批流程超期等）。

2. 销售发货出库

（1）录入销售订单。以"销售员"角色的组员身份登录 D-FSSC1.0，进入学习任务"F. 销售管理 – 应收共享 > 15. 产成品销售业务 > 构建测试"，单击"4. 协作处理"学习步骤。单击"销售员"角色头像图标，并选择进入 NC Cloud 轻量端。单击"销售业务 > 销售订单维护"快捷入口，NC Cloud 将进入销售订单维护页面。单击右上角的"新增 > 销售合同生成订单"菜单，进入 NC Cloud 轻量端选择销售合同页面。"销售组织"选择鸿途集团水泥有限公司，"制单日期"选择"去年~今年"，单击"查询"按钮，系统将列出所有符合条件的销售合同。勾选步骤"1. 签订销售合同"中所审批通过并生效的销售合同（如图 6-8 所示），单击右下角"生成销售订单"按钮，NC Cloud 将依据销售合同生成销售订单、进入销售订单维护页面。客户可能与工业企业一次签约、多次采购，因此销售合同中的销售数量和销售订单中的销售数量往往并不相同，甚至销售单价也可能有差别。在销售订单维护页面中，确认"详细信息"页签中的"数量"列与客户下达的采购数量一致（如图 6-9 所示），单击右上角的"保存提交"按钮提交销售订单。

（2）审批销售订单。以"销售经理"角色的组员身份登录 D-FSSC1.0，进入学习任务"F. 销售管理 – 应收共享 > 15. 产成品销售业务 > 构建测试"，单击"4. 协作处理"学习步骤。单击"销售经理"角色头像图标，选择进入 NC Cloud 轻量端，在审批中心区域会发现有一个"未处理"状态的单据。单击"未处理"入口，找到步骤"（1）录入销售订单"所提交的待审批销售订单并单击单据链接，NC Cloud 将进入销售订单审批页面（如图 6-10 所示）。单击右上角"批准"按钮，可完成销售订单的审批工作。

图 6-8　选择生成销售订单的销售合同

图 6-9　确认销售订单的销售数量及单价

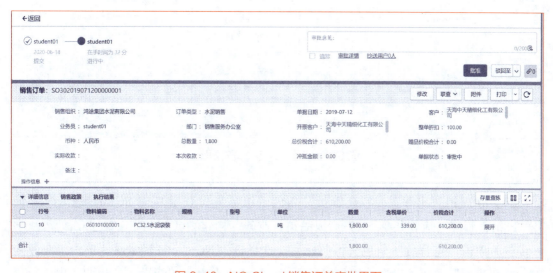

图 6-10　NC Cloud 销售订单审批界面

（3）办理销售发货。以"仓管员"角色的组员身份登录 D-FSSC1.0，进入学习任务"F.销售管理 – 应收共享 > 15.产成品销售业务 > 构建测试"，单击"4.协作处理"学习步骤。单击"仓管员"角色头像图标，并选择进入 NC Cloud 轻量端。单击"业务处理 > 发货单维护"菜单进入发货单维护页面。单击右上角"发货"按钮，NC Cloud 进入销售订单 / 调拨订单选择页面。单击左上角的"销售订单"页签，"物流组织"选择鸿途集团水泥有限公司，"单据日期"选择"去年~今年"，单击"查询"按钮，NC Cloud 将列出所有符合条件的销售订单。勾选步骤"（2）审批销售订单"中审批通过的销售订单（如图6-11 所示），单击右下角"生成发货单"按钮，NC Cloud 将依据所勾选的销售订单生成销售发货单，并进入发货单维护界面（如图6-12 所示）。在发货单维护界面中确认实际的发货数量，然后单击右上角"保存提交"按钮提交发货单。

图 6-11　选择生成销售发货单的销售订单

图 6-12　销售发货单维护页面

（4）办理销售出库。以"仓管员"角色的组员身份登录 D-FSSC1.0，进入学习任务"F.销售管理 – 应收共享 > 15.产成品销售业务 > 构建测试"，单击"4.协作处理"学习步骤。单击"仓管员"角色头像图标，并选择进入 NC Cloud 轻量端。单击"业务处理 > 销售出库"快捷入口进入销售出库页面，再单击右上角"新增 > 销售业务出库"菜单，NC Cloud 进入"选择销售订单 / 发货单"页面。单击左上角的"发货单"页签，"发货库存组织"选择鸿途集团水泥有限公司，"计划发货日期"选择"去年～今年"，单击"查询"按钮，NC Cloud 将查询出所有满足条件的销售发货单。勾选步骤"（3）办理销售发货"中所提交的销售发货单（如图 6-13 所示），单击右下角"生成出库单"按钮，NC Cloud 将依据所勾选的销售发货单生成销售出库单，并进入销售出库单维护界面。补充填写"仓库""出入库类型"等必填数据项，并填写"详细信息"页签下的"实发数量"（如图 6-14 所示），单击右上角"保存"按钮保存销售出库单。保存完毕后，单击右上角"签字"按钮确认出库单上的产成品已经出库。

图 6-13 选择生成销售出库单的销售发货单

图 6-14 销售出库单维护页面

3. 应收挂账

在赊销类型的销售业务实务中，当业务财务人员应销售员的申请开具销售发票后，启动应收账款立账（或称挂账）流程、确认对客户的应收账款。

（1）依销售出库单录入销售发票。以"业务财务"的角色登录 D-FSSC1.0，进入学习任务"F. 销售管理 – 应收共享 > 15. 产成品销售业务 > 构建测试"，单击"4. 协作处理"学习步骤。单击"业务财务"角色头像图标，并选择进入 NC Cloud 轻量端。单击"销售业务 > 销售发票维护"快捷入口，NC Cloud 进入销售发票管理页面。单击右上角

"开票"菜单，NC Cloud 进入"选择订单/出库单"页面。左上角选择"销售出库"页签，"结算财务组织"选择鸿途集团水泥有限公司，"出库日期"选择"去年～今年"，单击"查询"按钮，NC Cloud 将列出符合条件的销售出库单。勾选步骤"2.销售发货出库"中生成并签字的销售出库单（如图 6-15 所示），然后单击右下角"生成销售发票"按钮，NC Cloud 便根据销售出库单生成相应的销售发票信息。补填"发票类型"必填数据项，确认"详细信息"页签下的数据与纸质发票信息一致（如图 6-16 所示），单击右上角的"保存提交"按钮进行销售发票的提交，NC Cloud 将保存销售发票信息并根据销售发票信息生成应收单。

图 6-15　选择生成销售发票的销售出库单

图 6-16　销售发票维护页面

（2）扫描上传发票影像并提交应收单。以"业务财务"的角色登录 D-FSSC1.0，进入学习任务"F.销售管理–应收共享 > 15.产成品销售业务 > 构建测试"，单击"4.协作处理"学习步骤。单击"业务财务"角色头像图标，并选择进入 NC Cloud 轻量端。单击"销售业务 > 应收单管理"快捷入口，NC Cloud 进入应收单管理页面。"财务组织"选择鸿途集团水泥有限公司，"单据日期"选择"全年～今年"，单击"查询"按钮，NC Cloud 将列出所有满足条件的应收单（如图 6-17 所示）。选中步骤"（1）依销售出库单录入销售发票"中所生成的应收单，单击右上角"更多>影像管理>影像扫描"菜单，便可扫描上传销售发票物理单据（如增值税专用发票记账联）的电子影像。扫描完成后，单击图6-17右上角的"提交"按钮，将应收单提交。

图 6-17　NC Cloud 应收单管理－查询应收单

（3）审批应收单。以"财务经理"的角色登录 D-FSSC1.0，进入学习任务"F. 销售管理－应收共享 > 15. 产成品销售业务 > 构建测试"，单击"4. 协作处理"学习步骤。单击"财务经理"角色头像图标，并选择进入 NC Cloud 轻量端，在审批中心区域会发现有一个"未处理"状态的单据。单击"未处理"入口，找到步骤（2）所提交的待审批应收单（如图 6-18 所示），单击该行的"财务经理角色<批准>"按钮，可完成应收单的审批工作。

图 6-18　NC Cloud 应收单审批－财务经理角色

（4）FSSC 应收单作业处理。以 FSSC"应收审核岗"的角色登录 D-FSSC1.0，进入学习任务"F. 销售管理－应收共享 > 15. 产成品销售业务 > 构建测试"，单击"4. 协作处理"学习步骤。单击"应收审核岗"角色头像图标，并选择进入 NC Cloud 轻量端。NC Cloud 会进入 FSSC 作业平台看板页面。单击作业平台中的"我的作业 > 提取任务"链接，便可依据本教材项目 03 中对 FSSC 进行系统初始设置时所设置的单据提取规则，进行待处理单据的提取工作。刷新作业平台看板页面，会发现"我的作业 > 待处理"单据数量从 0 变成了 1。单击"我的作业 > 待处理"链接，NC Cloud 轻量端将进入"我的作业"作业列表页面。单击"单据编码"列的链接，便可进入应收单 FSSC 审核界面（如图6-19 所示）。应收审核岗单击"批准"按钮，批准所提取的应收单单据，NC Cloud 将自动生成应收挂账的总账凭证。

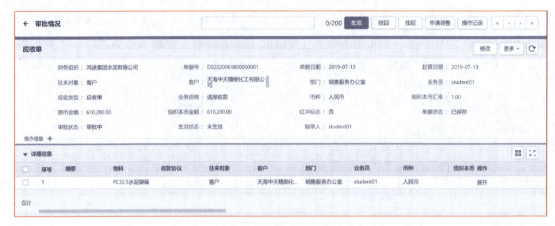

图6-19 NC Cloud FSSC 应收单审核界面

（5）FSSC 应收挂账总账凭证审核。以 FSSC "总账主管岗"角色的组员身份登录 D-FSSC1.0，进入学习任务 "F.销售管理－应收共享＞15.产成品销售业务＞构建测试"，单击 "4.协作处理"学习步骤。单击 "总账主管岗"角色头像图标，并选择进入 NC Cloud 轻量端。单击 "凭证管理"页签下的 "凭证审核"快捷入口，进入 NC Cloud 的凭证审核页面。左上角 "财务核算账簿"选择鸿途集团水泥有限公司的基准账簿，"制单日期"可以选择 "去年～今年"，NC Cloud 将列出所有符合条件的待审核记账凭证。找到新生成的应收挂账记账凭证并双击，NC Cloud 便打开该凭证的详细页面（如图6-20所示）。总账主管岗可以在凭证详细页面中单击右上角的 "审核"按钮进行该记账凭证的审核。

图6-20 产成品销售应收挂账记账凭证明细页面

4. 应收账款收款

（1）录入收款单。以 "业务财务"的角色登录 D-FSSC1.0，进入学习任务 "F.销售管理－应收共享＞15.产成品销售业务＞构建测试"，单击 "4.协作处理"学习步骤。单击 "业务财务"角色头像图标，并选择进入 NC Cloud 轻量端。单击 "销售业务＞收款单管理"快捷入口，NC Cloud 进入收款单管理页面。单击右上角 "新增＞应收单"菜单，NC Cloud 进入 "选择应收单"页面。左上角 "财务组织"选择鸿途集团水泥有限公司，"单据日期"选择"去年~今年"，单击"查询"按钮，NC Cloud 将列出符合条件的应收单。选中步骤"3.应收挂账"中所审核通过的应收单（如图 6-21 所示），单击右下角"生成下游单据"按钮，便可生成收款单。在生成的收款单上，需要补充一些必填的数据项，例如，"结算方式"选择"网银"方式，"收款银行账户"选择鸿途集团水泥有限公司账号较小的收入账户，"付款银行账户"选择客户企业的银行账户（如图 6-22 所示）。单击右上角"保存"按钮保存收款单。

图 6-21　NC Cloud 由应收单生成收款单 – 查询应收单

图 6-22　NC Cloud 由应收单生成的收款单

【特别提示】

为了便于教学，D-FSSC1.0 给鸿途集团每家子公司准备的外部银行账户中，账号较小的账户作为企业收入户。

（2）扫描上传影像并提交收款单。收款单保存后，业务财务单击右上角"更多 > 影像管理 > 影像扫描"菜单，便可为该收款单扫描上传原始凭证（如收款银行的电子回单）的电子影像。扫描完成后，单击右上角的"提交"按钮，将收款单提交。

（3）审批收款单。以"财务经理"的角色登录 D-FSSC1.0，进入学习任务"F.销售管理 – 应收共享 > 15.产成品销售业务 > 构建测试"，单击"4.协作处理"学习步骤。单击"财务经理"角色头像图标，并选择进入 NC Cloud 轻量端，在审批中心区域会发现有一个"未处理"状态的单据。单击"未处理"入口，找到步骤（2）所提交的待审批收款单（如图 6-23 所示），单击该行的"财务经理角色＜批准＞"按钮，可完成收款单的审批工作。

图 6-23　NC Cloud 收款单审批 - 财务经理角色

（4）FSSC 收款单作业处理。以 FSSC"应收审核岗"的角色登录 D-FSSC1.0，进入学习任务"F. 销售管理 - 应收共享＞15. 产成品销售业务＞构建测试"，单击"4. 协作处理"学习步骤。单击"应收审核岗"角色头像图标，并选择进入 NC Cloud 轻量端。NC Cloud 会进入 FSSC 作业平台看板页面（参见图 4-21）。单击作业平台中的"我的作业＞提取任务"链接，便可依据本教材项目 03 中对 FSSC 进行系统初始设置时所设置的单据提取规则，进行待处理单据的提取工作。刷新作业平台看板页面，会发现"我的作业＞待处理"单据数量从 0 变成了 1。单击"我的作业＞待处理"链接，NC Cloud 轻量端将进入"我的作业"作业列表页面。单击"单据编码"列的链接，便可进入收款单 FSSC 审核界面（如图 6-24 所示）。应收审核岗单击"批准"按钮，批准所提取的收款单单据，NC Cloud 将自动生成应收账款收款的总账凭证。

图 6-24　NC Cloud FSSC 收款单审核界面

（5）确认收款结算。以 FSSC"中心出纳岗"角色的组员身份登录 D–FSSC1.0，进入学习任务"F. 销售管理 – 应收共享 > 15. 产成品销售业务 > 构建测试"，单击"4. 协作处理"学习步骤。单击"中心出纳岗"角色头像图标，并选择进入 NC Cloud 轻量端，然后单击"结算处理"页签下的"结算"快捷入口，进入 NC Cloud 的结算页面。左上角"财务组织"选择鸿途集团水泥有限公司及其下属 16 家子公司，"业务单据日期"选择"去年~今年"，单击"查询"按钮并单击左侧"待结算"页签，NC Cloud 将查询出水泥板块待结算的所有业务单据列表。勾选上一步骤审核的收款单所对应的结算单据行（如图 6–25 所示），单击本行的"结算"链接或本页面右上方的"结算"按钮，确定收款结算完成。

图 6-25 确认收款结算

（6）审核应收账款收款总账凭证。以 FSSC"总账主管岗"角色的组员身份登录 D–FSSC1.0，进入学习任务"F. 销售管理 – 应收共享 > 15. 产成品销售业务 > 构建测试"，单击"4. 协作处理"学习步骤。单击"总账主管岗"角色头像图标，并选择进入 NC Cloud 轻量端。然后单击"凭证管理"页签下的"凭证审核"快捷入口，进入 NC Cloud 的结算页面。左上角"财务核算账簿"选择鸿途集团水泥有限公司的基准账簿，"制单日期"可以选择"去年~今年"，NC Cloud 将列出所有符合条件的待审核记账凭证。找到新生成的应收账款收款记账凭证并双击，NC Cloud 便打开该凭证的详细页面（如图 6–26 所示）。总账主管岗可以在凭证详细页面中单击右上角的"审核"按钮进行该记账凭证的审核。

图 6-26 NC Cloud 应收收款记账凭证明细页面

模块实训

（一）鸿途集团共享后产成品销售流程设计

鸿途集团建立 FSSC 后，基本核算工作从原业务单元财务部的工作中剥离，业务单元一般只保留财务经理岗和业务财务岗。

鸿途集团选择的是单共享中心模式。销售合同的审批，由 FSSC 的档案综合岗负责。共享前属于普通财务人员审核的职责，若共享后划归 FSSC，则业务单元财务人员无须再审核；共享前属于财务经理审核的职责，共享后改由业务单元业务财务审核，但业务财务发起的流程仍需财务经理审批。

鸿途集团收款尚未实现银企直连，以普通企业网银方式查询收款情况。

鸿途集团在推行产成品销售到收款的业务共享时，进入 FSSC 的业务单据列表如表6-5 所示。

表 6-5　鸿途集团产成品销售业务共享流程进入 FSSC 的业务单据列表

序号	名称	是否进 FSSC	是否属于作业组工作	流程设计工具
1	销售合同	Y	N	审批流
2	应收单	Y	Y	工作流
3	收款单	Y	Y	工作流

鸿途集团共享前产成品销售流程

要求：结合鸿途集团共享前产成品销售流程，进行鸿途集团产成品销售到收款的共享后流程图设计。每个小组需要用 Microsoft Visio 完成流程设计结果，并由组长提交 D-FSSC1.0 教学平台，由教师发起全班的同行评价。

（二）鸿途集团共享后产成品销售流程角色扮演

组长对组员进行分工，用角色扮演的方式路演一遍共享后的产成品销售到收款端到端流程，每个组员要明确报出自己的角色、输入单据、动作、输出单据或结果。

鸿途集团共享后产成品销售流程

（三）鸿途集团共享后产成品销售作业处理

1. 启用预置的审批流和工作流

启用销售合同与销售订单预置的审批流，以及应收单和收款单预置的工作流。

2. 完成协作处理实训

用下述测试用例，完成共享后产成品销售端到端协作处理实训。

鸿途水泥产成品销售共享模块实训用原始凭证

（1）签订销售合同。2019 年 7 月 1 日鸿途集团水泥有限公司与天海集团总公司签署《销售合同（合同编码：SC20190182）》，签约信息如下（详细信息参见书侧二维码中的原始凭证）：合同甲方为天海集团总公司；合同乙方为鸿途集团水泥有限公司；乙方为甲方提供通用水泥产品，供应天海集团总公司的袋装 PC32.5 水泥含税价格为 300 元 / 吨，月供应数量为 1 000 吨左右，实际数量依据每月的要货申请。发票随货，并于当月底完成收款结算；此合同有效期 2019 年 7 月 1 日～2019 年 12 月 31 日。

（2）销售发货出库。2019 年 7 月 5 日鸿途集团水泥有限公司与天海集团总公司签订一笔销售订单并录入系统。相关信息如表 6-6 所示。销售订单审批通过后，2019 年 7 月 6 日，办理"PC32.5 水泥袋装"出库，并通过公路运输发货。

表 6-6 天海集团 2019 年 7 月份水泥订单信息

项目名称	需求数量 / 吨	含税单价 / 元	客户
PC32.5 水泥袋装	1 000	300.00	天海集团总公司

（3）应收挂账。2019 年 7 月 6 日，针对"PC32.5 水泥袋装"发货，鸿途集团水泥有限公司开具增值税专用发票，票随货走。以下表 6-7 是开票相关信息。开具发票的同日，鸿途集团水泥有限公司完成了应收挂账流程。

表 6-7 天海中天 2019 年 7 月份水泥发票信息

项目名称	需求数量 / 吨	含税单价 / 元	价税合计 / 元	税率	税额 / 元	客户
PC32.5 水泥袋装	1 000	300.00	300 000.00	13%	34 513.27	天海集团总公司

（4）应收账款收款。2019 年 7 月 31 日，客户打款 30 万元。

模块三 其他商品销售业务共享

一、共享前典型流程

其他商品，是指企业除了产成品以外的商品，如原材料等。其他商品销售业务在共享前需要经过以下 6 个步骤（如图 6-27 所示）：

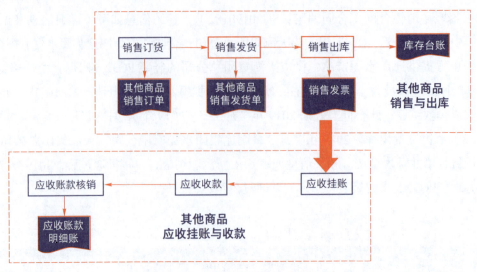

图 6-27　其他商品销售共享前流程

（1）销售订货。客户发出采购订货请求、企业在系统中录入采购并审批订单。

（2）销售发货。销售部门向仓库发出发货指令。

（3）销售出库。仓库装货发运。

（4）应收挂账。依据双方商定的收款条件，销售部门向财务部门申请开具销售发票，财务部门确认对客户的应收账款。

（5）应收账款收款。收到客户的款项后，在信息系统中确认收款记录。

（6）应收账款核销。匹配收款记录和应收账款记录，进行应收账款核销。

二、其他商品销售共享需求分析

（一）共享后的功能要求

田螺水泥集团水泥产品销售-收款共享前业务流程

田螺水泥集团其他商品销售共享前流程

【例 6-4】　田螺水泥集团其他商品销售到收款业务在共享前的流程由销售订货出库、应收挂账、应收账款收款等 3 个环节组成，参见"田螺水泥集团其他商品销售共享前流程"书侧二维码资源。田螺水泥集团建设其他商品销售到收款共享的需求如下：

（1）共享前属于普通财务人员审核的职责，若共享后划归 FSSC，则业务单元财务人员无须再审核；共享前属于财务经理审核的职责，共享后改由业务单元业务财务审核，但业务财务发起的流程仍需财务经理审批。

（2）田螺水泥集团的收款尚未实现银企直连，以普通企业网银方式查询收款情况。

（3）田螺水泥集团选择的是单共享中心模式。

（二）共享后流程用到的业务单据

【例 6-5】　田螺水泥集团基于用友 NC Cloud 实施其他商品销售业务共享时，所使用到的业务单据如表 6-8 所示，各列的含义与表 4-1 相同。

表 6-8　田螺水泥集团其他商品销售业务共享的业务单据列表

序号	名称	是否进 FSSC	是否属于作业组工作	流程设计工具
1	销售订单	N	—	审批流
2	应收单	Y	Y	工作流
3	收款单	Y	Y	工作流

三、共享后其他商品销售流程设计与 NC Cloud 配置

（一）共享后流程图设计

【例 6-6】　根据【例 6-5】及企业财务职责和部门的调整情况和财务共享服务中心应收类岗位的初始配置情况，设计共享后的其他商品销售流程。

【解析】　销售订货出库这个流程因为不涉及职责调整到 FSSC 的情况，不用重新设计；共享后其他商品销售应收账款收款的流程与产成品销售应收账款收款的流程完全相同（参见图 6-4）；共享后其他商品销售流程中没有签订销售合同的环节，因此应收挂账流程与产成品销售流程中的应收挂账流程有差别，无法用销售合同生成销售发票，设计结果如图 6-28 所示。

（二）NC Cloud 工作流配置

当其他商品销售共享后流程设计出来以后，需要将流程在 NC Cloud 中进行配置。

（1）进入 D-FSSC1.0 学习任务。以学生的账号登录 D-FSSC1.0 的学习中心，进入学习任务"E. 采购管理 – 应付共享 > 16. 其他商品销售业务 > 构建测试"。

（2）以"系统管理员"角色进入系统配置任务步骤。单击"3. 系统配置"学习步骤，然后单击"系统管理员"角色头像。

（3）登录 NC Cloud 重量端。

（4）设置工作流。根据表 6-8，设置应收单、收款单的工作流。双击 NC Cloud 重量

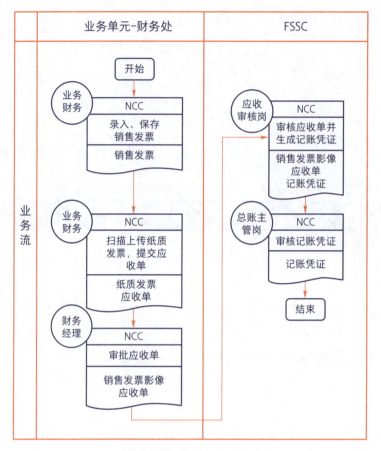

图 6-28　田螺水泥集团其他商品销售共享后流程设计 – 应收挂账

端"功能导航"页签下面的"动态建模平台 > 流程管理 > 流程设计 > 工作流定义 – 集团"
菜单，系统将打开工作流定义窗口。在左上角查询窗口中依次录入"应收单"和"收款
单"，分别选中查询结果"F0 应收单""F2 收款单"，然后单击"新增"按钮，便可进入工
作流定义窗口（参见图 4-10）。

【特别提示】

　　应收单、收款单的工作流与本项目模块二"产成品销售业务共享"的相同，若在模块
二学习过程中已经完成初始设置，则无须重复设置。

（三）启用 D-FSSC1.0 预置的审批流和工作流

　　启用销售订单预置的审批流以及应收单和收款单预置的工作流，跳过"NC Cloud 工
作流配置"环节。此部分工作在本项目模块二"产成品销售业务共享"中已经学习过，此
处不再赘述。

四、其他商品销售共享作业处理

（一）测试用例

【例 6-7】　2019 年 7 月，鸿途集团水泥有限公司发生如下其他商品销售共享业务。

1. 销售订货出库

2019 年 7 月 12 日鸿途集团水泥有限公司与天海集团总公司签订一笔 200 吨天然石膏的材料销售订单，基本信息如表 6-9 所示。计划发货时间为 7 月 18 日，价格为 248.6 元 / 吨（含税）。2019 年 7 月 18 日，"天然石膏"发货出库。

其他商品销售
共享举例的原
始凭证

表 6-9　天海集团 2019 年 7 月份石膏订单信息

项目名称	需求数量 / 吨	含税单价 / 元	客户
天然石膏	200	248.60	天海集团总公司

2. 应收挂账

2019 年 7 月 18 日，针对"天然石膏"发货开具增值税专用发票，票随货走。发票的基本信息如表 6-10 所示，财务人员当日完成了后续的应收挂账流程。

表 6-10　天海集团 2019 年 7 月份石膏销售发票信息

项目名称	需求数量 / 吨	含税单价 / 元	价税合计 / 元	税率	税额 / 元	客户
天然石膏	200	248.60	49 720.00	13%	5 720.00	天海集团总公司

3. 应收账款收款

2019 年 7 月 31 日，客户全额打款到账。鸿途集团水泥有限公司业务财务人员当日从网银查询到入账电子回单并打印，作为收款入账的原始凭证。

（二）角色分配

1. 确定组员分工

按照 D-FSSC1.0 预置的其他商品销售到收款的端到端共享流程，需要参与操作的角色包括销售员、销售经理、仓管员、业务财务、财务经理、应收审核岗、中心出纳岗、总账主管岗等。在学生进行分工协作之前，每个小组由组长进行角色指派。

2. 系统中分配角色

以组长身份登录 D-FSSC1.0，进入学习任务"F. 销售管理 – 应收共享 > 16. 其他商品销售业务 > 构建测试"，单击"2. 分配角色"学习步骤，按照指派的角色在系统中进行拖拽授权，授权结束后单击"完成设置"按钮保存。

本课程所涉及的 NC Cloud 功能菜单

（三）协作处理

1. 销售订货出库

（1）签订销售订单。以"销售员"角色的组员身份登录 D-FSSC1.0，进入学习任务"F. 销售管理 – 应收共享 > 16. 其他商品销售业务 > 构建测试"，单击"4. 协作处理"学习步骤。单击"销售员"角色头像图标，并选择进入 NC Cloud 轻量端。单击"销售业务 > 销售订单维护"快捷入口，进入 NC Cloud 轻量端销售订单维护页面。单击右上角的"新增 > 自制"菜单，进入 NC Cloud 轻量端销售订单维护页面。按照【例 6-7】测试用例数据进行填写（如图 6-29 所示），填写完成后单击右上角的"保存提交"按钮提交销售订单。

图 6-29　新增自制销售订单

（2）审批销售订单。以"销售经理"角色的组员身份登录 D-FSSC1.0，进入学习任务"F. 销售管理 – 应收共享 > 16. 其他商品销售业务 > 构建测试"，单击"4. 协作处理"学习步骤。单击"销售经理"角色头像图标，选择进入 NC Cloud 轻量端，在审批中心区域会发现有一个"未处理"状态的单据。单击"未处理"入口，找到步骤"（1）签订销售订单"所提交的待审批销售订单并单击单据链接，NC Cloud 将进入销售订单审批页面。单击右上角"批准"按钮，可完成销售订单的审批工作。

（3）办理销售发货。以"仓管员"角色的组员身份登录 D-FSSC1.0，进入学习任务"F. 销售管理 – 应收共享 > 16. 其他商品销售业务 > 构建测试"，单击"4. 协作处理"学习步骤。单击"仓管员"角色头像图标，并选择进入 NC Cloud 轻量端。单击"业务处理 > 发货单维护"菜单进入发货单维护页面。单击右上角"发货"按钮，NC Cloud 进入销售订单 / 调拨订单选择页面。单击左上角的"销售订单"页签，"物流组织"选择鸿途集团水泥有限公司，"单据日期"选择"去年～今年"，单击"查询"按钮，NC Cloud 将列出所有符合条件的销售订单。勾选步骤"（2）审批销售订单"中所审批通过的销售订单，单击右下角"生成发货单"按钮，NC Cloud 将依据所勾选的销售订单生成销售发货单，进入发货单维护界面。在发货单维护界面中确认实际的发货数量，然后单击右上角"保存提交"按钮提交发货单。

（4）办理销售出库。以"仓管员"角色的组员身份登录 D–FSSC1.0，进入学习任务"F. 销售管理 – 应收共享 > 16. 其他商品销售业务 > 构建测试"，单击"4. 协作处理"学习步骤。单击"仓管员"角色头像图标，并选择进入 NC Cloud 轻量端。单击"业务处理 > 销售出库"快捷入口进入销售出库页面，再单击右上角"新增 > 销售业务出库"菜单，NC Cloud 进入"选择销售订单 / 发货单"页面。单击左上角的"发货单"页签，"发货库存组织"选择鸿途集团水泥有限公司，"计划发货日期"选择"去年～今年"，单击"查询"按钮，NC Cloud 将查询出所有满足条件的销售发货单。勾选步骤"（3）办理销售发货"中所提交的销售发货单，单击右下角"生成出库单"按钮，NC Cloud 将依据所勾选的销售发货单生成销售出库单，进入销售出库单维护界面。补充填写"仓库""出入库类型"等必填数据项并填写"详细信息"页签下的"实发数量"，单击右上角"保存"按钮保存销售出库单。保存完毕后，单击右上角"签字"按钮确认出库单上的商品已经出库。

【特别提示】

根据 D–FSSC1.0 的初始设置，天然石膏所在的仓库是"原燃料库"。

2. 应收挂账

（1）录入销售发票。以"业务财务"的角色登录 D–FSSC1.0，进入学习任务"F. 销售管理 – 应收共享 > 16. 其他商品销售业务 > 构建测试"，单击"4. 协作处理"学习步骤。单击"业务财务"角色头像图标，并选择进入 NC Cloud 轻量端。单击"销售业务 > 销售发票维护"快捷入口，NC Cloud 进入销售发票管理页面。单击右上角"开票"菜单，NC Cloud 进入"选择订单 / 出库单"页面。左上角选择"销售出库"页签，"结算财务组织"选择鸿途集团水泥有限公司，"出库日期"选择"去年～今年"，单击"查询"按钮，NC Cloud 将列出符合条件的销售出库单。勾选步骤"1. 销售订货出库"中生成并签字的销售出库单，然后单击右下角"生成销售发票"按钮，NC Cloud 便根据销售出库单生成相应的销售发票信息。补填"发票类型"必填数据项，确认"详细信息"页签下的数据与纸质发票信息一致，单击右上角的"保存提交"按钮进行销售发票的提交，NC Cloud 将保存销售发票信息并根据销售发票信息生成应收单。

（2）扫描上传发票影像并提交应收单。以"业务财务"的角色登录 D–FSSC1.0，进入学习任务"F. 销售管理 – 应收共享 > 16. 其他商品销售业务 > 构建测试"，单击"4. 协作处理"学习步骤。单击"业务财务"角色头像图标,并选择进入 NC Cloud 轻量端。单击"销售业务 > 应收单管理"快捷入口,NC Cloud 进入应收单管理页面。"财务组织"选择鸿途集团水泥有限公司,"单据日期"选择"全年~今年",单击"查询"按钮,NC Cloud 将列出所有满足条件的应收单。选中步骤"(1)录入销售发票"中所生成的应收单,单击右上角"更多 > 影像管理 > 影像扫描"菜单,便可扫描上传销售发票物理单据(如增值税专用发票记账联)的电子影像。扫描完成后,单击应收单管理页面右上角的"提交"按钮,将应收单提交。

(3)审批应收单。以"财务经理"的角色登录 D-FSSC1.0,进入学习任务"F. 销售管理 - 应收共享 > 16. 其他商品销售业务 > 构建测试",单击"4. 协作处理"学习步骤。单击"财务经理"角色头像图标,并选择进入 NC Cloud 轻量端,在审批中心区域会发现有一个"未处理"状态的单据。单击"未处理"入口,找到步骤(2)所提交的待审批应收单,单击该行的"财务经理角色 < 批准 >"按钮,可完成应收单的审批工作。

(4)FSSC 应收单作业处理。以 FSSC"应收审核岗"的角色登录 D-FSSC1.0,进入学习任务"F. 销售管理 - 应收共享 > 16. 库存商品销售业务 > 构建测试",单击"4. 协作处理"学习步骤。单击"应收审核岗"角色头像图标,并选择进入 NC Cloud 轻量端。NC Cloud 会进入 FSSC 作业平台看板页面。单击作业平台中的"我的作业 > 提取任务"链接,便可依据本教材项目 03 中对 FSSC 进行系统初始设置时所设置的单据提取规则,进行待处理单据的提取工作。刷新作业平台看板页面,会发现"我的作业 > 待处理"单据数量从 0 变成了 1。单击"我的作业 > 待处理"链接,NC Cloud 轻量端将进入"我的作业"作业列表页面。单击"单据编码"列的链接,便可进入应收单 FSSC 审核界面。应收审核岗单击"批准"按钮,批准所提取的应收单单据,NC Cloud 将自动生成应收挂账的总账凭证。

(5)FSSC 应收挂账总账凭证审核。以 FSSC"总账主管岗"角色的组员身份登录 D-FSSC1.0,进入学习任务"F. 销售管理 - 应收共享 > 16. 库存商品销售业务 > 构建测试",单击"4. 协作处理"学习步骤。单击"总账主管岗"角色头像图标,并选择进入 NC Cloud 轻量端。单击"凭证管理"页签下的"凭证审核"快捷入口,进入 NC Cloud 的凭证审核页面。左上角"财务核算账簿"选择鸿途集团水泥有限公司的基准账簿,"制单日期"可以选择"去年~今年",NC Cloud 将列出所有符合条件的待审核记账凭证。找到新生成的应收挂账记账凭证并双击,NC Cloud 便打开该凭证的详细页面(如图 6-30 所示)。总账主管岗可以在凭证详细页面中单击右上角的"审核"按钮进行该记账凭证的审核。

3. 应收账款收款

(1)录入收款单。以"业务财务"的角色登录 D-FSSC1.0,进入学习任务"F. 销售管理 - 应收共享 > 16. 其他商品销售业务 > 构建测试",单击"4. 协作处理"学习步骤。单击"业务财务"角色头像图标,并选择进入 NC Cloud 轻量端。单击"销售业务 > 收款单管理"快捷入口,NC Cloud 进入收款单管理页面。单击右上角"新增 > 应收单"菜

图 6-30　其他商品销售应收挂账记账凭证明细页面

单，NC Cloud 进入"选择应收单"页面。左上角"财务组织"选择鸿途集团水泥有限公司，"单据日期"选择"去年~今年"，点击"查询"按钮，NC Cloud 将列出符合条件的应收单。选中步骤"3.应收挂账"中所审核通过的应收单，单击右下角"生成下游单据"按钮，便可生成收款单。在生成的收款单上，需要补充一些必填的数据项，例如，"结算方式"选择"网银"方式，"收款银行账户"选择鸿途集团水泥有限公司账号较小的收入账户，"付款银行账户"选择客户企业的银行账户。单击右上角"保存"按钮保存收款单。

【特别提示】

为了便于教学，D-FSSC1.0 给鸿途集团每家子公司准备的外部银行账户中，账号较小的账户作为企业收入户。

（2）扫描上传影像并提交收款单。收款单保存后，业务财务单击右上角"更多 > 影像管理 > 影像扫描"菜单，便可为该收款单扫描上传原始凭证（如收款的银行电子回单）的电子影像。扫描完成后，单击右上角的"提交"按钮，将收款单提交。

（3）审批收款单。以"财务经理"的角色登录 D-FSSC1.0，进入学习任务"F.销售管理 – 应收共享 > 16.其他商品销售业务 > 构建测试"，单击"4.协作处理"学习步骤。单击"财务经理"角色头像图标，并选择进入 NC Cloud 轻量端，在审批中心区域会发现有一个"未处理"状态的单据。单击"未处理"入口，找到步骤（2）所提交的待审批收款单，单击该行的"财务经理角色 < 批准 >"按钮，可完成收款单的审批工作。

（4）FSSC 收款单作业处理。以 FSSC"应收审核岗"的角色登录 D-FSSC1.0，进入学习任务"F.销售管理 – 应收共享 > 16.库存商品销售业务 > 构建测试"，单击"4.协作处理"学习步骤。单击"应收审核岗"角色头像图标，并选择进入 NC Cloud 轻量端。NC Cloud 会进入 FSSC 作业平台看板页面。单击作业平台中的"我的作业 > 提取任务"链接，便可依据本教材项目 03 中对 FSSC 进行系统初始设置时所设置的单据提取规则，进行待处理单据的提取工作。刷新作业平台看板页面，会发现"我的作业 > 待处理"单据数量从

0 变成了 1。单击"我的作业 > 待处理"链接，NC Cloud 轻量端将进入"我的作业"作业列表页面。单击"单据编码"列的链接，便可进入收款单 FSSC 审核界面。应收审核岗单击"批准"按钮，批准所提取的收款单单据，NC Cloud 将自动生成应收账款收款的总账凭证。

（5）确认收款结算。以 FSSC"中心出纳岗"角色的组员身份登录 D-FSSC1.0，进入学习任务"F. 销售管理－应收共享 > 16. 库存商品销售业务 > 构建测试"，单击"4. 协作处理"学习步骤。单击"中心出纳岗"角色头像图标，并选择进入 NC Cloud 轻量端，然后单击"结算处理"页签下的"结算"快捷入口，进入 NC Cloud 的结算页面。左上角"财务组织"选择鸿途集团水泥有限公司及其下属 16 家子公司，"业务单据日期"选择"去年~今年"，单击"查询"按钮并单击左侧"待结算"页签，NC Cloud 将查询出水泥板块待结算的所有业务单据列表。勾选上一步骤审核的收款单所对应的结算单据行，单击本行的"结算"链接或本页面右上方的"结算"按钮，确定收款结算完成。

（6）审核应收账款收款总账凭证。以 FSSC"总账主管岗"角色的组员身份登录 D-FSSC1.0，进入学习任务"F. 销售管理－应收共享 > 16. 其他商品销售业务 > 构建测试"，单击"4. 协作处理"学习步骤。单击"总账主管岗"角色头像图标，并选择进入 NC Cloud 轻量端。然后单击"凭证管理"页签下的"凭证审核"快捷入口，进入 NC Cloud 的结算页面。左上角"财务核算账簿"选择鸿途集团水泥有限公司的基准账簿，"制单日期"可以选择"去年~今年"，NC Cloud 将列出所有符合条件的待审核记账凭证。找到新生成的应收账款收款记账凭证并双击，NC Cloud 便打开该凭证的详细页面。总账主管岗可以在凭证详细页面中单击右上角的"审核"按钮进行该记账凭证的审核。

模块实训

鸿途集团共享后其他商品销售作业处理

1. 启动预置的审批流和工作流

（1）启用预置的鸿途集团销售订单审批流。

（2）启用系统预置的鸿途集团共享后应收单和收款单的工作流。

2. 完成协作处理实训

其他商品销售
共享作业处理
模块实训原始
凭证

用下述测试用例，完成其他商品销售业务共享的端到端协作处理实训。

（1）销售订货出库。2019 年 7 月 5 日鸿途集团水泥有限公司与天海中天精细化工有限公司签订一笔材料销售订单，信息如表 6-11 所示。发货时间为 7 月 11 日，价格为 226 元 / 吨（含税），并生成销售发货单。2019 年 7 月 11 日，"天然石膏"发货出库。

表 6-11　天海中天 2019 年 7 月份石膏订单信息

项目名称	需求数量 / 吨	客户
天然石膏	1 000	天海中天精细化工有限公司

（2）应收挂账。2019 年 7 月 11 日，针对"天然石膏"发货开具增值税专用发票，票随货走。当日完成了后续的应收挂账流程。发票信息如表 6-12 所示。

表 6-12　天海中天 2019 年 7 月份石膏销售发票信息

项目名称	需求数量 / 吨	含税单价 / 元	价税合计 / 元	税率	税额 / 元	客户
天然石膏	1 000	226.00	226 000.00	13%	26 000.00	天海中天精细化工有限公司

（3）应收账款收款。2019 年 7 月 31 日，客户天海中天精细化工有限公司全额付款。鸿途集团水泥有限公司相关员工收到客户通知并从网银系统获得银行收款电子回单的打印件后，在系统里完成了应收账款收款的操作流程。

思维导图

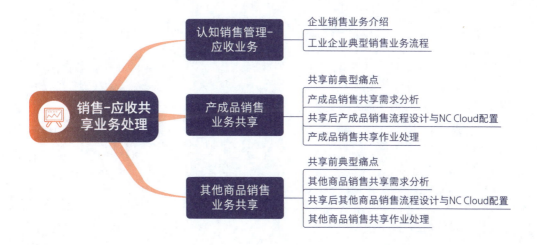

项目 07   资金结算共享业务处理

 **学习目标**

知识目标 ● 掌握收付款合同的概念和适用条件

● 熟悉收付款合同结算的典型流程

● 理解资金结算业务和银企直连的概念

技能目标 ● 能在财务共享信息系统中完成收付款合同结算业务处理

● 能在财务共享信息系统中完成收款单的录入与审核，并依据收款单生成记账凭证

● 能依据审批通过的付款申请单，在财务共享信息系统中生成付款单、确认现金支付，并生成记账凭证

素养目标 ● 培养学生严谨细致的工作作风，严格审批资金支出

● 培养学生熟悉企业资金安全管理制度，实施会计监督

模块一　认知资金结算业务

一、非往来收付款结算业务

项目 05 和项目 06 实际上已经涉及与客户、供应商物资购销往来所形成的收付款业务及业务处理。本项目的资金结算，是处理不涉及与客户、供应商有物资购销往来所形成的收付款，这类非往来收付款结算业务又包括收付款合同结算和无合同结算两种。

二、收付款合同结算业务

（一）收付款合同结算与管理的含义

收付款合同结算，是指企业与外部结算对象之间虽无有形产品购销合同，但存在明确

双方结算权利与义务的收付款合同。企业结算业务的起点是收付款合同的缔结，当收付款条件满足后，合同双方依据收付款合同的收款或付款条款进行结算。

收付款合同，是指企业签署的、具有收款或付款条款的、不属于销售合同或采购合同或项目合同等的合同。

收付款合同管理是以合同为主线，帮助企业财务部门加强合同收付款业务的过程管理与控制。它支持企业对以自身为当事人的合同依法进行录入登记、审批、履约、变更、冻结、终止等一系列活动，有助于降低企业资金风险，提高部门协作效率。

在 NC Cloud 中，收付款合同结算使用应付单 / 应收单、付款单 / 收款单分别作为应收应付挂账、应收应付结算的业务单据，这一点与项目 05、项目 06 中的往来结算相同。

（二）收付款合同结算应用场景

收付款合同结算，通常会经过 3 个业务阶段：

（1）收付款合同签订。企业的业务部门与客户或供应商经过协商、谈判并达成一致后，拟定收款或付款合同，合同在按照企业合同审批流程通过后正式生效，同时合同进入履行状态。

（2）收付款合同立账（应收 / 应付挂账）。当企业与合同中指定的客户或供应商发生应收或应付业务时，财务部参照合同进行应收或应付账款的确认。

（3）收付款结算。合同执行人根据相应收付款计划或按照通过后的企业结算审批流程，进行收款或付款。

三、资金结算业务

资金结算业务，又称无合同结算业务，是指并不存在任何与结算对象之间的合同、订单等书面合约，但是双方仍然需要进行结算的业务。企业内部在处理无合同结算业务时，可以用付款结算单、收款结算单作为内部业务流转的结算依据，并由出纳或者会计等非业务人员完成全部操作。

（一）资金结算业务应用场景

以下列举几种可能的无收付款合同结算场景：

（1）整个业务流程仅涉及现金的收付，例如罚没收入直接收到现金、水电费支出、银行手续费支出等。

（2）从银行获得到账信息后及时进行核算确认，例如付款方采用网银转账等方式向企业支付的款项、企业进行收款到账认领、银行主动扣款、企业进行付款认领、银行定期对企业的存款计息等。

（3）不涉及往来的内部划账，例如公司内外部账户之间的划账业务。内外部账户的概念，详见"项目 08　财资管理共享业务处理"。

（二）资金结算共享前的典型环节

（1）财务人员发起结算流程：填制收款结算单或付款结算单，选择相应业务的收支项目（如利息收入、水电费支出等）。

（2）业务领导进行业务审批。

（3）财务负责人进行财务审批。

（4）出纳岗结算后生成结算记账凭证。

（5）总账岗审核结算记账凭证。

模块实训

绘制鸿途集团共享前无合同资金结算的现状流程图

本实训为组员个人实训。参照书侧二维码资源中的扩展阅读文档"鸿途集团资金结算业务流程现状"，每个组员都需要独立使用 Microsoft Visio 重新绘制鸿途集团无合同收款结算、无合同付款结算的现状流程图。

鸿途集团资金结算业务流程现状

模块二　收付款合同结算业务共享

一、共享前典型痛点

在实现财务共享服务前，收付款合同结算都是在业务单元内部完成。从集团结算管理的角度考虑，典型的痛点有：

（1）收付款合同的签订流程，各子公司各自为政、流程不统一。

（2）集团无法及时获得准确的收付款合同执行情况。

（3）超合同金额的收付款控制，集团没有统一的控制点，增加了合同执行风险。

二、收付款合同结算共享需求分析

（一）共享后的功能要求

【例 7-1】　田螺水泥集团收付款合同结算业务在实施财务共享服务时，要求遵循如下需求或原则。

（1）收款合同、付款合同的审批均实现共享，由 FSSC 的档案综合岗负责。共享前属

田螺水泥集团收付款合同结算业务共享前流程

于普通财务人员审核的职责，若共享后划归 FSSC，则业务单元财务人员无须再审核；共享前属于财务经理审核的职责，共享后改由业务单元业务财务审核，但业务财务发起的流程仍需财务经理审批。

（2）田螺水泥集团的所有收付款，均以网银（银企直连）方式完成。

（3）田螺水泥集团选择的是单共享中心模式。

（二）共享后流程用到的业务单据

【例 7-2】 田螺水泥集团基于用友 NC Cloud 实施收付款合同结算业务共享时，所使用到的业务单据如表 7-1 所示。

表 7-1　田螺水泥集团收付款合同结算业务共享的业务单据列表

序号	名称	是否进 FSSC	是否属于作业组工作	流程设计工具
1	付款合同	Y	Y	工作流
2	应付单	Y	Y	工作流
3	付款单	Y	Y	工作流
4	收款合同	Y	Y	工作流
5	应收单	Y	Y	工作流
6	收款单	Y	Y	工作流

三、共享后收付款合同结算流程设计与 NC Cloud 配置

（一）共享后流程图设计

【例 7-3】 在田螺水泥集团收付款合同结算业务现状流程的基础上，结合【例 7-1】、【例 7-2】所给出的财务共享需求及相关业务单据，根据企业财务职责和部门的调整情况、财务共享服务中心各作业组及其职责的初始配置情况，设计共享后的收付款合同结算流程。

【解析】

1. 付款合同结算

图 7-1、图 7-2 与图 7-3 分别是田螺水泥集团共享后收付款合同结算流程中付款合同签订、付款合同应付挂账和付款合同付款结算的一种设计结果，设计依据见表 7-2。

2. 收款合同结算

图 7-4、图 7-5 与图 7-6 分别是田螺水泥集团共享后收付款合同结算流程中收款合

同签订、收款合同应收挂账和收款合同收款结算的一种设计结果，设计依据见表 7-2。

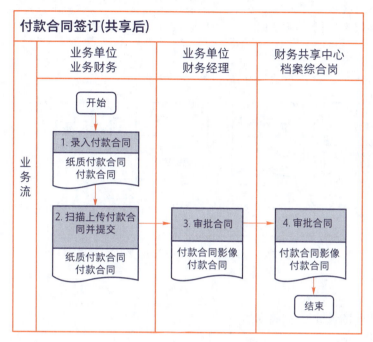

图 7-1　田螺水泥集团共享后收付款合同结算流程设计 – 付款合同签订

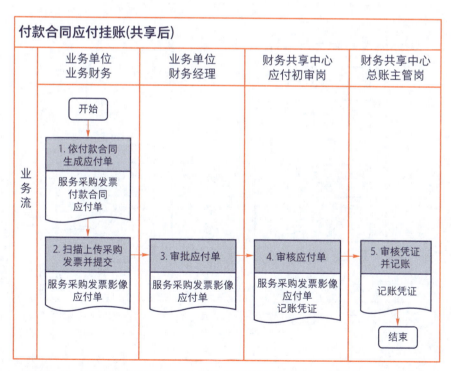

图 7-2　田螺水泥集团共享后收付款合同结算流程设计 – 付款合同应付挂账

213

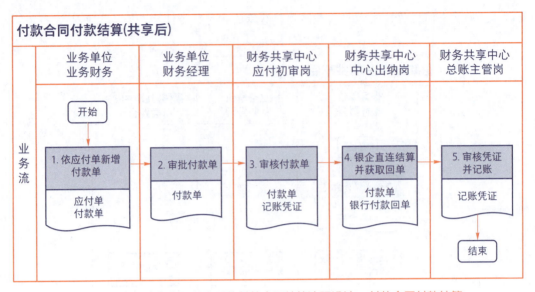

图 7-3　田螺水泥集团共享后收付款合同结算流程设计 − 付款合同付款结算

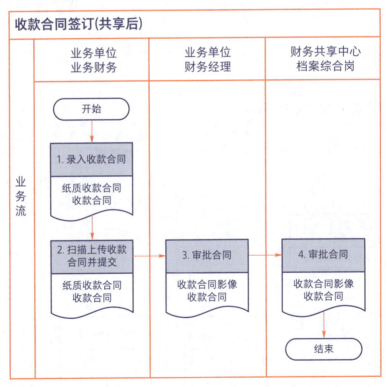

图 7-4　田螺水泥集团共享后收付款合同结算流程设计 − 收款合同签订

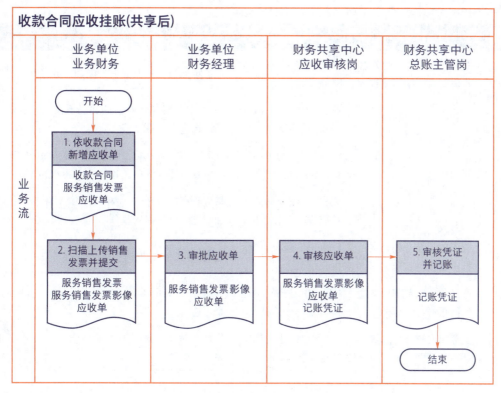

图 7-5　田螺水泥集团共享后收付款合同结算流程设计 – 收款合同应收挂账

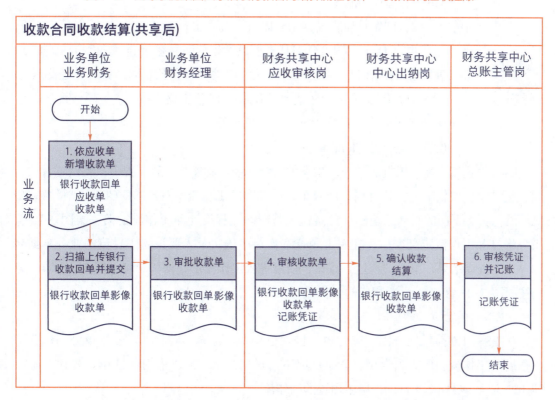

图 7-6　田螺水泥集团共享后收付款合同结算流程设计 – 收款合同收款结算

表 7-2 田螺水泥集团共享后收付款合同结算流程设计依据

序号	共享前	共享后	设计依据
1	业务单元结算会计发起收付款合同结算流程	改由业务单元业务财务发起	业务单元只保留业务财务岗和财务经理岗
2	无	业务单元业务财务扫描上传影像	FSSC 与业务单元和原始凭证不在一起，要基于影像进行共享审核
3	无	FSSC 应付初审岗审核应付单及付款单	从应付初审岗开始，付款合同结算的应付挂账和付款结算流程从业务单元进入 FSSC 环节
4	无	FSSC 应收审核岗审核应收单及收款单	从应收审核岗开始，收款合同结算的应收挂账和收款结算流程从业务单元进入 FSSC 环节
5	业务单元综合办公室专员审批收付款合同	FSSC 档案综合岗审批收付款合同	建设 FSSC 时，同时实现了合同共享
6	业务单元财务部出纳通过网银进行结算	FSSC 中心出纳岗通过银企直连结算	资金结算实现了 FSSC 共享，同步建设了银企直连
7	业务单元财务部总账会计审核记账凭证	FSSC 总账主管岗审核记账凭证	集团实现了总账共享，总账会计职责不再隶属于业务单元

（二）NC Cloud 工作流配置

当共享后的收付款合同结算流程设计出来以后，需要在 NC Cloud 中进行配置。

收付款合同结算共享后流程构建演示视频

（1）进入 D-FSSC1.0 学习任务。以学生的账号登录 D-FSSC1.0 的学习中心，进入学习任务"G. 资金结算共享 > 17. 收款 / 付款合同结算 > 构建测试"。

（2）以系统管理员角色进入系统配置任务步骤。单击"3. 系统配置"学习步骤，然后单击"系统管理员"角色头像。

（3）登录 NC Cloud 重量端。

（4）设置工作流。根据表 7-1，在收付款合同结算业务共享后流程中，要设置付款合同、应付单、付款单、收款合同、应收单、收款单的工作流。双击 NC Cloud 重量端"功能导航"页签下面的"动态建模平台 > 流程管理 > 流程设计 > 工作流定义 – 集团"菜单，系统将打开工作流定义窗口。在左上角查询窗口中依次录入要设置工作流的业务单据名称，选中查询结果，单击"新增"按钮，便可进入工作流定义窗口（参见图 4-10）。可分别按照图 7-1~图 7-6 设置相应的工作流。

（三）启用 D-FSSC1.0 预置的工作流

D-FSSC1.0 为付款合同、应付单、付款单、收款合同、应收单、收款单分别预置了共享后的工作流，但尚未启用。学生可以不自行配置工作流，采用项目 04、模块二中所使用的方法（参照图 4-11），启用预置的工作流。

【特别提示】

用友 NC Cloud 的工作流是建立在业务单据上的，应付单、付款单、应收单、收款单与项目 05、项目 06 中往来结算所用到的同名业务单据相同，工作流无须重复启用。

四、付款合同结算共享作业处理

（一）测试用例

【例 7-4】 2019 年 7 月 8 日，鸿途集团水泥有限公司销售处拟聘请深圳市博源伟业科技有限公司为服务方，为本公司设计新产品广告文案，双方签订了设计服务合同。合同基本信息如下：

合同名称：设计服务合同；

合同编码：FK-201907098；

合同甲方：鸿途集团水泥有限公司；

合同乙方：深圳市博源伟业科技有限公司；

合同金额：7.42 万元，其中包括增值税税额 0.42 万元（增值税税率 6%）；

付款方式：在项目验收后一次性支付。

2019 年 7 月 22 日，设计方案通过鸿途集团水泥有限公司销售部门的验收并收到乙方提供的增值税专用发票，7 月 27 日完成付款流程。

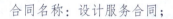

鸿途集团付款合同结算共享举例的原始凭证。

（二）角色分配

1. 确定组员分工

按照 D-FSSC1.0 预置的付款合同结算端到端共享流程，需要参与操作的角色包括业务财务、财务经理、FSSC 档案综合岗、FSSC 应付初审岗、FSSC 中心出纳岗、FSSC 总账主管岗等。在学生进行分工协作之前，每个小组由组长进行角色指派。

2. 系统中分配角色

以组长身份登录 D-FSSC1.0，进入学习任务"G. 资金结算共享 > 17. 收款 / 付款合同结算 > 构建测试"，单击"2. 分配角色"学习步骤，按照指派的角色在系统中进行拖拽授权，授权结束后单击"完成设置"按钮保存。

（三）协作处理

1. 签订付款合同

（1）录入付款合同。以"业务财务"角色的组员身份登录 D-FSSC1.0，进入学习任务"G. 资金结算共享 > 17. 收款 / 付款合同结算 > 构建测试"，单击"4. 协作处理"学习步骤。单击"业务财务"角色头像图标，并选择进入

本课程所涉及的 NC Cloud 功能菜单

NC Cloud 轻量端，然后单击"收付款合同 > 付款合同管理"快捷入口，进入 NC Cloud 付款合同管理页面。单击右上角的"新增"按钮，进入 NC Cloud 付款合同录入页面。按照【例 7-4】中的测试用例进行填报（如图 7-7 所示），填报完毕后单击右上方"保存"按钮进行保存。

图 7-7　NC Cloud 付款合同录入界面

（2）扫描上传付款合同并提交。在图 7-7 中保存付款合同后，单击右上角"更多 > 影像管理 > 影像扫描"菜单，便可扫描上传付款合同物理单据（如纸质合同）的电子影像。扫描完成后，单击右上角的"提交"按钮，将付款合同提交。

（3）财务经理审批付款合同。以"财务经理"角色的组员身份登录 D-FSSC1.0，进入学习任务"G. 资金结算共享 > 17. 收款 / 付款合同结算 > 构建测试"，单击"4. 协作处理"学习步骤。单击"财务经理"角色头像图标，并选择进入 NC Cloud 轻量端，在审批中心区域会发现有一个"未处理"状态的单据。单击"未处理"入口，找到步骤（2）所提交的待审批付款合同行（如图 7-8 所示），然后单击该行右侧的"财务经理角色 < 批准 >"按钮，便可完成付款合同的审批工作。

图 7-8　NC Cloud 付款合同审批界面 – 财务经理

（4）FSSC 付款合同审批。以"档案综合岗"的角色登录 D-FSSC1.0，进入学习任务"G. 资金结算共享 > 17. 收款 / 付款合同结算 > 构建测试"，单击"4. 协作处理"学习步骤。单击"档案综合岗"角色头像图标，并选择进入 NC Cloud 轻量端，NC Cloud 会进入 FSSC 作业平台看板页面。单击作业平台中的"我的作业 > 提取任务"链接，便可依据本教材项目 03 中对 FSSC 进行系统初始设置时所设置的单据提取规则，进行待处理单据的提取工作。刷新作业平台看板页面，会发现"我的作业 > 待处理"单据数量从 0 变成了 1。单击"我的作业 > 待处理"链接，NC Cloud 轻量端将进入"我的作业"作业列表页面。单击"单据编码"列的链接，便可进入付款合同 FSSC 审核界面（如图 7-9 所示）。单击右上角"更多 > 影像管理 > 影像查看"菜单，可以查看前序环节扫描上传的原始凭证影像；单击"批准"按钮，批准所提取的付款合同。

图 7-9　NC Cloud FSSC 付款合同审核界面

（5）FSSC 付款合同生效。档案综合岗批准付款合同后，在付款合同管理页面中单击右上角"执行 > 生效"菜单，该付款合同才能正式生效。

2. 付款合同应付挂账

在业务实务中，当收到付款合同的收款方所开具发票后，启动付款合同应付账款立账（或称挂账）流程、确认对付款方的负债。

（1）依付款合同生成应付单。以"业务财务"的角色登录 D-FSSC1.0，进入学习任务"G. 资金结算共享 > 17. 收款 / 付款合同结算 > 构建测试"，单击"4. 协作处理"学习步骤。单击"业务财务"角色头像图标，并选择进入 NC Cloud 轻量端。单击"采购业务 > 应付单管理"快捷入口，NC Cloud 进入应付单管理页面。单击右上角"新增 > 付款合同"菜单，NC Cloud 进入"选择合同"页面。左上角"财务组织"选择鸿途集团水泥有限公司，"制单日期"选择"去年~今年"，单击"查询"按钮，NC Cloud 将列出符合条件的付款合同。勾选步骤"1. 签订付款合同"中生效的付款合同（如图 7-10 所示），然后单击右下角"生成单据"按钮，NC Cloud 便根据所选中的付款合同生成相应的应付单。在应付单管理页面中，单击右上角的"保存"按钮保存应付单。

图 7-10　查询用于生成应付单的付款合同

（2）扫描上传发票影像并提交应付单。业务财务保存应付单后，在应付单管理页面单击右上角"更多＞影像管理＞影像扫描"菜单，便可扫描上传原始凭证（如增值税专用发票的发票联和抵扣联等）的电子影像。扫描完成后，单击右上角的"提交"按钮提交应付单。

（3）财务经理审批应付单。以"财务经理"的角色登录 D-FSSC1.0，进入学习任务"G.资金结算共享＞17.收款／付款合同结算＞构建测试"，单击"4.协作处理"学习步骤。单击"财务经理"角色头像图标，并选择进入 NC Cloud 轻量端，在审批中心区域会发现有一个"未处理"状态的单据。单击"未处理"入口，找到步骤（2）所提交的待审批应付单，单击该行的"财务经理角色＜批准＞"按钮，可完成应付单的审批工作。

（4）FSSC 应付单作业处理。以"应付初审岗"的角色登录 D-FSSC1.0，进入学习任务"G.资金结算共享＞17.收款／付款合同结算＞构建测试"，单击"4.协作处理"学习步骤。单击"应付初审岗"角色头像图标，并选择进入 NC Cloud 轻量端。NC Cloud 会进入 FSSC 作业平台看板页面。单击作业平台中的"我的作业＞提取任务"链接，便可依据本教材项目 03 中对 FSSC 进行系统初始设置时所设置的单据提取规则，进行待处理单据的提取工作。刷新作业平台看板页面，会发现"我的作业＞待处理"单据数量从 0 变成了 1。单击"我的作业＞待处理"链接，NC Cloud 轻量端将进入"我的作业"作业列表页面。单击"单据编码"列的链接，便可进入应付单 FSSC 审核界面。应付初审岗单击右上角"更多＞影像管理＞影像查看"菜单，可以查看前序环节扫描上传的原始凭证影像；单击"批准"按钮，批准所提取的应付单单据，NC Cloud 将自动生成付款合同应付挂账的总账凭证。

（5）FSSC 应付挂账总账凭证审核。以"总账主管岗"角色的组员身份登录 D-FSSC1.0，进入学习任务"G.资金结算共享＞17.收款／付款合同结算＞构建测试"，单击"4.协作处理"学习步骤。单击"总账主管岗"角色头像图标，并选择进入 NC Cloud 轻量端。然后单击"凭证管理"页签下的"凭证审核"快捷入口，进入 NC Cloud 的凭证审核页面。左上角"财务核算账簿"选择鸿途集团水泥有限公司的基准账簿，"制单日期"可以选择"去年～今年"，NC Cloud 将列出所有符合条件的待审核记账凭证。找到新生成的付款合同应付挂账记账凭证并双击，NC Cloud 便打开该凭证的详细页面（如图 7-11 所示）。总账主管岗可以在凭证详细页面中单击右上角的"审核"按钮进行该记账凭证的审核。

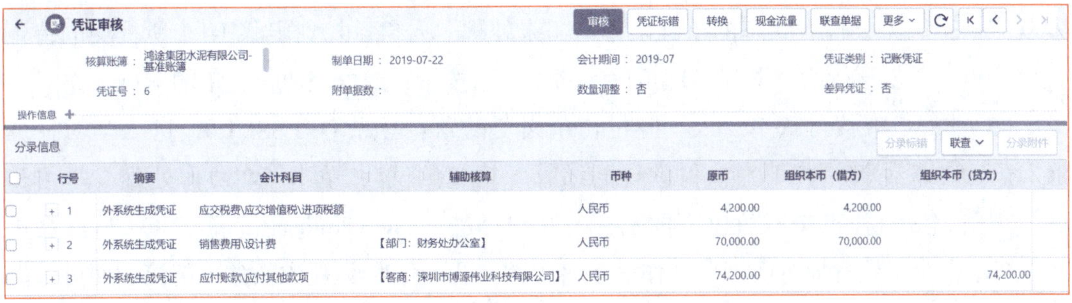

图 7-11　付款合同应付挂账记账凭证明细页面

3. 付款合同付款结算

（1）依应付单生成付款单。以"业务财务"的角色登录 D-FSSC1.0，进入学习任务"G. 资金结算共享 > 17. 收款 / 付款合同结算 > 构建测试"，单击"4. 协作处理"学习步骤。单击"业务财务"角色头像图标，并选择进入 NC Cloud 轻量端。单击"采购业务 > 付款单管理"快捷入口，NC Cloud 进入付款单管理页面。单击右上角"新增 > 应付单"菜单，NC Cloud 进入"选择应付单"页面。左上角"财务组织"选择鸿途集团水泥有限公司，"单据日期"选择"去年~今年"，单击"查询"按钮，NC Cloud 将列出符合条件的应付单。选中步骤"2. 付款合同应付挂账"所审核通过的应付单，单击右下角"生成下游单据"按钮，便可生成付款单并进入付款单管理页面。在付款单管理页面中补充必填的数据项，例如，"结算方式"选择"网银"方式（即采用银企直连、购买方直接支付的方式），"付款银行账户"选择鸿途集团水泥有限公司的支出户（即银行账号较大的账户），"收款银行账户"选择付款合同上乙方企业的账户（如图 7-12 所示）。单击右上角"保存提交"按钮提交付款单。

图 7-12　NC Cloud 付款合同付款结算的付款单

（2）财务经理审批付款单。以"财务经理"的角色登录 D-FSSC1.0，进入学习任务"G. 资金结算共享 > 17. 收款 / 付款合同结算 > 构建测试"，单击"4. 协作处理"学习步骤。单击"财务经理"角色头像图标，并选择进入 NC Cloud 轻量端，在审批中心区域会发现有一个"未处理"状态的单据。单击"未处理"入口，找到步骤（1）所提交的待审批付款单，单击该行的"财务经理角色 < 批准 >"按钮，即可完成付款单的审批工作。

（3）FSSC 审核付款单。以"应付初审岗"的角色登录 D-FSSC1.0，进入学习任务"G. 资金结算共享 > 17. 收款 / 付款合同结算 > 构建测试"，单击"4. 协作处理"学习步骤。单击"应付初审岗"角色头像图标，并选择进入 NC Cloud 轻量端。NC Cloud 会进入 FSSC 作业平台看板页面。单击作业平台中的"我的作业 > 提取任务"链接，便可依据本教材项目 03 中对 FSSC 进行系统初始设置时所设置的单据提取规则，进行待处理单据的提取工作。刷新作业平台看板页面，会发现"我的作业 > 待处理"单据数量从 0 变成了 1。单击"我的作业 > 待处理"链接，NC Cloud 轻量端将进入"我的作业"作业列表页面。单击"单据编码"列的链接，便可进入付款单 FSSC 审核界面。应付初审岗单击"批准"按钮，批准所提取的付款单单据，NC Cloud 将自动生成应付账款付款的总账凭证。

（4）FSSC 付款单银企直连结算。以"中心出纳岗"角色的组员身份登录 D-FSSC1.0，进入学习任务"G. 资金结算共享 > 17. 收款 / 付款合同结算 > 构建测试"，单击"4. 协作处理"学习步骤。单击"中心出纳岗"角色头像图标，并选择进入 NC Cloud 轻量端，然后单击"结算处理"页签下的"结算"快捷入口，进入 NC Cloud 的结算页面。左上角"财务组织"选择鸿途集团水泥有限公司及其下属 16 家子公司，"业务单据日期"选择"去年~今年"，单击"查询"按钮并单击左侧"待结算"页签，NC Cloud 将查询出水泥板块待结算的所有业务单据列表。选中需要支付的单据行，单击右上方的"支付 > 网上转账"并确定进行网上支付，则系统便完成了"银企直连"模式下的支付结算操作。

（5）FSSC 付款合同付款结算总账凭证审核。以"总账主管岗"角色的组员身份登录 D-FSSC1.0，进入学习任务"G. 资金结算共享 > 17. 收款 / 付款合同结算 > 构建测试"，单击"4. 协作处理"学习步骤。单击"总账主管岗"角色头像图标，并选择进入 NC Cloud 轻量端。然后单击"凭证管理"页签下的"凭证审核"快捷入口，进入 NC Cloud 的凭证审核页面。左上角"财务核算账簿"选择鸿途集团水泥有限公司的基准账簿，"制单日期"可以选择"去年~今年"，NC Cloud 将列出所有符合条件的待审核记账凭证。找到新生成的付款合同付款结算记账凭证并双击，NC Cloud 便打开该凭证的详细页面（如图 7-13 所示）。总账主管岗可以在凭证详细页面中单击右上角的"审核"按钮进行该记账凭证的审核。

图 7-13　付款合同付款结算记账凭证明细页面

五、收款合同结算共享作业处理

（一）测试用例

【例 7-5】　天海通达化工有限公司要设计和试制一种新型水泥石，特聘请鸿途集团水泥有限公司综合办公室为其提供水泥石研制方法培训。2019 年 7 月 12 日，双方签订了商务合同，合同金额 3.18 万元（其中增值税税率 6%、增值税税额 0.18 万元），期限一周。合同主要信息如下：

鸿途集团收款合同结算共享举例的原始凭证

合同名称：培训服务合同；

合同编码：SK-201907088；

合同甲方：天海通达化工有限公司；

合同乙方：鸿途集团水泥有限公司；

合同标的与金额：乙方为甲方提供水泥石研制方法培训，培训结束后收取含税金额 4.24 万元；

收款方式：培训结束后一次性收取。

2019 年 7 月 17 日至 2019 年 7 月 21 日，乙方交付了合同规定的培训任务并得到甲方的接受。乙方于 7 月 25 日向甲方开具了增值税专用发票；甲方于 2019 年 7 月 31 日通过网银支付了合同款项，同日乙方收到了银行收款入账的电子回单。

（二）角色分配

1. 确定组员分工

按照 D-FSSC1.0 预置的收款合同结算端到端共享流程，需要参与操作的角色包括业务财务、财务经理、FSSC 档案综合岗、FSSC 应收审核岗、FSSC 中心出纳岗、FSSC 总账主管岗等。在学生进行分工协作之前，每个小组由组长进行角色指派。

2. 系统中分配角色

以组长身份登录 D-FSSC1.0，进入学习任务 "G. 资金结算共享 > 17. 收款 / 付款合同

结算 > 构建测试", 单击 "2. 分配角色" 学习步骤, 按照指派的角色在系统中进行拖拽授权, 授权结束后单击 "完成设置" 按钮保存。

（三）协作处理

1. 签订收款合同

本课程所涉及的 NC Cloud 功能菜单

（1）录入收款合同。以 "业务财务" 角色的组员身份登录 D-FSSC1.0, 进入学习任务 "G. 资金结算共享 > 17. 收款 / 付款合同结算 > 构建测试", 单击 "4. 协作处理" 学习步骤。单击 "业务财务" 角色头像图标, 并选择进入 NC Cloud 轻量端, 然后单击 "收付款合同 > 收款合同管理" 快捷入口, 进入 NC Cloud 收款合同管理页面。单击右上角的 "新增" 按钮, 进入 NC Cloud 收款合同录入页面。按照【例 7-5】中的测试用例及相关原始凭证进行填报（如图 7-14 所示）。"计划金额计算方式" 可以保留默认的 "按比例计算"；"本方银行账号" 要选择鸿途集团水泥有限公司收入户（即预置的账号较小的那个银行账户）；"物料" 要选择 "培训服务"。填报完毕后单击右上方 "保存" 按钮进行保存。

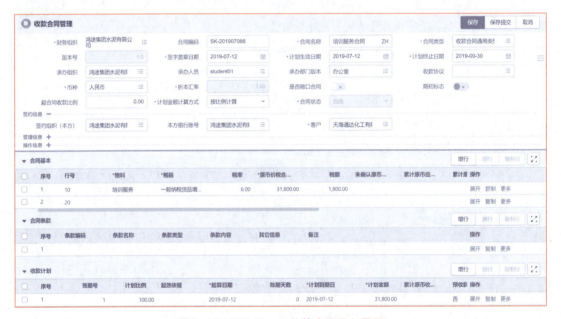

图 7-14　NC Cloud 收款合同录入界面

（2）扫描上传收款合同原始凭证。在图 7-14 中保存了收款合同后, 单击右上角 "更多 > 影像管理 > 影像扫描" 菜单, 便可扫描上传收款合同物理单据（如纸质合同）的电子影像。扫描完成后, 单击右上角的 "提交" 按钮, 将收款合同提交。

（3）财务经理审批收款合同。以 "财务经理" 角色的组员身份登录 D-FSSC1.0, 进入学习任务 "G. 资金结算共享 > 17. 收款 / 付款合同结算 > 构建测试", 单击 "4. 协作处理" 学习步骤。单击 "财务经理" 角色头像图标, 并选择进入 NC Cloud 轻量端, 在审批中心区域会发现有一个"未处理"状态的单据。单击"未处理"入口，找到步骤（2）所提交的待审批收款合同行，然后单击该行右侧的"财务经理角色＜批准＞"按钮，便可完成收款合同的审批工作。

（4）FSSC 收款合同审批。以"档案综合岗"的角色登录 D-FSSC1.0，进入学习任务"G. 资金结算共享＞17. 收款/付款合同结算＞构建测试"，单击"4. 协作处理"学习步骤。单击"档案综合岗"角色头像图标，并选择进入 NC Cloud 轻量端，NC Cloud 会进入FSSC 作业平台看板页面。单击作业平台中的"我的作业＞提取任务"链接，便可依据本教材项目 03 中对 FSSC 进行系统初始设置时所设置的单据提取规则，进行待处理单据的提取工作。刷新作业平台看板页面，会发现"我的作业＞待处理"单据数量从 0 变成了 1。单击"我的作业＞待处理"链接，NC Cloud 轻量端将进入"我的作业"作业列表页面。单击"单据编码"列的链接，便可进入收款合同 FSSC 审核界面。单击右上角"更多＞影像管理＞影像查看"菜单，可以查看前序环节扫描上传的原始凭证影像；单击"批准"按钮，批准所提取的收款合同。

（5）FSSC 收款合同生效。档案综合岗批准收款合同后，在收款合同管理页面中单击右上角"执行＞生效"菜单，该收款合同才能正式生效。

2. 收款合同应收挂账

在业务实务中，当与服务购买方（即本例中的天海通达化工有限公司）协商一致、对方同意结算后，服务提供方（即本例中的鸿途集团水泥有限公司）会开具发票并启动付款合同应付账款立账（或称挂账）流程，确认对付款方的应收账款。

（1）依收款合同生成应收单。以"业务财务"的角色登录 D-FSSC1.0，进入学习任务"G. 资金结算共享＞17. 收款/付款合同结算＞构建测试"，单击"4. 协作处理"学习步骤。单击"业务财务"角色头像图标，并选择进入 NC Cloud 轻量端。单击"销售业务＞应收单管理"快捷入口，NC Cloud 进入应收单管理页面。单击右上角"新增＞收款合同"菜单，NC Cloud 进入"选择合同"页面。左上角"财务组织"选择鸿途集团水泥有限公司，"制单日期"选择"去年~今年"，单击"查询"按钮，NC Cloud 将列出符合条件的收款合同。勾选步骤"1. 签订收款合同"中生效的收款合同，然后单击右下角"生成单据"按钮，NC Cloud 便根据所选中的收款合同生成相应的应收单。在应收单管理页面中，单击右上角的"保存"按钮保存应收单。

（2）扫描上传发票影像并提交应收单。业务财务保存应收单后，在应收单管理页面单击右上角"更多＞影像管理＞影像扫描"菜单，便可扫描上传原始凭证（如本单位所开具的增值税专用发票的记账联等）的电子影像。扫描完成后，单击右上角的"提交"按钮提交应收单。

（3）财务经理审批应收单。以"财务经理"的角色登录 D-FSSC1.0，进入学习任务"G. 资金结算共享＞17. 收款/付款合同结算＞构建测试"，单击"4. 协作处理"学习步骤。单击"财务经理"角色头像图标，并选择进入 NC Cloud 轻量端，在审批中心区域会发现有一个"未处理"状态的单据。单击"未处理"入口，找到步骤（2）所提交的待审批应收单，单击该行的"财务经理角色＜批准＞"按钮，可完成应收单的审批工作。

（4）FSSC 应收单作业处理。以"应收审核岗"的角色登录 D-FSSC1.0，进入学习任务"G. 资金结算共享 > 17. 收款 / 付款合同结算 > 构建测试"，单击"4. 协作处理"学习步骤。单击"应收审核岗"角色头像图标，并选择进入 NC Cloud 轻量端。NC Cloud 会进入 FSSC 作业平台看板页面。单击作业平台中的"我的作业 > 提取任务"链接，便可依据本教材项目 03 中对 FSSC 进行系统初始设置时所设置的单据提取规则，进行待处理单据的提取工作。刷新作业平台看板页面，会发现"我的作业 > 待处理"单据数量从 0 变成了 1。单击"我的作业 > 待处理"链接，NC Cloud 轻量端将进入"我的作业"作业列表页面。单击"单据编码"列的链接，便可进入应收单 FSSC 审核界面。应收审核岗单击"批准"按钮，批准所提取的应收单单据，NC Cloud 将自动生成收款合同应收挂账的总账凭证。

（5）FSSC 应收挂账总账凭证审核。以"总账主管岗"角色的组员身份登录 D-FSSC1.0，进入学习任务"G. 资金结算共享 > 17. 收款 / 付款合同结算 > 构建测试"，单击"4. 协作处理"学习步骤。单击"总账主管岗"角色头像图标，并选择进入 NC Cloud 轻量端。然后单击"凭证管理"页签下的"凭证审核"快捷入口，进入 NC Cloud 的凭证审核页面。左上角"财务核算账簿"选择鸿途集团水泥有限公司的基准账簿，"制单日期"可以选择"去年~今年"，NC Cloud 将列出所有符合条件的待审核记账凭证。找到新生成的收款合同应收挂账记账凭证并双击，NC Cloud 便打开该凭证的详细页面（如图 7-15 所示）。总账主管岗可以在凭证详细页面中单击右上角的"审核"按钮进行该记账凭证的审核。

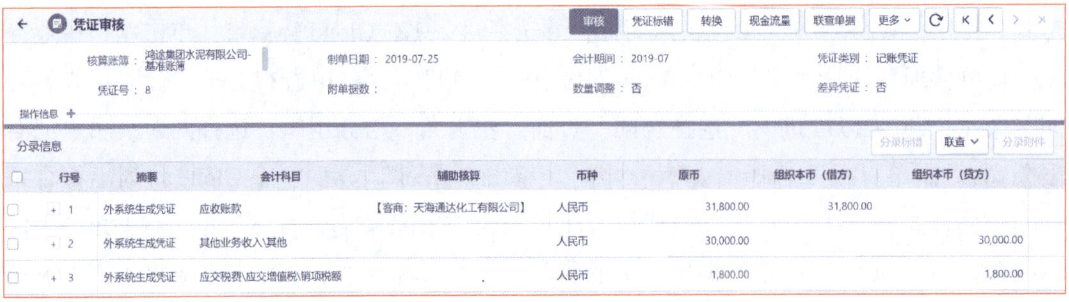

图 7-15　收款合同应收挂账记账凭证明细页面

3. 收款合同收款结算

（1）依应收单生成收款单。以"业务财务"的角色登录 D-FSSC1.0，进入学习任务"G. 资金结算共享 > 17. 收款 / 付款合同结算 > 构建测试"，单击"4. 协作处理"学习步骤。单击"业务财务"角色头像图标，并选择进入 NC Cloud 轻量端。单击"销售业务 > 收款单管理"快捷入口，NC Cloud 进入收款单管理页面。单击右上角"新增 > 应收单"

菜单，NC Cloud 进入"选择应收单"页面。左上角"财务组织"选择鸿途集团水泥有限公司，"单据日期"选择"去年～今年"，单击"查询"按钮，NC Cloud 将列出符合条件的应收单。选中步骤"2. 收款合同应收挂账"所审核通过的应收单，单击右下角"生成下游单据"按钮，便可生成收款单并进入收款单管理页面。依据银行收款电子回单上的信息，在收款单管理页面中补充必填的数据项："结算方式"选择"网银"方式；"收款银行账户"选择鸿途集团水泥有限公司的收入户（即银行账号较小的账户）；"付款银行账户"选择付款合同上甲方企业（即客户企业）天海通达化工有限公司的账户（如图 7-16 所示）。单击右上角"保存提交"按钮提交收款单。

图 7-16　NC Cloud 收款合同收款结算的收款单

【特别说明】

图 7-16 中的"部门"默认会填入当前用户的所属部门。本例中提供培训服务的部门是综合部办公室，因此"部门"可以选择"综合部办公室＞办公室"，这样生成的记账凭证可以辅助核算到该部门，可以作为部门绩效或收入考核的依据。

（2）扫描上传银行回单影像并提交收款单。业务财务保存收款单后，在收款单管理页面单击右上角"更多＞影像管理＞影像扫描"菜单，便可扫描上传原始凭证（如本例中银行收款入账电子回单）的电子影像。扫描完成后，单击右上角的"提交"按钮提交收款单。

（3）财务经理审批收款单。以"财务经理"的角色登录 D-FSSC1.0，进入学习任务"G. 资金结算共享＞17. 收款 / 付款合同结算＞构建测试"，单击"4. 协作处理"学习步骤。单击"财务经理"角色头像图标，并选择进入 NC Cloud 轻量端，在审批中心区域会发现有一个"未处理"状态的单据。单击"未处理"入口，找到步骤（2）所提交的待审批收款单，单击该行的"财务经理角色＜批准＞"按钮，即可完成收款单的审批工作。

（4）FSSC 审核收款单。以"应收审核岗"的角色登录 D–FSSC1.0，进入学习任务"G. 资金结算共享 > 17. 收款 / 付款合同结算 > 构建测试"，单击"4. 协作处理"学习步骤。单击"应收审核岗"角色头像图标，并选择进入 NC Cloud 轻量端。NC Cloud 会进入 FSSC 作业平台看板页面。单击作业平台中的"我的作业 > 提取任务"链接，便可依据本教材项目 03 中对 FSSC 进行系统初始设置时所设置的单据提取规则，进行待处理单据的提取工作。刷新作业平台看板页面，会发现"我的作业 > 待处理"单据数量从 0 变成了 1。单击"我的作业 > 待处理"链接，NC Cloud 轻量端将进入"我的作业"作业列表页面。单击"单据编码"列的链接，便可进入收款单 FSSC 审核界面。应收审核岗单击"批准"按钮，批准所提取的收款单单据，NC Cloud 将自动生成收款合同应收账款收款的总账凭证。

（5）FSSC 确认收款结算。以"中心出纳岗"角色的组员身份登录 D–FSSC1.0，进入学习任务"G. 资金结算共享 > 17. 收款 / 付款合同结算 > 构建测试"，单击"4. 协作处理"学习步骤。单击"中心出纳岗"角色头像图标，并选择进入 NC Cloud 轻量端，然后单击"结算处理"页签下的"结算"快捷入口，进入 NC Cloud 的结算页面。左上角"财务组织"选择鸿途集团水泥有限公司及其下属 16 家子公司，"业务单据日期"选择"去年~今年"，单击"查询"按钮并单击左侧"待结算"页签，NC Cloud 将查询出水泥板块待结算的所有业务单据列表。勾选上一步骤审核的收款单所对应的结算单据行，单击本行的"结算"链接或本页面右上方的"结算"按钮，确定收款结算完成。

（6）FSSC 收款合同收款结算总账凭证审核。以"总账主管岗"角色的组员身份登录 D–FSSC1.0，进入学习任务"G. 资金结算共享 > 17. 收款 / 付款合同结算 > 构建测试"，单击"4. 协作处理"学习步骤。单击"总账主管岗"角色头像图标，并选择进入 NC Cloud 轻量端。然后单击"凭证管理"页签下的"凭证审核"快捷入口，进入 NC Cloud 的凭证审核页面。左上角"财务核算账簿"选择鸿途集团水泥有限公司的基准账簿，"制单日期"可以选择"去年~今年"，NC Cloud 将列出所有符合条件的待审核记账凭证。找到新生成的收款合同收款结算记账凭证并双击，NC Cloud 便打开该凭证的详细页面（如图 7-17 所示）。总账主管岗可以在凭证详细页面中单击右上角的"审核"按钮进行该记账凭证的审核。

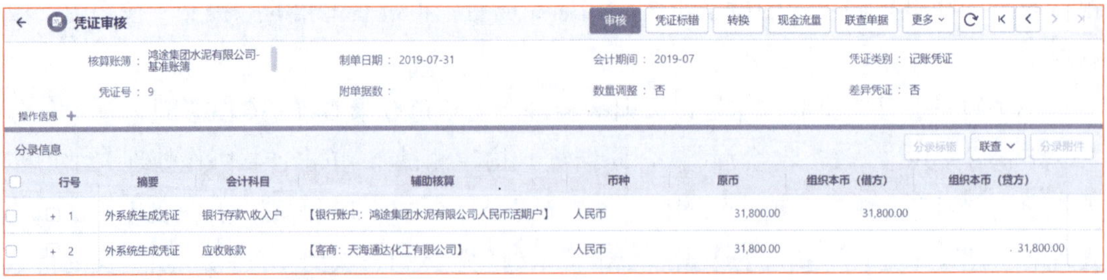

图 7-17　收款合同收款结算记账凭证明细页面

模块实训

（一）鸿途集团共享后付款合同结算作业处理

1. 启用预置的工作流

启用预置的鸿途集团共享后付款合同、应付单和付款单的工作流。

2. 完成协作处理实训

用下述测试用例，完成共享后付款合同结算的协作处理实训。

鸿途水泥付款合同结算共享实训用原始凭证

鸿途集团水泥有限公司销售处拟聘请广东万昌印刷包装有限公司为服务方，为本公司设计新产品广告文案。2019 年 7 月 1 日，双方签订了设计服务合同，合同主要信息如下：

合同名称：设计服务合同；

合同编码：FK-201907012；

合同甲方：鸿途集团水泥有限公司；

合同乙方：广东万昌印刷包装有限公司；

合同金额：5.30 万元，其中包括增值税税额 0.30 万元（增值税税率 6%）；

付款方式：在项目验收后一次性支付。

2019 年 7 月 15 日，鸿途集团水泥有限公司有关部门收到了合同乙方发来的设计方案并通过验收，同日收到乙方开具的增值税专用发票。7 月 20 日，鸿途集团水泥有限公司完成了付款流程。

（二）鸿途集团共享后收款合同结算作业处理

1. 启动预置的工作流

启用预置的鸿途集团共享后收款合同、应收单和收款单的工作流。

2. 完成协作处理实训

用下述测试用例，完成共享后收款合同结算的协作处理实训。

鸿途水泥收款合同结算共享实训用原始凭证

天海中天精细化工有限公司要设计和试制一种新型水泥石，特聘请鸿途集团水泥有限公司为其提供水泥石研制方法培训。2019 年 7 月 5 日，双方签订了商务合同，合同金额 4.24 万元（其中增值税税率 6%、增值税税额 0.24 万元）。合同主要信息如下：

合同名称：培训服务合同；

合同编码：SK-201907005；

合同甲方：天海中天精细化工有限公司；

合同乙方：鸿途集团水泥有限公司；

合同标的与金额：乙方为甲方提供水泥石研制方法培训，培训结束后收取含税金额 4.24 万元；

收款方式：培训结束后一次性收取。

2019 年 7 月 13 日至 2019 年 7 月 15 日，乙方交付了合同规定的培训任务并得到甲方的接受。乙方于 7 月 22 日向甲方开具了增值税专用发票；甲方于 2019 年 7 月 30 日通过网银支付了合同款项，同日乙方收到了银行收款入账的电子回单。

模块三　资金结算业务共享

一、共享前典型痛点

在实现财务共享服务前，资金结算都是在业务单元内部完成。从集团结算管理的角度考虑，集团企业共享前资金结算典型的痛点有：

（1）不能进行集团级统一的结算处理，无法满足付款应用的方便性。

（2）不能将资金支付与审批流程、CA 认证和数字签名等进行有效整合，无法满足付款的安全性。

二、资金结算共享需求分析

（一）共享后的功能要求

田螺水泥集团资金结算业务共享前流程

【例 7-6】田螺水泥集团资金结算业务在实施财务共享服务时，要求遵循如下需求或原则。

（1）员工罚款收入的处理：FSSC 系统中设置"营业外收入 – 罚款净收入"收支项目，FSSC 设置"人员"交易对象类型来表示与员工进行交易。

（2）行政性费用（如办公楼水电费）支出的处理：费用归口于"综合办公室"，FSSC 系统中采用"管理费用"下面的详细收支项目（如"管理费用 – 水费"）。

（3）田螺水泥集团的所有收付款，均以网银（银企直连）方式完成。

（4）田螺水泥集团选择的是单共享中心模式。

（二）共享后流程用到的业务单据

【例 7-7】田螺水泥集团基于用友 NC Cloud 实施资金结算业务共享时，所使用到的业务单据如表 7-3 所示。

表 7-3　田螺水泥集团资金结算业务共享的业务单据列表

序号	名称	是否进 FSSC	是否属于作业组工作	流程设计工具
1	付款结算单	Y	Y	工作流
2	收款结算单	Y	Y	工作流

三、共享后资金结算流程设计与 NC Cloud 配置

（一）共享后流程图设计

【例 7-8】　在田螺水泥集团资金结算业务现状流程的基础上，结合【例 7-6】、【例 7-7】所给出的财务共享需求及相关业务单据，根据企业财务职责和部门的调整情况、财务共享服务中心各作业组及其职责的初始配置情况，设计共享后的资金结算流程。

【解析】

1. 付款结算流程

图 7-18 是田螺水泥集团共享后付款结算流程的一种设计结果，设计依据见表 7-4。

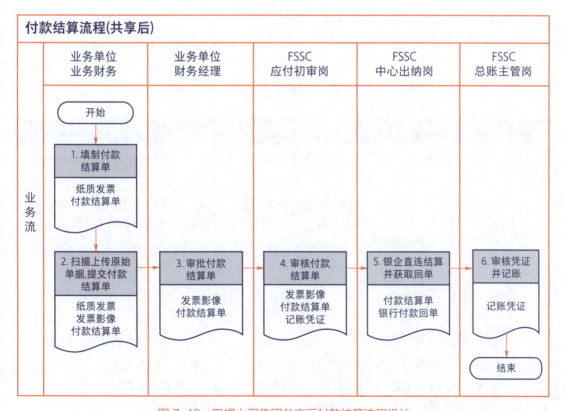

图 7-18　田螺水泥集团共享后付款结算流程设计

2. 收款结算流程

图 7-19 是田螺水泥集团共享后收款结算流程的一种设计结果，设计依据见表 7-4。

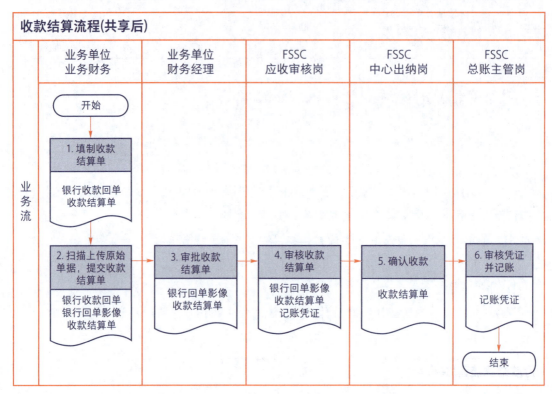

图 7-19　田螺水泥集团共享后收款结算流程设计

表 7-4　田螺水泥集团共享后资金结算流程设计依据

序号	共享前	共享后	设计依据
1	业务单元财务部结算会计发起资金结算流程	改由业务单元业务财务发起	业务单元只保留业务财务岗和财务经理岗
2	无	业务单元业务财务扫描上传影像	FSSC 与业务单元和原始凭证不在一起，要基于影像进行共享审核
3	无	FSSC 应付初审岗审核付款结算单	从应付初审岗开始，付款结算流程从业务单元进入 FSSC 环节
4	无	FSSC 应收审核岗审核收款结算单	从应收审核岗开始，收款结算流程从业务单元进入 FSSC 环节
5	业务单元财务部出纳通过网银进行结算	FSSC 中心出纳岗通过银企直连结算	资金结算实现了 FSSC 共享，同步建设了银企直连
6	业务单元财务部总账会计审核记账凭证	FSSC 总账主管岗审核记账凭证	集团实现了总账共享，总账会计职责不再隶属于业务单元

（二）NC Cloud 工作流配置

当共享后的资金结算流程设计出来以后，需要在 NC Cloud 中进行配置。

资金结算共享后流程构建演示视频

（1）进入 D-FSSC1.0 学习任务。以学生的账号登录 D-FSSC1.0 的学习中心，进入学习任务"G. 资金结算共享 > 18. 资金结算业务 > 构建测试"。

（2）以系统管理员角色进入系统配置任务步骤。单击"3. 系统配置"学习步骤，然后单击"系统管理员"角色头像。

（3）登录 NC Cloud 重量端。

（4）设置工作流。根据表 7-3，在资金结算共享后流程中，要设置付款结算单与收款结算单的工作流。双击 NC Cloud 重量端"功能导航"页签下面的"动态建模平台 > 流程管理 > 流程设计 > 工作流定义 – 集团"菜单，系统将打开工作流定义窗口。在左上角查询窗口中依次录入要设置工作流的业务单据名称，选中查询结果，单击"新增"按钮，便可进入图 4-10 所示的工作流定义窗口。可分别按照图 7-18 与图 7-19 设置付款结算单与收款结算单的工作流。

（三）启用 D-FSSC1.0 预置的工作流

D-FSSC1.0 为主付款结算单与主收款结算单分别预置了共享后的工作流，但尚未启用。在"工作流定义 – 集团"功能节点下，由于"F5 主付款结算单"是"D5 付款结算单"的父节点、"F4 主收款结算单"是"D4 收款结算单"的父节点，这些预置的工作流同样适用于付款结算单与收款结算单。学生可以不自行配置工作流，采用"项目 04、模块二"中所使用的方法（参照图 4-11），启用预置的工作流。

四、资金结算业务共享作业处理 – 付款结算

（一）测试用例

鸿途集团资金结算共享 – 付款结算举例的原始凭证

【例 7-9】2019 年 7 月 12 日，鸿途集团水泥有限公司向绿城物业服务集团有限公司缴纳上个月公司行政办公大楼水费，后者已经开具增值税专用发票、税率（征收率）3%。根据发票所记载的情况，上个月共使用了 5 000 立方米的自来水，自来水价格（含税）为每立方米 4.12 元。应缴纳的水费总金额为 20 600.00 元（不含税金额为 20 000.00 元）。

（二）角色分配

1. 确定组员分工

按照 D-FSSC1.0 预置的资金结算 – 付款结算端到端共享流程，需要参与操作的角色包括业务财务、财务经理、FSSC 应付初审岗、FSSC 中心出纳岗、FSSC 总账主管岗等。

在学生进行分工协作之前，每个小组由组长进行角色指派。

2. 系统中分配角色

以组长身份登录 D-FSSC1.0，进入学习任务"G. 资金结算共享 > 18. 资金结算业务 > 构建测试"，单击"2. 分配角色"学习步骤，按照指派的角色在系统中进行拖拽授权，授权结束后单击"完成设置"按钮保存。

（三）协作处理

1. 填制付款结算单

以"业务财务"角色的组员身份登录 D-FSSC1.0，进入学习任务"G. 资金结算共享 > 18. 资金结算业务 > 构建测试"，单击"4. 协作处理"学习步骤。单击"业务财务"角色头像图标，并选择进入 NC Cloud 轻量端，然后单击"现金结算 > 付款结算"快捷入口，进入 NC Cloud 付款结算页面。单击右上角"付款交易类型"按钮，并在弹出的付款交易类型对话框中选中"付款结算单"（如图 7-20 所示），单击"确定"按钮关闭付款交易类型对话框。

图 7-20　NC Cloud 付款结算前选择付款交易类型

再单击付款结算页面右上角的"新增"按钮，进入 NC Cloud 付款结算单录入页面。按照【例 7-9】中的测试用例进行填报："结算方式"选择网银（银企直连），"付款银行账户"选择鸿途集团水泥有限公司的支出户（即账号较大的银行账户），"交易对象类型"为供应商、并选择"绿城物业服务集团有限公司"这个供应商，"收款银行账户"选择供应商预置的银行账户，"详细信息"中的"收支项目"选择"管理费用 – 水费"（如图 7-21 所示）。填报完毕后单击右上方"保存"按钮进行保存。

图 7-21　NC Cloud 付款结算单录入页面

【特别提示】

图 7-21 中的"付款交易类型"是灰色的，不可输入或修改，需要先通过图 7-20 的方法进行选择。

2. 扫描上传付款发票并提交付款结算单

在图 7-21 中保存付款结算单后，单击右上角"更多 > 影像管理 > 影像扫描"菜单，便可扫描上传纸质付款发票（抵扣联和发票联）的电子影像。扫描完成后，单击右上角的"提交"按钮，将付款结算单提交。

3. 财务经理审批付款结算单

以"财务经理"角色的组员身份登录 D-FSSC1.0，进入学习任务"G. 资金结算共享 > 18. 资金结算业务 > 构建测试"，单击"4. 协作处理"学习步骤。单击"财务经理"角色头像图标，并选择进入 NC Cloud 轻量端，在审批中心区域会发现有一个"未处理"状态的单据。单击"未处理"入口，找到步骤"1. 填制付款结算单"所提交的待审批付款结算单这一行，然后单击该行右侧的"财务经理角色 < 批准 >"按钮，便可完成付款结算单的审批工作。

4. FSSC 付款结算单作业处理

以"应付初审岗"的角色登录 D-FSSC1.0，进入学习任务"G. 资金结算共享 > 18. 资金结算业务 > 构建测试"，单击"4. 协作处理"学习步骤。单击"应付初审岗"角色头像图标，并选择进入 NC Cloud 轻量端。NC Cloud 会进入 FSSC 作业平台看板页面。单击作业平台中的"我的作业 > 提取任务"链接，便可依据本教材项目 03 中对 FSSC 进行系统初始设置时所设置的单据提取规则，进行待处理单据的提取工作。刷新作业平台看板页面，单击"我的作业 > 待处理"链接，NC Cloud 轻量端将进入"我的作业"作业列表页面。单击"单据编码"列的链接，便可进入付款结算单 FSSC 审核界面。

应付初审岗单击右上角"更多 > 影像管理 > 影像查看"菜单，可以查看前序环节扫描上传的原始凭证影像；单击"批准"按钮，批准所提取的付款结算单。

5. FSSC 付款结算单银企直连结算

以"中心出纳岗"角色的组员身份登录 D-FSSC1.0，进入学习任务"G. 资金结算共享 > 18. 资金结算业务 > 构建测试"，单击"4. 协作处理"学习步骤。单击"中心出纳岗"角色头像图标，并选择进入 NC Cloud 轻量端，然后单击"结算处理"页签下的"结算"快捷入口，进入 NC Cloud 的结算页面。左上角"财务组织"选择鸿途集团水泥有限公司及其下属 16 家子公司，"业务单据日期"选择"去年~今年"，单击"查询"按钮并单击左侧"待结算"页签，NC Cloud 将查询出水泥板块待结算的所有业务单据列表。选中需要支付的单据行，单击右上方的"支付 > 网上转账"并确定进行网上支付，则系统便完成了"银企直连"模式下的付款结算单支付结算操作。

6. 审核付款结算单支付结算的总账凭证

以"总账主管岗"角色的组员身份登录 D-FSSC1.0，进入学习任务"G. 资金结算共享 > 18. 资金结算业务 > 构建测试"，单击"4. 协作处理"学习步骤。单击"总账主管岗"角色头像图标，并选择进入 NC Cloud 轻量端。然后单击"凭证管理"页签下的"凭证审核"快捷入口，进入 NC Cloud 的凭证审核页面。左上角"财务核算账簿"选择鸿途集团水泥有限公司的基准账簿，"制单日期"可以选择"去年~今年"，NC Cloud 将列出所有符合条件的待审核记账凭证。找到新生成的付款结算单支付结算的记账凭证并双击，NC Cloud 便打开该凭证的详细页面（如图 7-22 所示）。总账主管岗可以在凭证详细页面中单击右上角的"审核"按钮进行该记账凭证的审核。

图 7-22　付款结算单支付结算的记账凭证明细页面

五、资金结算共享作业处理 - 收款结算

鸿途集团资金结算共享 - 收款结算举例的原始凭证

（一）测试用例

【例 7-10】鸿途集团水泥有限公司销售员李军，在公司 2019 年 7 月 12 日召开全员工作会议时无故缺席，被罚款 500 元。7 月 15 日，李军已经通过

网银将罚款转入公司收入账户。

（二）角色分配

1. 确定组员分工

按照 D–FSSC1.0 预置的资金结算 – 收款结算共享流程，需要参与操作的角色包括业务财务、财务经理、FSSC 应收审核岗、FSSC 中心出纳岗、FSSC 总账主管岗等。在学生进行分工协作之前，每个小组由组长进行角色指派。

2. 系统中分配角色

以组长身份登录 D–FSSC1.0，进入学习任务"G. 资金结算共享 > 18. 资金结算业务 > 构建测试"，单击"2. 分配角色"学习步骤，按照指派的角色在系统中进行拖拽授权，授权结束后单击"完成设置"按钮保存。

（三）协作处理

1. 填制收款结算单

以"业务财务"角色的组员身份登录 D–FSSC1.0，进入学习任务"G. 资金结算共享 > 18. 资金结算业务 > 构建测试"，单击"4. 协作处理"学习步骤。单击"业务财务"角色头像图标，并选择进入 NC Cloud 轻量端，然后单击"现金管理 > 收款结算"快捷入口，进入 NC Cloud 收款结算页面。单击右上角"收款交易类型"按钮，并在弹出的收款交易类型对话框中选中"收款结算单"，单击"确定"按钮关闭收款交易类型对话框。

再单击收款结算页面右上角的"新增"按钮，进入 NC Cloud 收款结算单录入页面。按照【例 7–10】中的测试用例进行填报："结算方式"选择网银，"收款银行账户"选择鸿途集团水泥有限公司的收入户（即账号较小的银行账户），"交易对象类型"为"人员"（企业内部员工），"业务员"选择员工编号为 z001038 的员工（李军），"付款银行账号"选择员工"李军"预置的银行账户，"详细信息"中的"收支项目"选择"营业外收入 – 罚款净收入"（如图 7–23 所示）。填报完毕后单击右上方"保存"按钮进行保存。

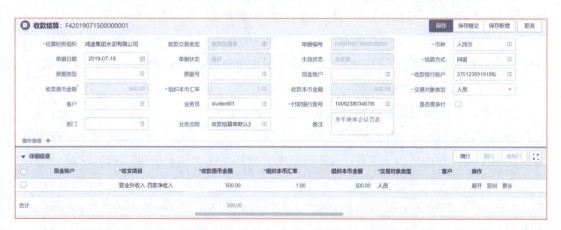

图 7-23　NC Cloud 收款结算单录入页面

【特别说明】

D-FSSC1.0 采用了"单点登录"技术，也就是说会把学生登录信息自动绑定到系统中预置的员工或用户。图 7-23 中设置"业务员"时，可能姓名已经不是"李军"、而是一个学生的姓名，这说明该学生以李军（销售员）的角色操作过 NC Cloud。此时使用员工编号选择就可以了，不用担心姓名问题。

2. 扫描上传收款银行回单并提交收款结算单

在图 7-23 中保存收款结算单后，单击右上角"更多 > 影像管理 > 影像扫描"菜单，便可扫描上传纸质原始凭证（本例中的银行回单）的电子影像。扫描完成后，单击右上角的"提交"按钮，将收款结算单提交。

3. 财务经理审批收款结算单

以"财务经理"角色的组员身份登录 D-FSSC1.0，进入学习任务"G.资金结算共享 > 18.资金结算业务 > 构建测试"，单击"4.协作处理"学习步骤。单击"财务经理"角色头像图标，并选择进入 NC Cloud 轻量端，在审批中心区域会发现有一个"未处理"状态的单据。单击"未处理"入口，找到步骤"2.扫描上传收款银行回单并提交收款结算单"所提交的待审批收款结算单这一行，然后单击该行右侧的"财务经理角色 < 批准 >"按钮，便可完成收款结算单的审批工作。

4. FSSC 收款结算单作业处理

以"应收审核岗"的角色登录 D-FSSC1.0，进入学习任务"G.资金结算共享 > 18.资金结算业务 > 构建测试"，单击"4.协作处理"学习步骤。单击"应收审核岗"角色头像图标，并选择进入 NC Cloud 轻量端。NC Cloud 会进入 FSSC 作业平台看板页面。单击作业平台中的"我的作业 > 提取任务"链接，便可依据本教材项目 03 中对 FSSC 进行系统初始设置时所设置的单据提取规则，进行待处理单据的提取工作。刷新作业平台看板页面，单击"我的作业 > 待处理"链接，NC Cloud 轻量端将进入"我的作业"作业列表页面。单击"单据编码"列的链接，便可进入收款结算单 FSSC 审核界面。

应收审核岗单击右上角"更多 > 影像管理 > 影像查看"菜单，可以查看前序环节扫描上传的原始凭证影像；单击"批准"按钮，批准所提取的收款结算单。

5. FSSC 确认收款结算单收款到账

以"中心出纳岗"角色的组员身份登录 D-FSSC1.0，进入学习任务"G.资金结算共享 > 18.资金结算业务 > 构建测试"，单击"4.协作处理"学习步骤。单击"中心出纳岗"角色头像图标，并选择进入 NC Cloud 轻量端，然后单击"结算处理"页签下的"结算"快捷入口，进入 NC Cloud 的结算页面。左上角"财务组织"选择鸿途集团水泥有限公司及其下属 16 家子公司，"业务单据日期"选择"去年～今年"，单击"查询"按钮并单击左侧"待结算"页签，NC Cloud 将查询出水泥板块待结算的所有业务单据列表。勾选上一步骤审核的收款结算单所对应的单据行，单击本行的"结算"链接或本页面右上方的"结算"按钮，确定收款结算单结算完成。

6. 审核收款结算单收款结算的总账凭证

以"总账主管岗"角色的组员身份登录 D-FSSC1.0，进入学习任务"G. 资金结算共享 > 18. 资金结算业务 > 构建测试"，单击"4. 协作处理"学习步骤。单击"总账主管岗"角色头像图标，并选择进入 NC Cloud 轻量端。然后单击"凭证管理"页签下的"凭证审核"快捷入口，进入 NC Cloud 的凭证审核页面。左上角"财务核算账簿"选择鸿途集团水泥有限公司的基准账簿，"制单日期"可以选择"去年~今年"，NC Cloud 将列出所有符合条件的待审核记账凭证。找到新生成的收款结算单收款结算的记账凭证并双击，NC Cloud 便打开该凭证的详细页面（如图 7-24 所示）。总账主管岗可以在凭证详细页面中单击右上角的"审核"按钮进行该记账凭证的审核。

图 7-24　收款结算单收款结算的记账凭证明细页面

模块实训

（一）鸿途集团资金结算共享后付款结算作业处理

（1）启用预置的鸿途集团共享后付款结算单的工作流。

（2）用下述测试用例，完成资金结算共享后付款结算的协作处理实训。2019 年 7 月 5 日，鸿途集团水泥有限公司向绿城物业服务集团有限公司缴纳上个月公司行政办公大楼水费，后者已经开具增值税专用发票、税率（征收率）3%。根据发票所记载的情况，上个月应缴纳的水费总金额为 36 676.24 元（不含税金额为 35 608.00 元）。

鸿途水泥资金结算共享－付款结算实训用原始凭证

（二）鸿途集团资金结算共享后收款结算作业处理

（1）启用预置的鸿途集团资金结算共享后收款结算单的工作流。

（2）用下述测试用例，完成资金结算共享后收款结算的协作处理实训。鸿途集团水泥有限公司综合办公室经理杨天波（员工编号 z002032），在公司 2019 年 7 月 8 日召开中层干部工作会议时无故缺席，被罚款 300 元。7 月 8

鸿途水泥资金结算共享－收款结算实训用原始凭证

日，杨天波已经通过网银将罚款转入公司收入账户。

思维导图

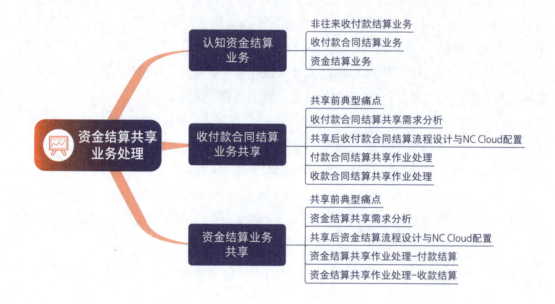

项目 08　财资管理共享业务处理

◢ **学习目标** ┃---■■■

知识目标 ● 熟悉集团资金管理基本概念

● 理解资金计划、资金上收下拨、外部委托付款的概念

● 了解集团资金管理的结算中心模式

技能目标 ● 能填报企业的资金计划并完成审批

● 能完成集团结算中心资金上收下拨业务流程操作

● 能完成委托集团结算中心外部付款业务流程操作

素养目标 ● 培养学生面对工作困难时主动学习、积极向上的精神

● 培养学生熟悉企业集团资金管理制度，实施会计监督

模块一　认知财资管理业务

一、资金管理

在企业生产经营过程中，企业管理者利用各种管理工具与方法，实现对"人、财、物"的有效控制与管理。其中"财"即"资金"，既是企业生存所需的资源，也是企业的经营成果，贯穿于企业整个生产经营活动过程中，是企业管理活动的核心。

资金管理是企业（财务）管理的重要组成部分，是通过精确的组织、计划、控制、信息获取和考核等管理手段，对企业资金运动的全过程进行有效的管理，包括合理地筹集资金、高效率地运用资金、有效地控制资金、降低资金成本，进而帮助企业获得竞争优势、实现企业价值最大化。

二、资金计划

资金计划，是对未来一定时期内的资金结存、流入、流出、盈缺、筹措进行的统筹安排。编制资金计划，可以形成资金的事前控制。

在计划执行过程中，根据事先核准的支出计划对资金流出进行提示或控制，形成事中控制。计划执行后，将执行情况与计划进行对比分析，找出差异和原因，可以做到事后分析。

三、集团资金管理的结算中心模式

（一）结算中心模式的概念

通常在集团财务部门设立结算中心，专门办理集团内部各成员公司的资金收付及往来结算业务。各成员公司根据结算中心预先核定的资金存量限额，必须将高于限额的资金转入结算中心的银行账户，结算中心集中管理集团和各成员公司的资金。结算中心核定各成员公司日常所需资金后，统一拨付至各成员公司，并监控货币资金的使用。为获得更好的银行服务与融资，结算中心需统一对外协调银行关系和筹措资金，办理各成员公司之间的往来结算，以减少资金沉淀，提高资金利用效率和效益。另外，各成员公司都有自己的财务部门，有独立的账号（通常是二级账号）进行独立核算，因此，结算中心模式并不意味着将各成员公司的全部资金完全集中到集团总部，而是资金流动、投资和融资、关联结算等事项的决策集中化，各成员公司依然拥有较大的资金经营权和决策权。

（二）结算中心模式下的内外部账户

结算中心外部账户，是在集团外部商业银行开立的、结算中心用来统收成员单位资金的总账户，初始金额为 0。

成员单位外部账户，是集团下属的成员单位在集团外部商业银行开立的、用以对外部进行资金收付的账户；成员单位内部账户，是集团下属的成员单位在结算中心开立的、用以记录成员单位存放于结算中心的资金变动的账户，不能直接对集团外部进行收付结算，初始金额为 0。成员单位的银行存款总余额，是成员单位外部账户余额与内部账户余额之和。

开始时结算中心外部账户余额与各成员单位内部账户余额均为 0，因此式 8-1 成立，且不论后续发生何种资金管理操作，式 8-1 永远成立。

结算中心外部账户余额 = 各成员单位内部账户余额之和　　　　（式 8-1）

四、结算中心资金上收与下拨

资金上收，也称为资金归集，指结算中心代表集团，将成员单位外部银行账户的资金，归集（转账）到集团结算中心外部银行账户的业务处理，同时等额增加成员单位内部账户余额。资金上收业务中，结算中心外部账户余额及成员单位内部账户余额增加同样的金额，因此，式 8-1 依然成立。

资金下拨，指结算中心代表集团，将集团结算中心外部银行账户的资金，划拨到成员单位外部银行账户，同时等额减少成员单位内部账户余额的业务处理。资金下拨业务中，因为集团结算中心外部账户余额及成员单位内部账户余额减少同样的金额，因此，式 8-1 依然成立。

资金上收和下拨，是集团资金管理中进行资金调度的重要手段。资金下拨时，可以按照资金计划的金额下拨，也可以由业务单位在资金计划范围内申请下拨。

五、结算中心外部委托付款

外部委托付款，简称委托付款，是指由成员单位（委托方）在内部账户上发起的、经审批后由结算中心外部账户实际对外支付的支付方式。

外部委托付款需要从委托方的内部账户发起，发起后委托方内部账户暂时冻结相应金额；当结算中心外部账户实际付款成功时，扣减委托方内部账户相应金额。外部委托付款业务中，因为集团结算中心外部账户余额及成员单位内部账户余额减少同样的金额，因此，式 8-1 依然成立。

🔧 模块实训 ┠----------------------------------

本模块的 2 个实训任务均为组员个人实训。

（一）绘制共享前资金上收与下拨典型流程图

参照扩展二维码资源中阅读文档"共享前资金上收下拨典型流程图"，每个组员都独立使用 Microsoft Visio 重新绘制共享前资金上收下拨典型流程图。

共享前资金上收下拨典型流程图

（二）绘制共享前外部委托付款典型流程图

参照扩展二维码资源中阅读文档"共享前外部委托付款典型流程图"，每个组员都独立使用 Microsoft Visio 重新绘制共享前外部委托付款典型流程图。

共享前外部委托付款典型流程图

模块二　资金上收下拨业务共享

一、共享前典型痛点

（一）集团资金分散管理模式的特点

在实现财务共享服务前，如果采用的集团资金管理模式以分散管理为主，则集团资金管理的主要特点包括：

（1）各子公司作为独立法人主体，独立开设银行账户用于各种资金结算业务。

（2）各子公司有权独立办理各种资金结算业务，包括资金的收取、资金的支付等，拥有独立的资金支配权和使用权。

（3）各子公司拥有独立的融资权，可以独立通过银行借款等手段进行融资，并可独立取得银行的授信。

（二）集团资金分散管理模式的典型痛点

采用集团资金分散管理模式，典型的痛点有：

（1）无法实时掌握企业分散在全球各地、多家银行、多级成员企业的资金状况，集团无法进行统一监控和管理。

（2）集团无法实时掌握企业未来资金流入流出预测以及资金缺口。

（3）集团无法通过企业内的资金合理调配提高集团整体资金使用效率。

二、资金上收下拨业务共享后流程

【例8-1】　田螺水泥集团在实施财务共享服务前，资金管理采用分散管理模式。在实施财务共享服务时，同步建立集团结算中心。共享后的资金上收与资金下拨流程分别如图8-1和图8-2所示，所用到的业务单据如表8-1所示。

表8-1　田螺水泥集团资金上收下拨业务共享的业务单据列表

序号	名称	是否进FSSC	是否属于作业组工作	流程设计工具
1	上缴单	N	—	审批流
2	上收单	N	—	审批流
3	上收回单	N	—	—

续表

序号	名称	是否进 FSSC	是否属于作业组工作	流程设计工具
4	下拨申请单	N	—	审批流
5	下拨申请核准	N	—	—
6	下拨单	N	—	审批流
7	下拨回单	N	—	—

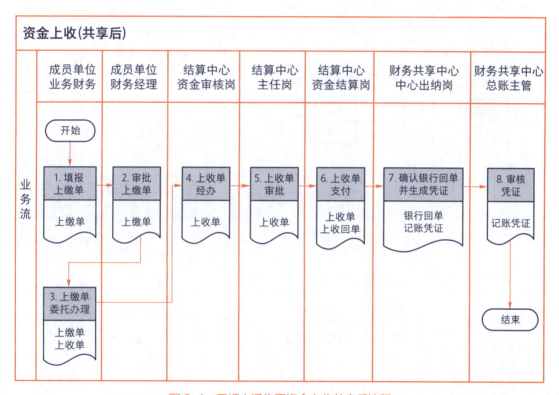

图 8-1　田螺水泥集团资金上收共享后流程

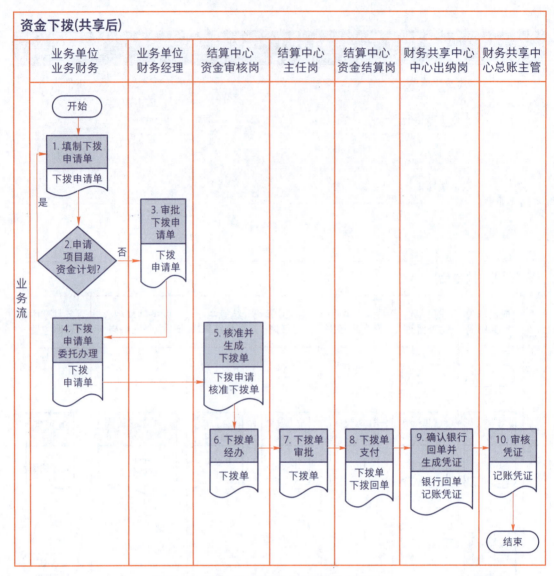

图 8-2　田螺水泥集团资金下拨共享后流程

三、资金计划编制及上收下拨业务共享作业处理

（一）启用 D-FSSC1.0 预置的审批流

D-FSSC1.0 为下拨申请单、上收单、上缴单、下拨单分别预置了一个审批流，但尚未启用。以系统管理员身份进入 NC Cloud 重量端，双击"功能导航"页签下面的"动态建模平台 > 流程管理 > 流程设计 > 审批流定义 - 集团"菜单，系统将打开审批流定义窗口。在左上角查询窗口中依次录入下拨申请单、上收单、上缴单、下拨单，分别选中查询结果并在右侧选中已经预置的审批流，然后单击顶部"启用 > 启用"菜单。

（二）资金计划编制

1. 测试用例

【例 8-2】　鸿途集团水泥有限公司 2019 年 7 月份的资金计划如表 8-2 所示。2019 年 7 月 1 日，鸿途集团水泥有限公司的业务财务进行该资金计划的编制工作。

表 8-2　例 8-2 中 2019 年 7 月的资金支出计划

计划项目	计划支出金额 / 元
薪酬支出	5 000 000.00
费用支出	800 000.00

要求：在 D-FSSC1.0 中，分组完成上述资金计划的编制、审批及控制方案启用操作。

2. 角色分配

（1）确定组员分工。按照 D-FSSC1.0 预置的资金计划编制流程，需要参与操作的角色包括业务财务、财务经理。在学生进行分工协作之前，每个小组由组长进行角色指派。

（2）系统中分配角色。以组长身份登录 D-FSSC1.0，进入学习任务"H. 财资管理 > 20. 资金上收下拨业务 > 构建测试"，单击"2. 分配角色"学习步骤，按照指派的角色在系统中进行拖拽授权，授权结束后单击"完成设置"按钮保存。

本课程所涉及的 NC Cloud 功能菜单

3. 协作处理

（1）选择资金计划任务。以"业务财务"角色的组员身份登录 D-FSSC1.0，进入学习任务"H. 财资管理 > 20. 资金上收下拨业务 > 构建测试"，单击"4. 协作处理"学习步骤。单击"业务财务"角色头像图标，并选择进入 NC Cloud 重量端，单击左上角的系统菜单图标，打开"财资管理 > 资金计划 > 计划编制 > 资金计划编制"菜单，进入计划编制界面。在左侧"任务"选择"资金支出月度计划（薪酬费用）"，"下拨付款单位"选择鸿途结算中心，"下拨收款单位"选择鸿途集团水泥有限公司，"年"选择"2019 年"，"月"选择"7 月"等，系统查出有一个资金计划任务（如图 8-3 左侧上方的"维度树"区域所示）。

资金计划编制演示视频

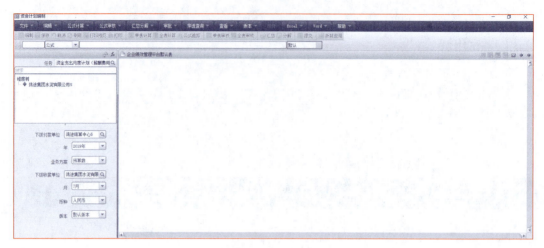

图 8-3　选择资金计划任务

【特别提示】

因为 D-FSSC1.0 给每个小组配置了一套独立的集团数据，图 8-3 中"下拨收款单位"选择业务单元时，一定要确保后续的分组编号与"下拨付款单位"中的分组编号，与自己所在的组号相一致。如图 8-3 中的"5"，表示本书撰写者是以第 5 组的学生账号进行系统操作和截图。

（2）编制资金支出月度计划。单击图 8-3 左上角"维度树"中的业务单元，系统将显示资金支出月度计划（薪酬费用）的编制窗口。单击左上角的"编制"按钮，然后根据表 8-2 中给出的资金计划数据，可逐一输入鸿途集团水泥有限公司 2019 年 7 月份 2 个资金计划项目的资金支出月度计划金额（如图 8-4 所示）。编辑完成后，单击左上角的"保

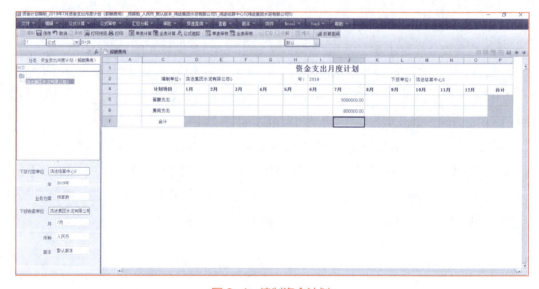

图 8-4　编制资金计划

存"按钮进行保存，然后单击顶部的"提交"按钮进行提交，提交时可以录入上报意见。

【特别提示】

编制资金计划时，如果已经录入了计划金额，图8-4中的"合计"行也只有在单击左上角的"刷新"按钮后才计算并显示出合计结果。

（3）审批资金支出月度计划。以"财务经理"角色的组员身份登录 D-FSSC1.0，进入学习任务"H.财资管理 > 20.资金上收下拨业务 > 构建测试"，单击"4.协作处理"学习步骤。单击"财务经理"角色头像图标，并选择进入 NC Cloud 重量端，单击左上角的系统菜单图标，打开"财资管理 > 资金计划 > 计划审阅 > 计划审批"菜单，进入资金计划审批界面。勾选上一步骤编制的资金计划并单击左上角的"审批"按钮，完成资金计划的审批工作（如图8-5所示）。审批时可以输入审批意见。

图 8-5　审批资金计划

（4）启用控制方案。财务经理单击左上角的系统菜单图标，然后打开"财资管理 > 资金计划 > 计划监控 > 控制方案"菜单，勾选上一步骤所审批通过的资金计划，单击左上角"启用方案"按钮（如图8-6所示）。此后鸿途集团水泥有限公司的资金支付将受到资金计划的控制。

图 8-6　启用控制方案

（三）资金上收

1. 测试用例

【例8-3】 2019年7月18日，鸿途集团各成员公司收到客户回款明细如表8-3所示。各公司收到客户款项后，按照集团资金管理规定，将全部款项归集到各公司在结算中心的外部银行账户。

鸿途集团2019年7月18日资金上收原始凭证

表 8-3　鸿途集团 2019 年 7 月 18 日资金上收表

收款方	鸿途集团水泥有限公司	收到货款 / 元	678 000.00
客户名称	天海集团总公司	上缴资金 / 元	678 000.00

2. 角色分配

（1）确定组员分工。按照 D-FSSC1.0 预置的资金上收流程（参见图 8-1），需要参与操作的角色包括业务财务、财务经理、资金审核岗、结算中心主任、资金结算岗、中心出纳岗、总账主管岗。在学生进行分工协作之前，每个小组由组长进行角色指派。

（2）系统中分配角色。以组长身份登录 D-FSSC1.0，进入学习任务"H.财资管理 > 20.资金上收下拨业务 > 构建测试"，单击"2.分配角色"学习步骤，按照指派的角色在系统中进行拖拽授权，授权结束后单击"完成设置"按钮保存。

（3）启用预置的鸿途集团共享后上缴单和上收单的审批流。

3. 协作处理

（1）填报上缴单。以"业务财务"的角色登录 D-FSSC1.0，进入学习任务"H.财资管理 > 20.资金上收下拨业务 > 构建测试"，单击"4.协作处理"学习步骤。单击"业务财务"角色头像图标，并选择进入 NC Cloud 轻量端。单击"资金上收下拨 > 上缴单"快捷入口，NC Cloud 进入上缴单管理页面。单击顶部"新增"按钮，系统将进入上缴单填报页面。"财务组织"选择鸿途集团水泥有限公司，"上收组织"选择结算中心，按照表 8-3 的内容填写上缴单详细信息（如图 8-7 所示），"上缴银行"要选择鸿途集团水泥有限公司的收入户（即账号较小的那个账户），"上收银行"要选择鸿途集团结算中心的银行账户，"结算方式"选择"网银"。填写完成后，单击右上角"保存提交"按钮提交。

本课程所涉及的 NC Cloud 功能菜单

图 8-7　填写上缴单

（2）审批上缴单。以"财务经理"角色的组员身份登录 D-FSSC1.0，进入学习任务"H.财资管理 > 20.资金上收下拨业务 > 构建测试"，单击"4.协作处理"学习步骤。单击"财务经理"角色头像图标，选择进入 NC Cloud 轻量端，在审批中心区域会发现有一个"未处理"状态的单据。单击"未处理"入口，找到步骤"（1）填报上缴单"所提交的待审批上缴单（如图 8-8 所示）。单击单据行右侧的"批准"按钮，可完成上缴单的审批工作。

图 8-8　审批上缴单

（3）上缴单委托办理。以"业务财务"的角色登录 D-FSSC1.0，进入学习任务"H. 财资管理 > 20. 资金上收下拨业务 > 构建测试"，单击"4. 协作处理"学习步骤。单击"业务财务"角色头像图标，并选择进入 NC Cloud 轻量端。单击"资金上收下拨 > 上缴单"快捷入口，NC Cloud 进入上缴单管理页面。在顶部查询栏中，"上缴单位"选择框选择鸿途集团水泥有限公司，"上缴日期"选择框选择"去年~今年"，然后单击查询栏右侧的"查询"按钮，系统将查询出所有满足查询条件的上缴单。单击查询栏下方的"待委托"页签，系统将显示有 1 条待委托办理的上缴单（如图 8-9 所示）。单击上缴单行右侧的"委托办理"链接，便可完成上缴单的委托办理业务，系统将生成待提交状态的上收单。

图 8-9　查询待委托办理的上缴单

（4）上收单经办。以结算中心"资金审核岗"的角色登录 D-FSSC1.0，进入学习任务"H. 财资管理 > 20. 资金上收下拨业务 > 构建测试"，单击"4. 协作处理"学习步骤。单击"资金审核岗"角色头像图标，并选择进入 NC Cloud 轻量端。单击"资金上收下拨及委托付款 > 资金上收"快捷入口，NC Cloud 进入资金上收管理页面。在顶部查询栏中，"上收组织"选择框选择鸿途结算中心，"制单日期"选择框选择"去年~今年"，然后单击查询栏右侧的"查询"按钮，系统将查询出符合条件的上收单。单击查询栏下面的"待提交"页签，会看到有 1 条步骤"（3）上缴单委托办理"所生成的上收单（如图 8-10 所示）。单击上收单行右侧的"提交"链接，系统将打开上收单明细页，用户可以查看并修改上收单的明细，确认后单击页面右上角"保存提交"按钮提交上收单；单击上收单行右侧的"提交"链接，用户也可以直接提交上收单。

图 8-10　查询待经办的上收单

（5）上收单审批。以"结算中心主任"角色的组员身份登录 D-FSSC1.0，进入学习任务"H. 财资管理 > 20. 资金上收下拨业务 > 构建测试"，单击"4. 协作处理"学习步骤。单击"结算中心主任"角色头像图标，选择进入 NC Cloud 轻量端，在审批中心区域会发现有一个"未处理"状态的单据。单击"未处理"入口，找到步骤"（4）上收单经办"所提交的待审批上收单，单击单据行右侧的"批准"按钮，可完成上收单的审批工作。

（6）上收单支付。以结算中心"资金结算岗"角色的组员身份登录 D-FSSC1.0，进入学习任务"H. 财资管理 > 20. 资金上收下拨业务 > 构建测试"，单击"4. 协作处理"学习步骤。单击"资金结算岗"角色头像图标，选择进入 NC Cloud 轻量端。单击"资金上收下拨 > 资金上收支付"快捷入口，NC Cloud 进入资金上收支付页面。在顶部查询栏中，"上收组织"选择框选择鸿途结算中心，"制单日期"选择框选择"去年~今年"，然后单击查询栏右侧的"查询"按钮，系统将查询出符合条件的上收单。单击查询栏下面的"待支付"页签，会看到有 1 条步骤"（5）上收单审批"所审批通过、待支付的上收单（如图 8-11 所示）。单击待支付上收单行右侧的"网银补录"链接，系统将打开网银补录信息页面。"转账类型"选择框选中"归集"（如图 8-12 所示），然后单击右下方"确定"按钮，完成网银补录信息的录入。最后单击图 8-11 中上收单行右侧的"支付"链接，完成上收单的支付操作。

图 8-11　查询待支付状态的上收单

图 8-12　上收单支付的网银补录信息

【特别提示】

由于 D-FSSC1.0 是一个教学系统，没有真实连接银行系统，结算中心的资金结算岗在 NC Cloud 轻量端单击"支付"按钮后，还需要增加几步操作，来仿真网银系统，完成支付指令状态的确认：

（1）单击 NC Cloud 轻量端桌面的快捷方式"资金上收下拨 > 支付指令状态"，系统将弹出支付指令状态管理页面。顶部的查询栏中，"财务组织"选择框选中鸿途结算中心，"指令提交日期"选择框选中"去年~今年"，然后单击查询栏右侧的"查询"按钮，系统将查询出所有符合条件的支付指令（如图 8-13 所示）。

图 8-13　支付指令查询

（2）在图 8-13 中单击刚刚产生的上收单支付指令行中的"来源单据编号"，系统将进入支付指令状态确认入口页面（如图 8-14 所示）。单击支付指令状态行中右侧的"状

图 8-14　支付指令状态确认入口

态确认"链接，便可进入支付确认单页面（如图8-15所示）。图8-15中"支付确认单明细"区域的"银行确认支付状态"填写为"成功"，然后依次单击右上角"保存""提交"按钮完成支付指令状态的确认。

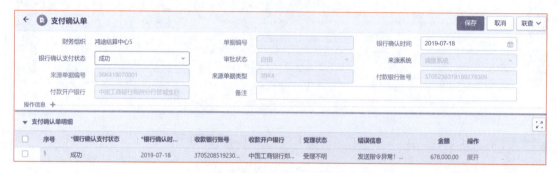

图8-15 支付确认单页面

（7）确认银行回单并生成凭证。以FSSC"中心出纳岗"角色的组员身份登录D-FSSC1.0，进入学习任务"H.财资管理>20.资金上收下拨业务>构建测试"，单击"4.协作处理"学习步骤。单击"中心出纳岗"角色头像图标，并选择进入NC Cloud轻量端，然后单击"资金上收下拨及委托付款>单位上收回单"快捷入口，进入NC Cloud的单位上收回单管理页面。顶部查询框中，"付款组织"选择框选中鸿途集团水泥有限公司，"上收日期"选择"去年~今年"，单击右侧"查询"按钮，NC Cloud将查询出符合条件的所有单位上收回单。勾选上一步骤生成的单位上收回单单据行（如图8-16所示），单击本行的"记账"链接或本页面右上方的"记账"按钮，确定上收银行回单已收到，系统将生成相应的记账凭证。

图8-16 查询并确认上收回单

（8）审核鸿途集团水泥有限公司的记账凭证。以FSSC"总账主管岗"角色的组员身份登录D-FSSC1.0，进入学习任务"H.财资管理>20.资金上收下拨业务>构建测试"，单击"4.协作处理"学习步骤。单击"总账主管岗"角色头像图标，并选择进入NC Cloud轻量端。然后单击"凭证管理>凭证审核"快捷入口，进入NC Cloud的结算页面。左上角"财务核算账簿"选择鸿途集团水泥有限公司的基准账簿，"制单日期"可以选择"去年~今年"，NC Cloud将列出所有符合条件的待审核记账凭证。找到新生成的资金上收记账凭证并双击，NC Cloud便打开该凭证的详细页面（如图8-17所示）。总账主管岗可以在凭证详细页面中单击右上角的"审核"按钮进行该记账凭证的审核。

图 8-17　NC Cloud 资金上收记账凭证明细页面

【特别提示】

D-FSSC1.0 中只设立了业务单元（如鸿途集团水泥有限公司）的基准账簿、未设立鸿途结算中心的基准账簿，此处只审核鸿途集团水泥有限公司作为会计主体的记账凭证。

（四）资金下拨

1. 测试用例

【例 8-4】　为满足 2019 年 7 月 29 日薪酬费用支付需求，鸿途集团水泥有限公司发起申请内部结算账户下拨资金到银行支出户（如表 8-4 所示）。

表 8-4　鸿途水泥 2019 年 7 月 29 日资金下拨表

业务单位	鸿途集团水泥有限公司
薪酬支出 / 元	1 320 000.00

2. 角色分配

（1）确定组员分工。按照 D-FSSC1.0 预置的资金下拨流程（参见图 8-2），需要参与操作的角色包括业务财务、财务经理、资金审核岗、结算中心主任、资金结算岗、中心出纳岗、总账主管岗。在学生进行分工协作之前，每个小组由组长进行角色指派。

（2）系统中分配角色。以组长身份登录 D-FSSC1.0，进入学习任务"H. 财资管理 > 20. 资金上收下拨业务 > 构建测试"，单击"2. 分配角色"学习步骤，按照指派的角色在系统中进行拖拽授权，授权结束后单击"完成设置"按钮保存。

（3）启用预置的鸿途集团共享后下拨申请单和下拨单的审批流。

3. 协作处理

（1）填制下拨申请单。以"业务财务"的角色登录 D-FSSC1.0，进入学习任务

本课程所涉及的 NC Cloud 功能菜单

"H. 财资管理 > 20. 资金上收下拨业务 > 构建测试",单击"4. 协作处理"学习步骤。单击"业务财务"角色头像图标,并选择进入 NC Cloud 轻量端。单击"资金上收下拨 > 下拨申请"快捷入口,NC Cloud 进入下拨申请管理页面。单击顶部"新增"按钮,系统将进入下拨申请单填报页面。"财务组织"选择鸿途集团水泥有限公司,"下拨组织"选择鸿途结算中心,按照表 8-4 的内容填写下拨申请单详细信息(如图 8-18 所示)。"详细信息"区域内容较多,从左至右拖动滚动条填写,其中:"收款单位计划项目"选择框要选中"薪酬支出"(即"(二)支出合计 >(1)经营性支出 > 薪酬支出");"收款银行账户"要选择鸿途集团水泥有限公司的支出户(即账号较大的那个账户);"下拨银行"要选择鸿途结算中心的银行账户;"结算方式"选择"网银"。填写完成后,单击右上角"保存提交"按钮提交。

图 8-18　填写下拨申请单

(2)审批下拨申请单。以"财务经理"角色的组员身份登录 D-FSSC1.0,进入学习任务"H. 财资管理 > 20. 资金上收下拨业务 > 构建测试",单击"4. 协作处理"学习步骤。单击"财务经理"角色头像图标,选择进入 NC Cloud 轻量端,在审批中心区域会发现有一个"未处理"状态的单据。单击"未处理"入口,找到步骤"(1)填制下拨申请单"所提交的待审批下拨申请单(如图 8-19 所示)。单击单据行右侧的"批准"按钮,可完成下拨申请单的审批工作。

图 8-19　审批下拨申请单

（3）下拨申请单委托办理。以"业务财务"的角色登录 D-FSSC1.0，进入学习任务"H. 财资管理 > 20. 资金上收下拨业务 > 构建测试"，单击"4. 协作处理"学习步骤。单击"业务财务"角色头像图标，并选择进入 NC Cloud 轻量端。单击"资金上收下拨 > 下拨申请"快捷入口，NC Cloud 进入下拨申请单管理页面。在顶部查询栏中，"申请单位"选择框选择鸿途集团水泥有限公司，"申请日期"选择框选择"去年~今年"，然后单击查询栏右侧的"查询"按钮，系统将查询出所有满足查询条件的下拨申请单。单击查询栏下方的"待委托"页签，系统将显示有 1 条待委托办理的下拨申请单（如图 8-20 所示）。单击下拨申请单行右侧的"委托办理"链接，便可完成下拨申请单的委托办理业务，系统将生成一条下拨申请核准单据。

图 8-20　查询待委托办理的下拨申请单

（4）核准并生成下拨单。以结算中心"资金审核岗"的角色登录 D-FSSC1.0，进入学习任务"H. 财资管理 > 20. 资金上收下拨业务 > 构建测试"，单击"4. 协作处理"学习步骤。单击"资金审核岗"角色头像图标，并选择进入 NC Cloud 轻量端。单击"资金上收下拨及委托付款 > 下拨申请核准"快捷入口，NC Cloud 进入下拨申请核准单管理页面。在顶部查询栏中，"下拨组织"选择框选择鸿途结算中心，"制单日期"选择框选择"去年~今年"，然后单击查询栏右侧的"查询"按钮，系统将查询出符合条件的下拨申请核准单。单击查询栏下面的"待提交"页签，会看到有 1 条待核准的下拨申请核准单（如图 8-21 所示）。单击下拨申请核准单这一行右侧的"核准"链接，系统将打开下拨申请核准单明细页，确认后单击页面右上角"保存提交"按钮完成下拨申请核准单的核准，然后单击右上角"生成下拨单"按钮生成下拨单（如图 8-22 所示）。

图 8-21　查询待核准的下拨申请核准单

图 8-22　核准下拨申请核准单并生成下拨单

（5）下拨单经办。以结算中心"资金审核岗"的角色登录 D-FSSC1.0，进入学习任务"H. 财资管理＞20. 资金上收下拨业务＞构建测试"，单击"4. 协作处理"学习步骤。单击"资金审核岗"角色头像图标，并选择进入 NC Cloud 轻量端。单击"资金上收下拨及委托付款＞资金下拨"快捷入口，NC Cloud 进入资金下拨单管理页面。在顶部查询栏中，"下拨组织"选择框选择鸿途结算中心，"制单日期"选择框选择"去年～今年"，然后单击查询栏右侧的"查询"按钮，系统将查询出符合条件的下拨单。单击查询栏下面的"待提交"页签，会看到有 1 条步骤"（4）核准并生成下拨单"所生成的下拨单（如图 8-23 所示）。单击下拨单行右侧的"提交"链接，系统将打开下拨单明细页，确认信息无误后，用户可以单击页面右上角"保存提交"按钮提交下拨单；单击图 8-23 下拨单行右侧的"提交"链接，用户也可以直接提交下拨单。

图 8-23　查询待经办的下拨单

（6）下拨单审批。以"结算中心主任"角色的组员身份登录 D-FSSC1.0，进入学习任务"H. 财资管理＞20. 资金上收下拨业务＞构建测试"，单击"4. 协作处理"学习步骤。单击"结算中心主任"角色头像图标，选择进入 NC Cloud 轻量端，在审批中心区域会发现有一个"未处理"状态的单据。单击"未处理"入口，找到步骤"（5）下拨单经办"所提交的待审批下拨单，单击单据行右侧的"批准"按钮，可完成下拨单的审批工作。

（7）下拨单支付。以结算中心"资金结算岗"角色的组员身份登录 D-FSSC1.0，进入学习任务"H. 财资管理＞20. 资金上收下拨业务＞构建测试"，单击"4. 协作处理"学习步骤。单击"资金结算岗"角色头像图标，选择进入 NC Cloud 轻量端。单击"资金上

收下拨 > 资金下拨支付"快捷入口，NC Cloud 进入资金下拨支付页面。在顶部查询栏中，"下拨组织"选择框选择鸿途结算中心，"制单日期"选择框选择"去年~今年"，然后单击查询栏右侧的"查询"按钮，系统将查询出符合条件的下拨单。单击查询栏下面的"待支付"页签，会看到有 1 条步骤"（6）下拨单审批"所审批通过、待支付的下拨单（如图 8-24 所示）。单击待支付下拨单行"单据编号"链接，进入资金下拨支付明细页面。单击顶部的"网银补录"按钮，系统将打开网银补录信息页面（如图 8-25 所示），单击图 8-25 右下方"确定"按钮，完成网银补录信息的录入。最后单击图 8-24 中下拨单行右侧的"支付"链接，完成下拨单的支付操作。

图 8-24　查询待支付状态的下拨单

图 8-25　下拨单支付的网银补录信息

【特别提示】

由于 D-FSSC1.0 是一个教学系统，没有真实连接银行系统，结算中心的资金结算岗在 NC Cloud 轻量端单击"支付"按钮后，还需要增加几步操作，来仿真网银系统、完成支付指令状态的确认：

（1）单击 NC Cloud 轻量端桌面的快捷方式"资金上收下拨 > 支付指令状态"，系统将弹出支付指令状态管理页面。顶部的查询栏中，"财务组织"选择框选中鸿途结算中心，"指令提交日期"选择框选中"去年~今年"，然后单击查询栏右侧的"查询"按钮，系统将查询出所有符合条件的支付指令。

（2）单击刚刚产生的下拨单支付指令行中的"来源单据编号"，系统将进入支付指令状态确认入口页面（参见图8-14）。单击支付指令状态行中右侧的"状态确认"链接，便可进入支付确认单页面（参见图8-15）。该页面中"支付确认单明细"区域的"银行确认支付状态"填写为"成功"，然后依次单击右上角"保存""提交"按钮完成支付指令状态的确认。

（8）确认银行回单并生成凭证。以FSSC"中心出纳岗"角色的组员身份登录D-FSSC1.0，进入学习任务"H.财资管理 > 20.资金上收下拨业务 > 构建测试"，单击"4.协作处理"学习步骤。单击"中心出纳岗"角色头像图标，并选择进入NC Cloud轻量端，然后单击"资金上收下拨及委托付款 > 单位下拨回单"快捷入口，进入NC Cloud的单位下拨回单管理页面。顶部查询框中，"收款单位"选择框选中鸿途集团水泥有限公司，"下拨日期"选择"去年~今年"，单击右侧"查询"按钮，NC Cloud将查询出符合条件的所有单位下拨回单。勾选上一步骤生成的单位下拨回单单据行（如图8-26所示），单击本行的"记账"链接或本页面右上方的"记账"按钮，确定下拨银行回单已收到，系统将生成相应的记账凭证。

图8-26　查询并确认下拨回单

（9）审核鸿途集团水泥有限公司的记账凭证。以FSSC"总账主管岗"角色的组员身份登录D-FSSC1.0，进入学习任务"H.财资管理 > 20.资金上收下拨业务 > 构建测试"，单击"4.协作处理"学习步骤。单击"总账主管岗"角色头像图标，并选择进入NC Cloud轻量端。然后单击"凭证管理 > 凭证审核"快捷入口，进入NC Cloud的结算页面。左上角"财务核算账簿"选择鸿途集团水泥有限公司的基准账簿，"制单日期"可以选择"去年~今年"，NC Cloud将列出所有符合条件的待审核记账凭证。找到新生成的资金下拨记账凭证并双击，NC Cloud便打开该凭证的详细页面（如图8-27所示）。总账

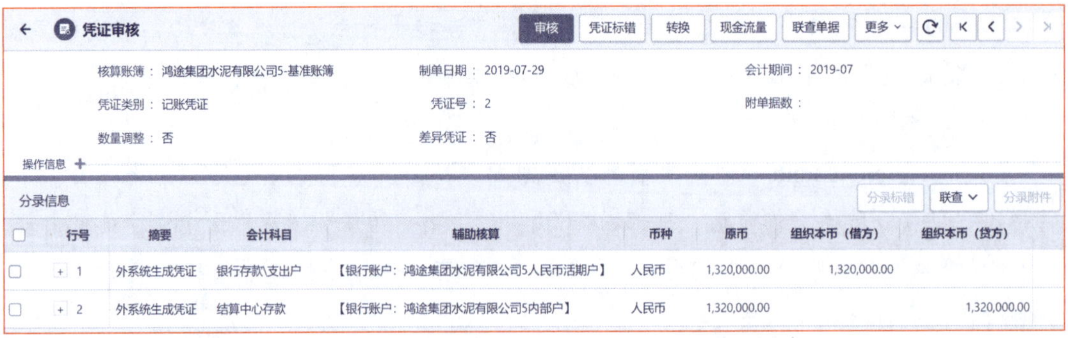

图8-27　NC Cloud 资金下拨记账凭证明细页面

主管岗可以在凭证详细页面中单击右上角的"审核"按钮进行该记账凭证的审核。

【特别提示】

D-FSSC1.0 中只设立了业务单元（如鸿途集团水泥有限公司）的基准账簿、未设立鸿途结算中心的基准账簿，此处只审核鸿途集团水泥有限公司作为会计主体的记账凭证。

⚙ 模块实训

（一）鸿途集团水泥有限公司共享后资金计划编制作业处理

用下述测试用例，完成共享后资金计划编制、审批及控制启用的实训。

鸿途集团水泥有限公司 2019 年 7 月份的资金计划如表 8-5 所示。

表 8-5　模块实训中 2019 年 7 月的资金支出计划

计划项目	计划支出金额 / 元
薪酬支出	3 000 000.00
费用支出	500 000.00

（二）鸿途集团共享后资金上收作业处理

（1）启用预置的鸿途集团共享后上缴单和上收单的审批流。

（2）用下述测试用例，完成共享后资金上收的协作处理实训。2019 年 7 月 10 日，鸿途集团各成员公司收到客户回款明细如表 8-6，各公司收到客户款项后，按照集团资金管理规定，将全部款项归集到各公司在结算中心的外部账户。

鸿途水泥资金上收模块实训用原始凭证

表 8-6　鸿途水泥资金上收模块实训数据

收款方	鸿途集团水泥有限公司	收到货款 / 元	5 231 500.00
客户名称	天海销售有限责任公司	上缴资金 / 元	5 231 500.00

（三）鸿途集团共享后资金下拨作业处理

（1）启用预置的鸿途集团共享后下拨申请单和下拨单的审批流。

（2）用下述测试用例，完成共享后资金下拨的协作处理实训。为满足 2019 年 7 月 25 日薪酬费用支付需求，各成员单位发起申请内部结算账户下拨资金到银行支出户。表 8-7 是鸿途集团水泥有限公司的资金下拨数据。

表 8-7　鸿途集团水泥有限公司资金下拨模块实训数据

业务单位	鸿途集团水泥有限公司
薪酬支出 / 元	2 500 000.00

模块三　外部委托付款业务共享

一、外部委托付款业务共享后流程

【例 8-5】　田螺水泥集团在实施财务共享服务前，资金管理采用分散管理模式。在实施财务共享服务时，同步建立集团结算中心。共享后的外部委托付款流程如图 8-28 所示，所用到的业务单据如表 8-8 所示。

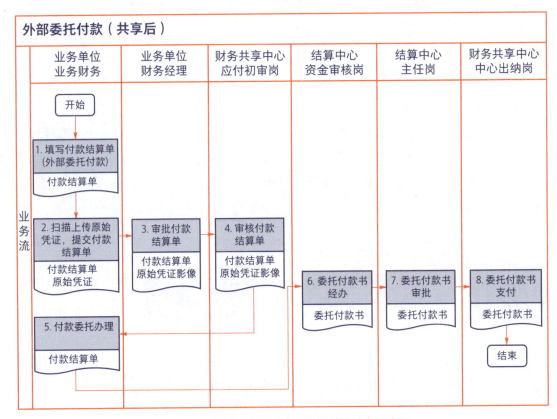

图 8-28　田螺水泥集团外部委托付款共享后流程

表 8-8　田螺水泥集团外部委托付款业务共享的业务单据列表

序号	名称	是否进 FSSC	是否属于作业组工作	流程设计工具
1	付款结算单	Y	Y	工作流
2	委托付款书	Y	N	工作流 + 审批子流程

二、外部委托付款业务共享作业处理

（一）测试用例

【例 8-6】　2019 年 7 月 12 日，鸿途集团水泥有限公司向绿城物业服务集团有限公司缴纳上个月公司行政办公区水费，后者已经开具增值税专用发票、税率（征收率）3%。根据发票所记载的情况，上个月应缴纳的水费总金额为 32 142.18 元（不含税金额为 31 206.00 元）。因本公司银行支出户余额不足，鸿途集团水泥有限公司通过外部委托付款流程委托鸿途结算中心进行付款。

外部委托付款共享例题用原始凭证

（二）角色分配

1. 确定组员分工

按照 D-FSSC1.0 预置的外部委托付款流程（参见图 8-28），需要参与操作的角色包括业务财务、财务经理、结算中心资金审核岗、结算中心主任、FSSC 应付初审岗、FSSC 中心出纳岗。在学生进行分工协作之前，每个小组由组长进行角色指派。

2. 系统中分配角色

以组长身份登录 D-FSSC1.0，进入学习任务"H. 财资管理 > 21. 外部委托付款业务 > 构建测试"，单击"2. 分配角色"学习步骤，按照指派的角色在系统中进行拖拽授权，授权结束后单击"完成设置"按钮保存。

（三）启用 D-FSSC1.0 预置的工作流

D-FSSC1.0 为付款结算单（挂在 NC Cloud"主付款结算单"单据下）和委托付款书分别预置了一个工作流，但尚未启用。以系统管理员身份进入 NC Cloud 重量端，双击"功能导航"页签下面的"动态建模平台 > 流程管理 > 流程设计 > 工作流定义 – 集团"菜单，系统将打开工作流定义窗口。在左上角查询窗口中依次录入付款结算单和委托付款书，分别选中查询结果并在右侧选中已经预置的工作流，然后单击顶部"启用 > 启用"菜单。

【特别提示】

"委托付款书"预置的工作流中，使用了审批子流程（如图8-29所示）。选中工作主流程（图8-29中右侧的第2行）并启用，审批子流程（图8-29中右侧的第1行）也自动启用。

图8-29 带有审批子流程的工作流启用

（四）共享作业协作处理

1. 填写外部委托付款的付款结算单

本课程所涉及的 NC Cloud 功能菜单

以"业务财务"的角色登录 D-FSSC1.0，进入学习任务"H.财资管理 > 21.外部委托付款业务 > 构建测试"，单击"4.协作处理"学习步骤。单击"业务财务"角色头像图标，并选择进入 NC Cloud 轻量端。单击"现金结算 > 付款结算"快捷入口，进入 NC Cloud 付款结算页面。单击顶部"付款交易类型"按钮，并在弹出的付款交易类型对话框中选中"外部委托付款"（如图8-30所示），单击"确定"按钮关闭付款交易类型对话框。

图8-30 选择"外部委托付款"付款交易类型

再单击付款结算页面顶部的"新增"按钮，进入 NC Cloud 付款结算单录入页面。按照【例 8-6】中的测试用例进行填报："结算财务组织"选择鸿途集团水泥有限公司，"结算方式"选择"委托收付款"选项，"付款银行账户"选择鸿途集团水泥有限公司在结算中心开设的内部账户，"交易对象类型"为供应商、并选择"绿城物业服务集团有限公司"这个供应商，"收款银行账户"选择供应商预置的银行账户，"详细信息"中的"收支项目"选择"支出项目" > "管理费用" > "管理费用 – 水费"，相关金额参照发票原始凭证填写，"部门"可挂在"综合办公室" > "办公室"（如图 8-31 所示）。填报完毕后单击右上方"保存"按钮进行保存。

图 8-31　【例 8-6】需要填写的付款结算单

【特别提示】

图 8-31 中的"付款银行账户"一定要选择结算财务组织（这里的鸿途集团水泥有限公司）在集团结算中心所开设的内部账户。因为外部委托付款实际上是委托结算中心用结算中心的外部账户支付，但要扣减结算财务组织的内部账户余额。

2. 扫描上传付款发票并提交付款结算单

在图 8-31 中保存付款结算单后，单击右上角"更多 > 影像 > 影像扫描"菜单，便可扫描上传纸质付款发票（抵扣联和发票联）的电子影像。扫描完成后，单击右上角的"提交"按钮，将付款结算单提交。

3. 审批付款结算单

以"财务经理"角色的组员身份登录 D-FSSC1.0，进入学习任务"H.财资管理 > 21.外部委托付款业务 > 构建测试"，单击"4.协作处理"学习步骤。单击"财务经理"角色头像图标，并选择进入 NC Cloud 轻量端，在审批中心区域会发现有一个"未处理"状态的单据。单击"未处理"入口，找到步骤"2.扫描上传付款发票并提交付款结算单"所提交的待审批付款结算单这一行，然后单击该行右侧的"财务经理角色＜批准＞"按钮，便可完成付款结算单的审批工作。

4. FSSC 审核付款结算单

以"应付初审岗"的角色登录 D-FSSC1.0，进入学习任务"H.财资管理 > 21.外部委托付款业务 > 构建测试"，单击"4.协作处理"学习步骤。单击"应付初审岗"角色头像图标，并选择进入 NC Cloud 轻量端。NC Cloud 会进入 FSSC 作业平台看板页面。单击作业平台中的"我的作业 > 提取任务"链接，便可依据本教材项目 03 中对 FSSC 进行系统初始设置时所设置的单据提取规则，进行待处理单据的提取工作。刷新作业平台看板页面，单击"我的作业 > 待处理"链接，NC Cloud 轻量端将进入"我的作业"作业列表页面。单击"单据编码"列的链接，便可进入付款结算单 FSSC 审核界面。

应付初审岗单击右上角"更多 > 影像管理 > 影像查看"菜单，可以查看前序环节扫描上传的原始凭证影像；单击"批准"按钮，批准所提取的付款结算单。

5. 付款委托办理

以"业务财务"的角色登录 D-FSSC1.0，进入学习任务"H.财资管理 > 21.外部委托付款业务 > 构建测试"，单击"4.协作处理"学习步骤。单击"业务财务"角色头像图标，并选择进入 NC Cloud 轻量端。单击"现金结算 > 结算"快捷入口，NC Cloud 进入结算管理页面。在顶部查询栏中，"财务组织"选择框选择鸿途集团水泥有限公司，"业务单据日期"选择框选择"去年~今年"，然后单击查询栏右侧的"查询"按钮，系统将查询出所有满足查询条件的付款结算单。单击查询栏下方的"待结算"页签，系统将显示有 1 条待结算的付款结算单。单击付款结算单这一行的"业务单据编号"链接，便可进入外部委托付款的付款结算单详细页面（如图 8-32 所示）。单击顶部的"委托"按钮，便完成了付款的委托办理。

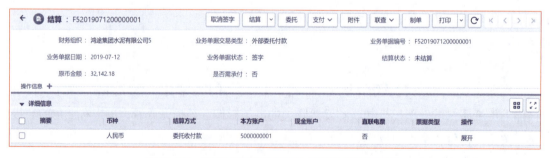

图 8-32 外部委托付款的付款结算单详细页面单

【特别提示】

如果在填制外部委托付款单时，"付款银行账户"误填了付款财务组织的外部银行账户（应填写其在结算中心开设的内部账户），则图 8-32 页面中将看不到"委托"按钮。

6. 付款委托书经办

以结算中心"资金审核岗"的角色登录 D-FSSC1.0，进入学习任务"H. 财资管理 > 21. 外部委托付款业务 > 构建测试"，单击"4. 协作处理"学习步骤。单击"资金审核岗"角色头像图标，并选择进入 NC Cloud 轻量端。单击"资金上收下拨及委托付款 > 委托付款"快捷入口，NC Cloud 进入委托付款管理页面。在顶部查询栏中，"资金组织"选择框选择鸿途结算中心，"制单日期"选择框选择"去年~今年"，然后单击查询栏右侧的"查询"按钮，系统将查询出符合条件的委托付款列表。单击查询栏下面的"待经办"页签，会看到有 1 条待经办的委托付款。单击待经办委托付款这一行的"委托付款书号"链接，系统将打开委托付款明细页（如图 8-33 所示）。单击顶部的"经办"按钮，将进入外部委托付款经办详细页。该页下半部分的"财务组织信息"区域中，要将"支付银行账户"补填为结算中心外部账户（如图 8-34 所示），然后单击右上角"保存"按钮完成经办工作，系统将生成一份待审批的委托付款书。

图 8-33　待经办委托付款明细页

图 8-34　外部委托付款经办时补填支付银行账户

7. 委托付款书审批

以"结算中心主任"角色的组员身份登录 D-FSSC1.0，进入学习任务"H. 财资管理 > 21. 外部委托付款业务 > 构建测试"，单击"4. 协作处理"学习步骤。单击"结算中心主任"角色头像图标，选择进入 NC Cloud 轻量端，在审批中心区域会发现有一个"未处理"状态的单据。单击"未处理"入口，找到步骤"6. 付款委托书经办"所生成的待审批委托付款书，单击单据行右侧的"批准"按钮，可完成委托付款书的审批工作。

8. 委托付款书支付

以 FSSC"中心出纳岗"角色的组员身份登录 D-FSSC1.0，进入学习任务"H. 财资管理 > 21. 外部委托付款业务 > 构建测试"，单击"4. 协作处理"学习步骤。单击"中心出纳岗"角色头像图标，并选择进入 NC Cloud 轻量端。单击"资金上收下拨及委托付款 > 委托付款支付"快捷入口，进入 NC Cloud 的委托付款支付管理页面。左上角"资金组织"选择鸿途结算中心，"制单日期"选择"去年~今年"，单击"查询"按钮并单击左侧"待结算"页签，NC Cloud 将查询出待支付的委托付款支付信息。单击要处理委托付款支付行的"委托付款书号"链接，系统进入委托付款支付详细页面（如图 8-35 所示）。单击顶部"网银补录"按钮，系统将弹出网银补录对话框（如图 8-36 所示）。确认网银补录信息完整后，单击对话框底部的"确定"按钮。然后单击图 8-35 顶部的"支付"按钮进行支付。

图 8-35　外部委托付款支付详细页面

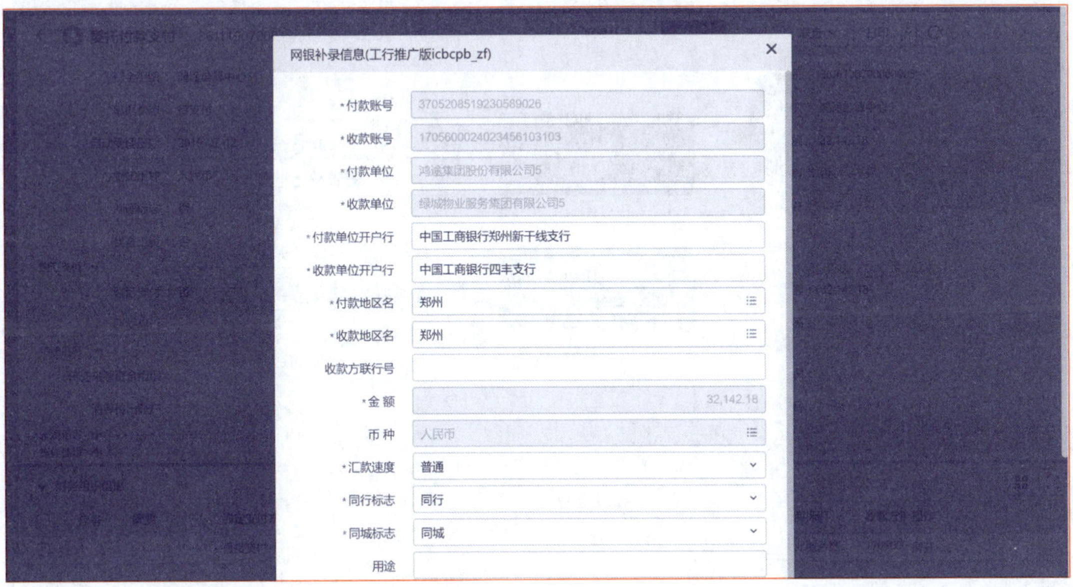

图 8-36　外部委托付款网银补录对话框

模块实训

外部委托付款业务共享模块实训用原始凭证

委托付款业务共享作业处理操作视频

鸿途集团外部委托付款业务共享作业处理

（1）启用预置的鸿途集团共享后付款结算单和委托付款书的工作流。

（2）用下述测试用例，完成外部委托付款业务共享的协作处理实训。2019年7月5日，卫辉市鸿途集团水泥有限公司向绿城物业服务集团有限公司缴纳上个月公司行政办公区水费，后者已经开具增值税专用发票、税率（征收率）3%。根据发票所记载的情况，上个月应缴纳的水费总金额为 29 426.07 元（不含税金额为 28 569.00 元）。因本公司支出户余额不足，卫辉市鸿途集团水泥有限公司通过外部委托付款流程进行付款。

思维导图

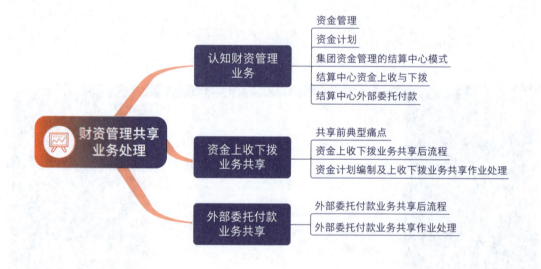

项目 09　固定资产共享业务处理

学习目标

知识目标
- 熟悉企业固定资产新增的业务场景
- 理解企业固定资产管理共享的业务场景
- 理解企业固定资产变动的业务场景

技能目标
- 能完成财务共享模式下新增固定资产业务的处理
- 能完成财务共享模式下固定资产变动业务的处理

素养目标
- 培养学生严肃认真、严谨细致的工作态度
- 培养学生提高专业技能的自觉性
- 培养学生熟悉企业资产管理制度，实施会计监督、保全企业资产

模块一　认知固定资产业务

一、固定资产管理共享的业务场景

固定资产管理共享后，要处理的业务场景包括资产新增、资产变动、资产维护、资产调拨、资产盘点、资产期末处理等场景，可扫码阅读二维码资源"固定资产管理共享的业务场景介绍"。

固定资产管理共享的业务场景介绍

二、固定资产管理共享前部分典型流程

（一）新增固定资产——资产购置

【例 9-1】　田螺水泥集团在实施财务共享服务前，其通过资产购置新增固定资产的流

271

程可以分为固定资产采购到应付、应付结算、新增固定资产登记等 3 个环节，其流程图分别如图 9-1、图 9-2 与图 9-3 所示。

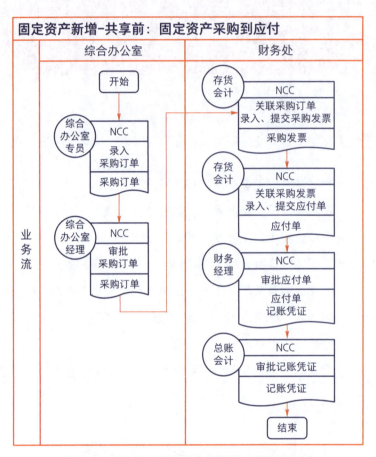

图 9-1 固定资产新增共享前流程 – 采购到应付

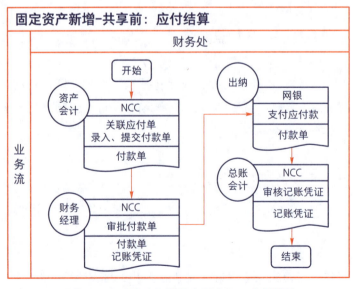

图 9-2 固定资产新增共享前流程 – 应付结算

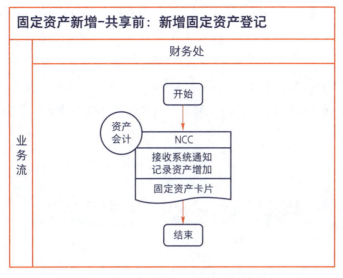

图 9-3 固定资产新增共享前流程 – 新增资产登记

（二）固定资产变动——使用部门变动

【例 9-2】 田螺水泥集团在实施财务共享服务前，如果固定资产使用部门发生变动，将通过调整单完成固定资产变动流程，固定资产变动的流程图如图 9-4 所示。

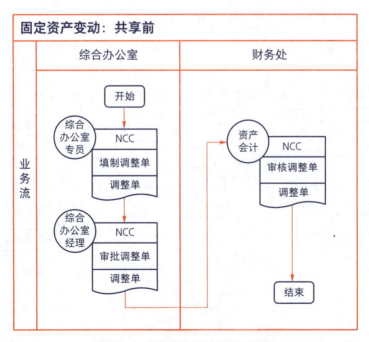

图 9-4 固定资产变动共享前流程

模块实训

鸿途集团共享
前新增固定资
产流程

绘制共享前鸿途集团新增固定资产流程图

本模块实训任务为组员个人实训。参照扩展阅读文档，每个组员都独立使用 Microsoft Visio 重新绘制共享前鸿途集团通过资产购置新增固定资产的流程图。

模块二　新增固定资产业务共享

一、新增固定资产业务共享后流程

【例 9-3】　田螺水泥集团在实施财务共享服务后，通过购置新增固定资产业务的流程分别如图 9-5、图 9-6 和图 9-7 所示，所用到的业务单据如表 9-1 所示。对比图 9-1、图 9-2 和图 9-3，分析共享后流程的设计依据。

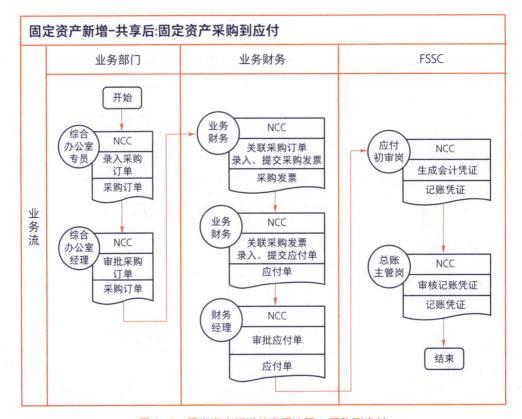

图 9-5　固定资产新增共享后流程 – 采购到应付

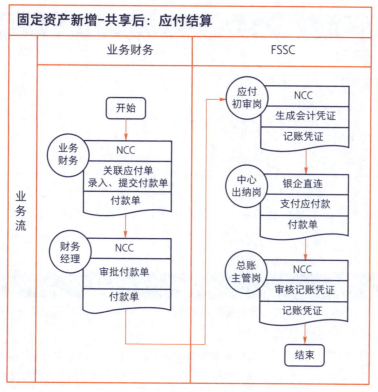

图 9-6 固定资产新增共享后流程 – 应付结算

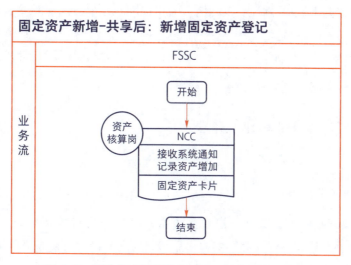

图 9-7 固定资产新增共享后流程 – 新增资产登记

表 9-1　田螺水泥集团通过购置新增固定资产业务共享的业务单据列表

序号	名称	是否进 FSSC	是否属于作业组工作	流程设计工具
1	采购订单	N	—	审批流
2	采购发票	N	—	—
3	应付单	Y	Y	工作流
4	付款单	Y	Y	工作流
5	固定资产卡片	Y	Y	—

【解析】　田螺水泥共享后新增固定资产流程设计的依据，如表 9-2 所示。

表 9-2　田螺水泥集团共享后新增固定资产流程设计依据

序号	共享前	共享后	设计依据
1	财务处存货会计录入、提交采购发票并提交应付单	改由业务单元业务财务完成	业务单元只保留业务财务岗和财务经理岗
2	无	应付初审岗审核应付单及付款单	从应付初审岗开始，应付挂账和应付付款流程从业务单元进入 FSSC 环节
3	财务处出纳通过网银进行支付	中心出纳岗通过银企直连支付	资金结算实现了 FSSC 共享，同步建设了银企直连
4	财务处总账会计审核记账凭证	FSSC 总账主管岗审核记账凭证	集团实现了总账共享，总账会计职责不再隶属于业务单元
5	财务处资产会计进行新增固定资产登记	FSSC 资产核算岗进行新增固定资产登记	资产实现共享管理，业务单元不再保留资产会计岗位职责

二、新增固定资产业务共享作业处理

（一）测试用例

【例 9-4】　2019 年 7 月 22 日，鸿途集团水泥有限公司质控处办公室需购置一台空调，经审批通过后，具体由综合办公室向中原裕阔商贸有限公司发起采购申请。请购信息如下（其中单价中含有 13% 的增值税，无税单价 1 500 元，税额 195 元）：

新增固定资产业务共享例题用原始凭证

　　　　　商品名称：空调；

　　　　　商品产地：中国；

　　　　　变频 / 定频：定频；

　　　　　商品匹数：1.0 匹（15～25 m²）；

物料分类：壁挂式空调；

含税价格：1 695 元；

资产编码：HSZ-03090088；

资产类别：生活设备。

2019 年 7 月 27 日收到货物和发票并进行了会计处理，7 月 31 日支付了全额款项。

（二）角色分配

1. 确定组员分工

按照 D-FSSC1.0 预置的共享后新增固定资产流程（参阅图 9-5～图 9-7），需要参与操作的角色包括综合办公室专员、综合办公室经理、业务财务、财务经理、FSSC 应付初审岗、FSSC 中心出纳岗、FSSC 总账主管岗、FSSC 资产核算岗。在学生进行分工协作之前，每个小组由组长进行角色指派。

2. 系统中分配角色

以组长身份登录 D-FSSC1.0，进入学习任务"I. 固定资产共享 > 22. 新增固定资产业务 > 构建测试"，单击"2. 分配角色"学习步骤，按照指派的角色在系统中进行拖拽授权，授权结束后单击"完成设置"按钮保存。

（三）启用 D-FSSC1.0 预置的工作流与审批流

1. 启用预置的鸿途集团应付单和付款单的工作流

D-FSSC1.0 为应付单和付款单分别预置了一个工作流。以系统管理员身份进入 NC Cloud 重量端，双击"功能导航"页签下面的"动态建模平台 > 流程管理 > 流程设计 > 工作流定义 - 集团"菜单，系统将打开工作流定义窗口。在左上角查询窗口中依次录入应付单和付款单，分别选中查询结果并在右侧选中已经预置的工作流，然后单击顶部"启用 > 启用"菜单。

2. 启用预置的鸿途集团采购订单（交易类型"固定资产采购"）的审批流

D-FSSC1.0 还为"固定资产采购"的采购订单预置了一个审批流。以系统管理员身份进入 NC Cloud 重量端，双击"功能导航"页签下面的"动态建模平台 > 流程管理 > 流程设计 > 审批流定义 - 集团"菜单，系统将打开审批流定义窗口。在左上角查询窗口中录入"固定资产采购"，选中查询结果并在右侧选中已经预置的审批流（如图 9-8 所示），然后单击顶部"启用 > 启用"菜单。

图 9-8　交易类型为"固定资产采购"的采购订单审批流启用

（四）共享作业协作处理

1. 新增固定资产 – 采购到应付

（1）录入采购订单。以"综合办公室专员"角色的组员身份登录 D–FSSC1.0，进入学习任务"I. 固定资产共享 > 22. 新增固定资产业务 > 构建测试"，单击"4. 协作处理"学习步骤。单击"综合办公室专员"角色头像图标，并选择进入 NC Cloud 轻量端。单击"业务填报 > 采购订单维护"快捷入口，进入 NC Cloud 采购订单维护页面。单击右上角的"新增 > 自制"菜单，进入 NC Cloud 采购订单录入界面。按照【例 9–4】中的测试用例进行填报（可参阅图 5–6），注意"订单类型"要选择"固定资产采购"。填报完毕后单击右上方"保存提交"按钮正式提交。

本课程所涉及的 NC Cloud 功能菜单

（2）审批固定资产采购订单。以"综合办公室经理"角色的组员身份登录 D–FSSC1.0，进入学习任务"I. 固定资产共享 > 22. 新增固定资产业务 > 构建测试"，单击"4. 协作处理"学习步骤。单击"综合办公室经理"角色头像图标，并选择进入 NC Cloud 轻量端，在审批中心区域会发现有一个"未处理"状态的单据。单击"未处理"入口，找到步骤"（1）录入采购订单"所提交的待审批固定资产采购订单这一行，单击右侧的"批准"按钮，可完成固定资产采购订单的审批工作。

（3）依采购订单录入并提交采购发票。以"业务财务"的角色登录 D–FSSC1.0，进入学习任务"I. 固定资产共享 > 22. 新增固定资产业务 > 构建测试"，单击"4. 协作处理"学习步骤。单击"业务财务"角色头像图标，并选择进入 NC Cloud 轻量端。单击"采购业务 > 采购发票维护"快捷入口，NC Cloud 进入采购发票管理页面。单击右上角"新增 > 收票"菜单，NC Cloud 进入"选择订单 / 入库单"页面。左上角选择"采购订单"页签，"结算财务组织"选择鸿途集团水泥有限公司，"入库日期"选择"去年~今年"，单击"查询"按钮，NC Cloud 将列出符合条件的采购订单（如图 9–9 所示）。

图 9–9 NC Cloud 采购发票生成 – 选择订单 / 入库单页面

选中步骤"（2）审批固定资产采购订单"中审批通过的固定资产采购订单，然后单击右下角"生成发票"按钮，NC Cloud 便根据采购入库单生成相应的采购发票信息（参见图 5-11）。单击右上角的"保存提交"按钮进行采购发票的提交，NC Cloud 将保存发票并根据发票生成应付单。

（4）扫描上传影像并提交应付单。以"业务财务"的角色登录 D-FSSC1.0，进入学习任务"I. 固定资产共享 > 22. 新增固定资产业务 > 构建测试"，单击"4. 协作处理"学习步骤。单击"业务财务"角色头像图标，并选择进入 NC Cloud 轻量端。单击"采购业务 > 应付单管理"快捷入口，NC Cloud 进入应付单管理页面。"财务组织"选择鸿途集团水泥有限公司，"单据日期"选择"全年~今年"，单击"查询"按钮，NC Cloud 将列出所有满足条件的应付单（参见图 5-12）。选中步骤"（3）依采购订单录入并提交采购发票"所生成的应付单，单击右上角"更多 > 影像管理 > 影像扫描"菜单，便可扫描上传采购发票物理单据（如增值税专用发票的发票联和抵扣联等）的电子影像。扫描完成后，单击"提交"按钮，将应付单提交。

（5）财务经理审批应付单。以"财务经理"的角色登录 D-FSSC1.0，进入学习任务"I. 固定资产共享 > 22. 新增固定资产业务 > 构建测试"，单击"4. 协作处理"学习步骤。单击"财务经理"角色头像图标，并选择进入 NC Cloud 轻量端，在审批中心区域会发现有一个"未处理"状态的单据。单击"未处理"入口，找到步骤"（4）扫描上传影像并提交应付单"所提交的待审批应付单，单击该行的"财务经理角色 < 批准 >"按钮，可完成应付单的审批工作。

（6）FSSC 应付单作业处理。以"应付初审岗"的角色登录 D-FSSC1.0，进入学习任务"I. 固定资产共享 > 22. 新增固定资产业务 > 构建测试"，单击"4. 协作处理"学习步骤。单击"应付初审岗"角色头像图标，并选择进入 NC Cloud 轻量端。NC Cloud 会进入 FSSC 作业平台看板页面。单击作业平台中的"我的作业 > 提取任务"链接，便可依据本教材项目 03 中对 FSSC 进行系统初始设置时所设置的单据提取规则，进行待处理单据的提取工作。刷新作业平台看板页面，会发现"我的作业 > 待处理"单据数量从 0 变成了 1。单击"我的作业 > 待处理"链接，NC Cloud 轻量端将进入"我的作业"作业列表页面。单击"单据编码"列的链接，便可进入应付单 FSSC 审核界面。应付初审岗单击"批准"按钮，批准所提取的应付单单据，NC Cloud 将自动生成应付挂账的总账凭证。

（7）审核记账凭证。以"总账主管岗"角色的组员身份登录 D-FSSC1.0，进入学习任务"I. 固定资产共享 > 22. 新增固定资产业务 > 构建测试"，单击"4. 协作处理"学习步骤。单击"总账主管岗"角色头像图标，并选择进入 NC Cloud 轻量端。然后单击"凭证管理"页签下的"凭证审核"快捷入口，进入 NC Cloud 的凭证审核页面。左上角"财务核算账簿"选择鸿途集团水泥有限公司的基准账簿，"制单日期"可以选择"去年~今年"，NC Cloud 将列出所有符合条件的待审核记账凭证。找到新生成的应付挂账记账凭证并双击，NC Cloud 便打开该凭证的详细页面（如图 9-10 所示）。总账主管岗可以在凭证详细页面中单击右上角的"审核"按钮进行该记账凭证的审核。

图 9-10　固定资产采购应付挂账的记账凭证明细页面

2. 新增固定资产 - 应付结算

（1）依应付单生成并提交付款单。以"业务财务"的角色登录 D-FSSC1.0，进入学习任务"I. 固定资产共享 > 22. 新增固定资产业务 > 构建测试"，单击"4. 协作处理"学习步骤。单击"业务财务"角色头像图标，并选择进入 NC Cloud 轻量端。单击"采购业务 > 付款单管理"快捷入口，NC Cloud 进入付款单管理页面。单击右上角"新增 > 应付单"菜单，NC Cloud 进入"选择应付单"页面。左上角"财务组织"选择鸿途集团水泥有限公司，"单据日期"选择"去年~今年"，单击"查询"按钮，NC Cloud 将列出符合条件的应付单。选中步骤 1 中所审核通过的应付单。单击右下角"生成下游单据"按钮，便可生成付款单（如图 9-11 所示），"结算方式"选择"网银"方式（即采用银企直连、

图 9-11　由固定资产采购的应付单生成的付款单

购买方直接支付的方式)，"付款银行账户"选择购买方的支出户（即账号较大的外部银行账户）。单击右上角"保存提交"按钮提交付款单。

（2）财务经理审批付款单。以"财务经理"的角色登录 D-FSSC1.0，进入学习任务"I. 固定资产共享 > 22. 新增固定资产业务 > 构建测试"，单击"4. 协作处理"学习步骤。单击"财务经理"角色头像图标，并选择进入 NC Cloud 轻量端，在审批中心区域会发现有一个"未处理"状态的单据。单击"未处理"入口，找到步骤"（1）依应付单生成并提交付款单"所提交的待审批付款单，单击该行的"财务经理角色 < 批准 >"按钮，可完成付款单的审批工作。

（3）FSSC 付款单作业处理。以"应付初审岗"的角色登录 D-FSSC1.0，进入学习任务"I. 固定资产共享 > 22. 新增固定资产业务 > 构建测试"，单击"4. 协作处理"学习步骤。单击"应付初审岗"角色头像图标，并选择进入 NC Cloud 轻量端。NC Cloud 会进入 FSSC 作业平台看板页面。单击作业平台中的"我的作业 > 提取任务"链接，便可依据本教材项目 03 中对 FSSC 进行系统初始设置时所设置的单据提取规则，进行待处理单据的提取工作。刷新作业平台看板页面，会发现"我的作业 > 待处理"单据数量从 0 变成了 1。单击"我的作业 > 待处理"链接，NC Cloud 轻量端将进入"我的作业"作业列表页面。单击"单据编码"列的链接，便可进入付款单 FSSC 审核界面。应付初审岗单击"批准"按钮，批准所提取的付款单单据，NC Cloud 将自动生成应付账款付款的总账凭证。

（4）付款单支付结算。以"中心出纳岗"角色的组员身份登录 D-FSSC1.0，进入学习任务"I. 固定资产共享 > 22. 新增固定资产业务 > 构建测试"，单击"4. 协作处理"学习步骤。单击"中心出纳岗"角色头像图标，并选择进入 NC Cloud 轻量端，然后单击"结算处理"页签下的"结算"快捷入口，进入 NC Cloud 的结算页面。左上角"财务组织"选择鸿途集团水泥有限公司，"业务单据日期"选择"去年~今年"，单击"查询"按钮并单击左侧"待结算"页签，NC Cloud 将查询出水泥板块待结算的所有业务单据列表。选中需要支付的单据行，单击右上方的"支付 > 网上转账"并确定进行网上支付，系统便完成了"银企直连"模式下的支付结算操作。

（5）审核记账凭证。以"总账主管岗"角色的组员身份登录 D-FSSC1.0，进入学习任务"I. 固定资产共享 > 22. 新增固定资产业务 > 构建测试"，单击"4. 协作处理"学习步骤。单击"总账主管岗"角色头像图标，并选择进入 NC Cloud 轻量端。然后单击"凭证管理"页签下的"凭证审核"快捷入口，进入 NC Cloud 的凭证审核页面。左上角"财务核算账簿"选择鸿途集团水泥有限公司的基准账簿，"制单日期"可以选择"去年~今年"，NC Cloud 将列出所有符合条件的待审核记账凭证。找到新生成的应付账款付款记账凭证并双击，NC Cloud 便打开该凭证的详细页面（如图 9-12 所示）。总账主管岗可以在凭证详细页面中单击右上角的"审核"按钮进行该记账凭证的审核。

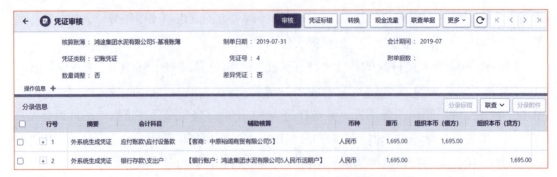

图 9-12　资产采购的应付账款付款记账凭证

3. 新增固定资产 - 固定资产登记

以"资产审核岗"的角色登录 D-FSSC1.0，进入学习任务"I. 固定资产共享 > 22. 新增固定资产业务 > 构建测试"，单击"4. 协作处理"学习步骤。单击"资产审核岗"角色头像图标，并选择进入 NC Cloud 轻量端。在桌面的"通知中心"里会显示有一条未读通知，单击后可以看到这条"新增固定资产"的通知（如图 9-13 所示）。

图 9-13　资产审核岗收到的"新增固定资产"通知

单击"资产增加 > 固定资产卡片维护"快捷入口，NC Cloud 进入资产增加页面。单击右上角"新增 > 通用资产"菜单，NC Cloud 进入资产增加页面。根据【例 9-4】的数据录入固定资产卡片内容（如图 9-14 所示），"增加方式"选择"直接购入"，"使用状况"为"在用"，"原币原值"要注意是不含增值税的购买价格。"财务区"的数值保留系统带入的数值便可。填写完毕，单击右上角的"保存"按钮。

模块实训

鸿途水泥共享后新增固定资产作业处理

1. 启用预置的审批流和工作流

（1）启用预置的鸿途集团固定资产采购的采购订单审批流。

（2）启用预置的鸿途集团应付单和付款单的工作流。

资产增加		保存　保存新增　取消　模拟折旧　模拟累计折旧

*财务组织	鸿途集团水泥有限公司5	卡片编号		资产编码	HSZ-03090088
条形码		*资产名称	空调　　　ZH	规格	
型号		*资产类别	生活设备	*增加方式	直接购入
*使用状况	在用	存放地点	ZH	项目	
货主管理组织		*管理部门	办公室	使用权	
多使用部门	☐	*使用部门	质控处办公室	使用人	
*原币币种	人民币	*原币原值	1,500.00	*折本汇率	1.00
*数量	1	*开始使用日期	2019-07-31	安装调试费	
建卡日期	2019-07-31				

操作信息 ➕
财务区
鸿途集团水泥有限公司5-基准账簿

*折旧方法	平均年限法(一)	*使用月限	60	*已计提期间数	0
工作总量		累计工作量		工作量单位	
*本币原值	1,500.00	累计折旧		本年折旧	
净值	1,500.00	减值准备		净额	1,500.00
*净残值率(%)	0.000000	*净残值	0.00	进项税	
月折旧率(%)		月折旧额		单位折旧	

图 9-14　新增固定资产建卡页面

2. 完成协作处理实训

用下述测试用例，完成鸿途集团水泥有限公司财务共享后的新增固定资产业务处理实训。

新增固定资产业务共享模块实训用原始凭证

2019 年 7 月 15 日，鸿途集团水泥有限公司质控处办公室需购置一台空调（属于"通用资产"分类），经审批通过后，具体由综合办公室向庆峰五金贸易公司发起采购申请。请购信息如下（其中单价中含有 13% 的增值税，无税价格为 1 769.03 元，税额为 229.97 元）：

商品名称：空调；

商品产地：中国；

变频 / 定频：定频；

商品匹数：1.5 匹（15~25 m²）；

物料分类：壁挂式空调；

新增固定资产业务共享构建演示视频

含税价格：1 999 元；

资产编码：HSZ-03090036；

资产类别：生活设备。

2019 年 7 月 20 日收到货物和发票并进行了会计处理，7 月 25 日支付了全额款项。

模块三　固定资产变动业务共享

一、固定资产变动业务共享后流程

【例 9-5】 田螺水泥集团在实施财务共享服务后，使用部门发生变化的固定资产变动业务，其流程如图 9-15 所示，所用到的业务单据如表 9-3 所示。

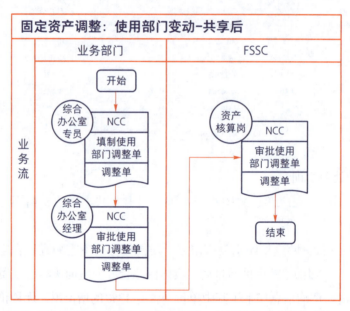

图 9-15　田螺水泥集团固定资产调整 – 使用部门变动共享后流程

表 9-3　田螺水泥集团固定资产使用部门变动业务共享的业务单据列表

序号	名称	是否进 FSSC	是否属于作业组工作	流程设计工具
1	使用部门调整单	Y	N	审批流（资产变动：使用部门调整）

二、固定资产变动业务共享作业处理

（一）测试用例

【例 9-6】 2019 年 7 月 12 日，鸿途集团水泥有限公司原由销售服务办公室（部门编码：0501）使用的一台笔记本电脑（资产类别属于"电子设备"）调整至供应处办公室

（部门编码：0601）。具体笔记本电脑信息如下：

商品名称：ThinkPad 翼 480；

屏幕尺寸：14.0 英寸；

系列：ThinkPad-E 系列；

分类：轻薄本；

原值：4 900 元；

累计折旧：816.66 元。

（二）角色分配

1. 确定组员分工

按照 D-FSSC1.0 预置的共享后固定资产变动（使用部门调整）流程（参见图 9-15），需要参与操作的角色包括综合办公室专员、综合办公室经理、FSSC 资产核算岗。在学生进行分工协作之前，每个小组由组长进行角色指派。

2. 系统中分配角色

以组长身份登录 D-FSSC1.0，进入学习任务"I. 固定资产共享 > 23. 固定资产变动业务 > 构建测试"，单击"2. 分配角色"学习步骤，按照指派的角色在系统中进行拖拽授权，授权结束后单击"完成设置"按钮保存。

（三）启用 D-FSSC1.0 预置的审批流

D-FSSC1.0 为使用部门调整单（挂在 NC Cloud"资产变动"单据的"使用部门调整"交易类型下）预置了一个审批流，但尚未启用。以系统管理员身份进入 NC Cloud 重量端，双击"功能导航"页签下面的"动态建模平台 > 流程管理 > 流程设计 > 审批流定义 – 集团"菜单，系统将打开审批流定义窗口。在左上角查询窗口中录入"使用部门调整"，选中查询结果并在右侧选中已经预置的审批流（如图 9-16 所示），然后单击顶部"启用 > 启用"菜单。

图 9-16　"资产变动"单据在"使用部门调整"交易类型下预置的审批流

（四）共享作业协作处理

1. 填制使用部门调整单

以"综合办公室专员"的角色登录 D-FSSC1.0，进入学习任务"I. 固定资产共享 > 23. 固定资产变动业务 > 构建测试"，单击"4. 协作处理"学习步骤。单击"综合办公室专员"

本课程所涉及的 NC Cloud 功能菜单

角色头像图标，并选择进入 NC Cloud 轻量端。单击"业务填报 > 固定资产使用部门变动"快捷入口，进入 NC Cloud 资产使用部门变动管理页面。单击右上方"新增"按钮，系统进入使用部门变动录入页面。左上角"财务组织"选择鸿途集团水泥有限公司，"详细信息"区域按照【例 9-6】的测试数据进行填写（如图 9-17 所示），单击右上角"保存提交"按钮提交使用部门调整单信息。

图 9-17　填制资产使用部门变动信息

【特别提示】

一个固定资产可以由多个使用部门共同使用、并按照比例分摊固定资产折旧费用，在图 9-17 中"详细信息"区域可以增加多行来处理这种情况。

2. 业务单元审批使用部门调整单

以"综合办公室经理"角色的组员身份登录 D-FSSC1.0，进入学习任务"I. 固定资产共享 > 23. 固定资产变动业务 > 构建测试"，单击"4. 协作处理"学习步骤。单击"综合办公室经理"角色头像图标，并选择进入 NC Cloud 轻量端，在审批中心区域会发现有一个"未处理"状态的单据。单击"未处理"入口，找到步骤"1. 填制使用部门调整单"所提交的待审批资产使用部门调整单（如图 9-18 所示）。单击单据行右侧的"批准"按钮，可完成资产使用部门调整单的业务单元审批工作。

图 9-18　业务单元审批资产使用部门调整单

3. FSSC 审批使用部门调整单

以"资产审核岗"的角色登录 D-FSSC1.0，进入学习任务"I. 固定资产共享 > 23. 固

定资产变动业务 > 构建测试", 单击 "4. 协作处理" 学习步骤。单击 "资产审核岗" 角色头像图标, 并选择进入 NC Cloud 轻量端, 在审批中心区域会发现有一个 "未处理" 状态的单据。单击 "未处理" 入口, 找到步骤 "2. 业务单元审批使用部门调整单" 中经业务单元审批后的资产使用部门调整单。单击单据行右侧的 "批准" 按钮, 可完成资产使用部门调整单的 FSSC 审批工作, 该资产的使用部门将正式进行变更。

⚙ 模块实训 ┣━━━━━━━━━━━━━━━━━━

鸿途集团固定资产变动业务共享作业处理

（1）启用 "资产变动" 单据的 "使用部门调整" 交易类型下预置的审批流。

（2）针对 "模块二　新增固定资产业务共享" 的模块实训中所增加的固定资产, 将其使用部门调整为销售服务办公室（部门编码: 0501）。

固定资产使用部门调整业务共享处理操作视频

▤ 思维导图 ┣━━━━━━━━━━━━━━━━━━

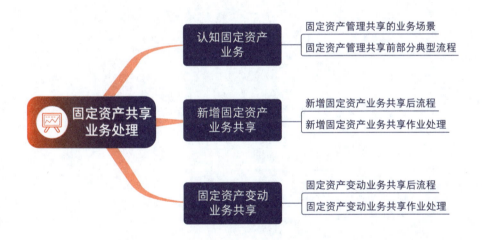

项目 10 总账共享业务处理

🛩 **学习目标** ┃--

知识目标 ● 掌握电子会计档案的含义

● 熟悉总账月结检查 RPA 机器人的工作过程

● 理解机器人流程自动化的概念

● 理解电子会计档案的应用场景

技能目标 ● 能够应用 RPA 机器人完成总账月结自动检查工作

● 能够应用 RPA 机器人完成总账自动月结工作

素养目标 ● 培养学生面对工作困难时主动学习、积极向上的精神

● 培养学生熟悉会计档案管理办法相关规定

模块一 总账及 RPA 应用共享

一、RPA 简介

机器人流程自动化（Robotic Process Automation，RPA）是指替代人在电脑前执行有规律、重复性高的流程动作的一段计算机程序。因其可以将办公室工作自动化，7×24 小时全天候待命，提高生产效率，彻底消除人为错误，具有非侵入性及可高度扩展性，而受到了很多发达国家企业的青睐。非侵入性是指 RPA 程序只是外挂在其他软件之外模拟软件的人机交互，不需要修改其他软件。

RPA 简介视频

当前，RPA 正在席卷全球各行各业，从金融到医疗再到零售。多种重复有规律的工作流程正在被代替。在各种岗位上都或多或少有对 RPA 的需求，并且这些企业也在积极地探索、尝试，开展以 RPA 为基础的数字化转型。通过 RPA 的实施，将员工从简单、重复的工作中解放出来，使他们更专注于具有更高附加值的数据分析、决策和创新工作，以此

提高客户在市场上的竞争力，实现共赢。

用友公司的小友 RPA 机器人（后更名为"用友智多星 RPA"）通过用户界面使用企业已有的应用，将基于规则的常规操作自动化，例如读取邮件和系统、计算、生成文件和报告、检查文件等，是一种可以记录人在计算机上的操作并重复运行的软件。

二、总账 RPA 月结检查机器人操作

小友总账月结检查 RPA 机器人配置与操作视频

（一）角色分配

参与总账及 RPA 应用共享操作的角色只有 FSSC 总账主管岗与系统管理员，需要每个小组由组长进行角色指派。以组长身份登录 D–FSSC1.0，进入学习任务"J. 总账共享 > 24. 总账 &RPA 应用业务 > 构建测试"，单击"2. 分配角色"学习步骤，按照指派的角色在系统中进行拖拽授权，授权结束后单击"完成设置"按钮保存。

（二）小友 RPA 客户端安装与配置

【例 10-1】 鸿途集团财务共享服务中心实现了总账共享，所有纳入财务共享服务范围的业务单元，其总账月结检查、月结等工作均由鸿途 FSSC 总账主管岗负责。为了提升月结效率和准确性，鸿途 FSSC 引入了用友总账月结检查小友 RPA 机器人。要求以总账主管岗的身份安装、配置小友 RPA 机器人客户端。

1. 下载并安装小友 RPA 机器人客户端

以 FSSC "总账主管岗"角色的组员身份登录 D–FSSC1.0，进入学习任务"J. 总账共享 > 24. 总账 &RPA 应用业务 > 构建测试"，单击"3. 系统配置"学习步骤。单击"总账主管岗"角色头像图标，并选择进入 NC Cloud 轻量端。单击"RPA 自动化机器人 > 客户端管理"快捷入口，进入小友 RPA 机器人客户端管理页面。单击"下载客户端"按钮（如图 10-1 所示），便可下载 NC Cloud 自动化机器人（小友 RPA 机器人）客户端。同时，我们复制或记录下浏览器地址栏中画框部分的地址信息备用。

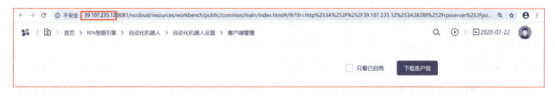

图 10-1　小友 RPA 机器人客户端下载页面

下载完成后解压缩，双击该安装程序，安装完成后，桌面应该增加一个名为"小友RPA 客户端 NC Cloud 专版"的客户端。

2. 配置 RPA 服务器地址

启动小友 RPA 机器人客户端，会提示登录异常，这是因为我们还没有进行 RPA 服务器地址配置。关闭异常提示框，单击设置按钮（如图 10-2 所示），配置 RPA 服务器地址。

图 10-2　小友 RPA 机器人客户端设置按钮及 NC Cloud 登录信息配置

RPA 服务器地址，是在步骤"1. 下载并安装小友 RPA 机器人客户端"中所复制地址信息加上"：28289"所组成（如图 10-3 所示，注意此处的冒号是半角符号）。

设置好 RPA 服务器地址后，单击图 10-3 中的确定按钮，系统将自动访问 RPA 服务器、获取 NC Cloud 企业账号（如图 10-4 所示）。

图 10-3　设置 RPA 服务器地址　　　　图 10-4　系统自动获取 NC Cloud 企业账号

3. 配置 NC Cloud 用户名和密码

RPA 机器人要模拟总账主管岗用户登录 NC Cloud，因此要事先在图 10-4 中给 RPA 客户端配置 NC Cloud 访问的账号、用户名和密码。D–FSSC1.0 给所有用户预置的 NC Cloud 访问密码都是"qwe123"。

系统预置角色－职责列表

从"系统预置角色－职责列表"这个教学资源中，可以查询到"总账主管岗"的 NC Cloud 账号是"z0**004"，用自己的组号替换其中的"**"（组号为 1 位数

的左侧补 0），便是总账主管岗的 NC Cloud 用户名。如第 5 组的总账主管岗登录账号就是
"z005004"，以此类推。

【特别提示】

要想获取自己所属的组别，可单击 D-FSSC1.0 左侧的"团队管理"菜单进行查询。

设置完成后单击图 10-4 中的"确定"按钮，RPA 客户端将尝试连接并登录 NC Cloud
服务器。NC Cloud 登录成功后，桌面右下角状态栏将出现 RPA 客户端图标。

（三）机器人创建与参数设置

【例 10-2】 辽阳鸿途威企水泥有限公司是鸿途集团水泥有限公司的一个子公司，也被纳
入鸿途集团财务共享服务中心的服务范围内。要求以 FSSC 总账主管岗的角色操作 NC Cloud
月结检查机器人，来完成辽阳鸿途威企水泥有限公司 2019 年 7 月的总账月结检查工作。

【解析】

1. 创建 RPA 机器人并设置基本信息

以 FSSC "总账主管岗"角色的组员身份登录 D-FSSC1.0，进入学习任务"J. 总账共
享 > 24. 总账 &RPA 应用业务 > 构建测试"，单击"4. 协作处理"学习步骤。单击"总账
主管岗"角色头像图标，并选择进入 NC Cloud 轻量端。单击"RPA 自动化机器人 > 机器
人管理"快捷入口，进入小友 RPA 机器人管理页面。单击"创建机器人"按钮，系统将
进入 RPA 机器人基本信息设置页面（如图 10-5 所示）。

图 10-5 RPA 机器人基本信息设置页面

【特别提示】

"客户端"下拉框显示的是所有已经登录同一个 RPA 服务器的小友 RPA 机器人客户端标识,如果有多个人登录,则下拉框中会显示多个客户端标识,但当前用户只能选择自己的客户端标识,其余标识均为灰色;如果"客户端"下拉框中没有可选择的客户端标识,可以将本机已经登录的小友 RPA 机器人客户端注销、重新登录,然后退出 D-FSSC1.0 并重新登录。

2. 选择 RPA 机器人模板

单击图 10-6 中的"下一步"按钮,系统将进入 RPA 机器人模板选择页面(如图 10-6 所示)。所谓模板,就是 NC Cloud 已经预先设计好的 RPA 机器人模板,可以类比为生产手机壳的模具;所谓选择模板,就是用指定的模板生成一个 RPA 机器人实例,可以类比为用一个手机壳的模具生产出一个个真正的手机实体。根据【例 10-2】的要求,我们在这里要选择"总账月结检查"这个机器人模板。

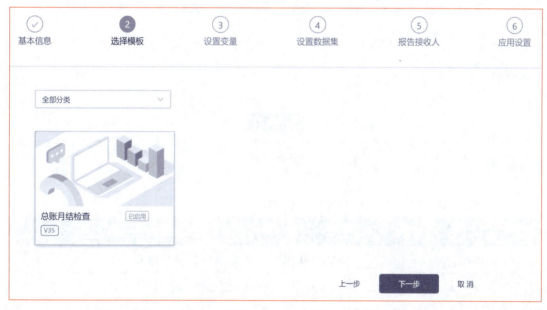

图 10-6　选择 RPA 机器人使用的模板

3. 设置 RPA 机器人变量

单击图 10-6 中的"下一步"按钮,系统将进入 RPA 机器人变量设置页面(如图 10-7 所示)。

所谓变量,就是机器人的一系列参数,用来管理机器人的工作环境、输入与输出的文件夹路径等,单击每个变量行的"编辑"链接可以对变量进行设置或修改。机器人变量的详细含义,如表 10-1 所示。

✓	✓	③	④	⑤	⑥
基本信息	选择模板	设置变量	设置数据集	报告接收人	应用设置

变量名	说明	变量值	操作
ncc_ip	ncc服务的ip地址	39.107.235.12	编辑
ncc_port	ncc服务的端口号	8081	编辑
ncc_accountcode	ncc账套编码	10	编辑
ncc_groupcode	ncc集团编码	0	编辑
yuejie_result_path	输出结果路径	D:\Desktop\rpa\test.xlsx	编辑
yuejie_report_path	月结报告路径	D:\Desktop\rpa\月结报告.xlsx	编辑
rpaserver_host	提供api的地址	http://39.107.235.12:28289/rpaserver	编辑
username	用户名	z002004	编辑
password	密码	qwe123	编辑

上一步　　下一步　　取消

图 10-7　RPA 机器人变量设置

表 10-1　NC Cloud 月结检查 RPA 机器人变量一览表

序号	变量名	含义及说明
1	NC Cloud_ip	机器人工作所用 NC Cloud 服务器的地址
2	NC Cloud_port	机器人工作所用 NC Cloud 服务的端口号
3	NC Cloud_accountcode	NC Cloud 账套编码，就是图 10-3 中的"企业账号"
4	NC Cloud_groupcode	NC Cloud 集团编码。因为 NC Cloud 支持多集团，这里要指定 RPA 以哪个集团的身份工作
5	yuejie_result_path	月结输出结果的存放路径，即检查结果存放的文件名及文件夹
6	yuejie_report_path	月结报告的存放路径，即月结报告的文件名及所存放的文件夹。注意，月结报告不是检查结果，而是控制检查范围和检查规则的输入文件
7	rpaserver_host	RPA 服务器地址

序号	变量名	含义及说明
8	username	NC Cloud 用户名，RPA 需要以一个用户的身份操作 NC Cloud
9	password	NC Cloud 密码，RPA 需要以一个用户的身份操作 NC Cloud

4. 设置报告接收人

单击图 10-7 中的"下一步"按钮，系统将进入数据集设置页面。这个设置可以直接跳过，单击"下一步"按钮，进入报告接收人设置页面。

月结检查机器人完成月结检查并生成报告后，将通过电子邮件通知报告接收人。"收件人姓名"和"收件人邮箱"可以使用学生真实的姓名及邮箱；"是否启用"开关要打开。

单击"下一步"按钮，系统将进入应用设置页面，用户可以直接单击该页面的"完成"按钮，机器人的参数设置完成，计算机任务栏中将出现创建好的月结检查机器人图标。

【例 10-3】　假设【例 10-2】中将 RPA 月结检查机器人的 yuejie_report_path 变量设置为"D:\rpa\ 月结报告 .xlsx"，要求编制该 Excel 文件。

【解析】

1. 下载并保存月结报告文件模板

以 FSSC"总账主管岗"角色的组员身份登录 D-FSSC1.0，进入教学班后，单击左侧"快捷入口 > 下载中心"功能图标，系统将进入下载中心页面。单击"xlsx> 月结报告"链接（如图 10-8 所示），便可下载月结报告文件模板。将该文件模板以"月结报告 .xlsx"的文件名放入本地所创建的"D:\rpa\"文件夹中。

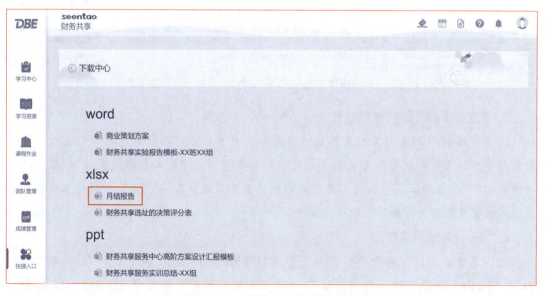

图 10-8　月结报告模板下载页面

2. 查询月结业务单元的财务核算账簿名称与编码

以"系统管理员"角色的组员身份登录 D-FSSC1.0，进入学习任务"J.总账共享 > 24.总账 &RPA 应用业务 > 构建测试"，单击"4.协作处理"学习步骤。单击"系统管理员"角色头像图标，并选择进入 NC Cloud 轻量端。然后单击左上角菜单图标，并找到"动态建模平台 > 组织管理 > 组织结构定义 > 财务核算账簿"菜单项（如图 10-9 所示），然后在弹出窗口的查询区域中将业务单元关键词（如【例 10-2】中的"辽阳鸿途威企"）输入到"名称"框，单击右侧"查询"按钮查询其财务核算账簿（如图 10-10 所示），便可得知业务单元财务核算账簿的名称和编码。

图 10-9　NC Cloud 轻量端的"财务核算账簿"菜单项

图 10-10　查询特定业务单元的财务核算账簿名称及编码

3. 设置月结报告的"结账报告（用户填写）"工作簿

该工作簿告诉 RPA 月结检查机器人针对哪些业务单元财务账簿以及哪个会计期间进行月结检查，每一行代表一个要检查的账簿。需要填写"结账单位账簿编码""结账单位账簿名称""结账期间"这 3 列，其中前两列的值使用前述步骤"（2）查询月结业务单元的财务核算账簿名称与编码"的查询结果。

4. 查询对账规则编码

以"总账管理岗"角色的组员身份登录 D-FSSC1.0，进入学习任务"J.总账共享 > 24.总账 &RPA 应用业务 > 构建测试"，单击"4.协作处理"学习步骤。单击"总账管理岗"角色头像图标，并选择进入 NC Cloud 重量端。然后单击左上角菜单图标，双击"财务会计 > 总账 > 总账与业务系统对账 > 对账设置 – 集团"菜单项，系统将进入对账设置界面。单击左上角"查询"按钮，查询对话框中"账簿 _ 账簿类型"选中"0001　基准账簿"，然后单击查询对话框中的"确定"按钮，系统将查询出基准账簿所预置的总账与业务系统之间的对账规则（如图 10–11 所示）。

	规则编码	规则名称	账簿类型	业务系统	关账控制方式	备注	借方发生额	贷方发生额	余额	数量	原币	本币
1	001	应收对账	基准账簿	应收管理	不检查		☐	☐	☑	☐	☑	☑
2	002	应付对账	基准账簿	应付管理	不检查		☐	☐	☑	☐	☑	☑

图 10–11　总账与业务系统之间的对账规则查询

5. 再次设置月结报告的"结账报告（用户填写）"工作簿

在"月结报告 .xlsx"的"对账规则检查表（用户填写）"工作簿中修改"结账单位编码""结账单位名称""对账规则编码""是否检查"4 列。其中前两列的值使用前述步骤"（2）查询月结业务单元的财务核算账簿名称与编码"的查询结果；第 3 列的值使用前述步骤"（4）查询对账规则编码"的查询结果，每个结账单位、每个对账规则占 1 行；第 4 列如果是"否"，表示跳过此项对账规则的月结检查。"结账报告（用户填写）"工作簿也设置完成后，保存文件"月结报告 .xlsx"。

（四）机器人运行

以 FSSC "总账主管岗"角色的组员身份登录 D–FSSC1.0，进入学习任务"J. 总账共享 > 24. 总账 &RPA 应用业务 > 构建测试"，单击"4. 协作处理"学习步骤。单击"总账主管岗"角色头像图标，并选择进入 NC Cloud 轻量端。单击"RPA 自动化机器人 > 机器人管理"快捷入口，进入小友 RPA 机器人管理页面，该页面也可以看到刚刚创建的 RPA 机器人。单击该机器人的"待机 > 运行"按钮（如图 10–12 所示），机器人将开始自动执

图 10–12　运行月结检查 RPA 机器人

行月结检查工作。

 **模块实训** ┣--

用 RPA 机器人完成鸿途水泥的月结检查工作

以 FSSC 总账主管岗的角色操作 NC Cloud 月结检查机器人，来完成鸿途集团水泥有限公司 2019 年 7 月的总账月结检查工作。

模块二 电子会计档案管理共享

一、电子会计档案产生的背景

（一）会计档案与电子会计档案的含义

1. 会计档案

财政部、国家档案局 2015 年 12 月 14 日发布了《会计档案管理办法》，对会计档案的定义如下：

会计档案是指单位在进行会计核算等过程中接收或形成的，记录和反映单位经济业务事项的，具有保存价值的文字、图表等各种形式的会计资料，包括通过计算机等电子设备形成、传输和存储的电子会计档案。

会计档案至少应该包括如下这些内容：

（1）会计凭证，包括原始凭证、记账凭证。

（2）会计账簿，包括总账、明细账、日记账、固定资产卡片及其他辅助性账簿。

（3）财务会计报告，包括月度、季度、半年度、年度财务会计报告。

（4）其他会计资料，包括银行存款余额调节表、银行对账单、纳税申报表、会计档案移交清册、会计档案保管清册、会计档案销毁清册、会计档案鉴定意见书及其他具有保存价值的会计资料。

2. 电子会计档案

电子会计档案，是指以二进制数据表示并存储于电子存储介质上的、应该作为会计档案归档保管的会计资料。《会计档案管理办法》中有几点明确规定：

（1）满足本办法第八条规定条件，单位从外部接收的电子会计资料附有符合《中华人民共和国电子签名法》规定的电子签名的，可仅以电子形式归档保存，形成电子会计档案。

（2）单位可以利用计算机、网络通信等信息技术手段管理会计档案。

（3）单位内部形成的电子会计资料和从外部接收的电子会计资料在满足一定条件时可以仅以电子形式归档保存，形成电子会计档案。

（二）传统档案管理存在的问题

1. 传统档案管理无法满足信息化要求

（1）纸质凭证输出，耗材成本高。

（2）核算系统形成会计资料归档保管，空间占用和人工管理成本高。

（3）财务会计资料不能自动归档，手工装册归档工作量巨大。

（4）实体纸质档案搜索效率低、调阅不方便。

2. 传统会计档案不符合长期保管、备份要求

会计档案保管要求要有备份机制，以应对意外事故、自然灾害、人为破坏等情况。建立和使用电子会计档案管理系统，能够有效解决这个问题：

（1）电子会计档案易于备份，能够有效防范自然灾害、意外事故和人为破坏的影响。

（2）电子档案管理系统能够有效接收、管理、利用电子会计档案，符合电子档案的长期保管要求。

（三）电子会计档案产生的背景

从电子发票到电子会计档案，国家的这些举措并不孤立，是适应新形势下电子商务、电子政务发展的必然选择，对方便网上交易、节约社会资源、促进数据集成等均具有重要意义，是关系电子商务高质量发展的关键的"最后一公里"，更是数字化中国建设的重要组成部分。

近几年来，国家档案局和财政部为了推进电子会计档案的应用推广，采取了一系列举措，从法律法规到企业试点，都取得了显著的成果：

2012年，国家档案局开启试点。国家档案局在中国电信广东分公司、中国联通湖北分公司、中国人保财险股份公司开展试点工作，内部会计凭证无纸化归档取得了良好的成效。

2015年12月，财政部、国家档案局发布《会计档案管理办法》，明确规定单位可以利用计算机、网络通信等信息技术手段管理会计档案。单位内部形成的电子会计资料和从外部接收的电子会计资料在满足一定条件时，可以仅以电子形式归档保存。

2016年，首批企业试点。国家档案局精选33家企业作为首批试点单位开展电子档案管理工作，其中14家试点单位通过验收，在电子文件归档、存储、"四性"检测、档案利用等方面进行了积极探索，取得了初步成效。其中"四性"是指真实性、完整性、可用性、安全性。

2018年，第二批企业试点。国家档案局召开第二批试点单位的试点方案评审会，对继续扎实试点工作提出要求，要求在新形势下，试点工作继续探索三维电子文件、电子发票、电子证照等的归档问题。

2019 年 4 月，电子档案的法律地位确立。《国务院关于在线政务服务的若干规定》明确规定了电子签名、电子印章、电子证照、电子档案的法律效力。

2020 年 3 月，电子会计凭证入账归档办法得以规范。财政部、国家档案局发布《关于规范电子会计凭证报销入账归档的通知》，对及时规范电子会计凭证的报销入账归档，推行电子文件电子化单套制归档，实现会计凭证报销入账归档全流程电子化等均具有重要意义。

（四）电子会计档案与纸质会计档案的关系

电子会计档案与纸质会计档案，存在以下关系：

（1）电子会计档案与纸质会计档案之间需建立档案索引关系，同时记录档案管理系统中各自存储位置。

（2）通过电子会计档案能够快速准确地查询到纸质会计档案，提高查询效率。

（3）根据纸质会计档案能够快速查询电子会计档案信息，并可便捷地进行在线浏览，解决电子会计档案的远程访问问题。

二、电子会计档案应用场景

电子会计档案的应用场景包括：影像件采集，自动装册、归档与上架，多维度检索，严格档案管理，建立电子会计档案与纸质档案索引，纸质档案反向查找电子会计档案，等等。

（一）影像件采集

影像件采集，就是针对纳入会计档案管理的物理原始凭证或相关文档，采集其电子影像并建立与物理原件之间的关联关系。根据采集的地点和时间，电子会计档案中影像件采集还可以分为多种采集方式。

1. 报销人影像采集方式

由报销人（报账人）在制单后立即自助扫描影像并上传，总体流程如图 10-13 所示。

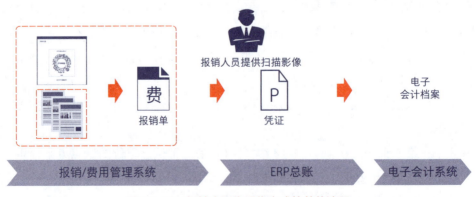

图 10-13　报销人影像采集方式的总体流程

2. 电子会计档案系统补扫采集方式

在业务系统处理完所有工作后，由专职扫描人员补扫影像并上传电子会计档案系统，总体流程如图 10-14 所示。

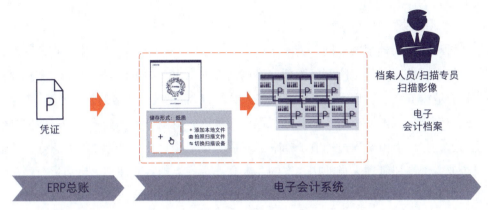

图 10-14 电子会计档案系统补扫采集方式的总体流程

3. 业务系统实时采集方式

在单据由业务系统（如采购、销售、应收、应付、合同等管理系统）处理完毕、转至 ERP 的财务系统处理时，指定扫描专岗或专人扫描影像并上传，如图 10-15 所示。

图 10-15 业务系统实时采集方式的总体流程

（二）自动装册、归档与上架

（1）自动装册：凭证以及影像文件的不同维度、不同方式装册、拆册、浏览。

（2）自动归档：档案装册完成，所有已装册的档案盒自动归档。

（3）自动上架：归档的档案盒对应的纸质档案自动上架到档案保管位置，方便调阅。

（三）多维度检索

总账共享信息系统应当支持对会计凭证、账簿、报表、其他会计资料的信息检索。用户可以在电子会计档案系统对会计档案进行检索查阅，检索时在不同节点支持不同查询条件，例如使用题名、文号、关键字、摘要、责任人、凭证号、册号等条件进行快速检索。

在总账共享信息系统上，还可以进行全文检索、模糊检索、综合检索和目录检索等不同种类的检索工作。

（四）严格档案管理

档案管理，是指档案的查阅、借阅、移交等。查阅一般是指电子档案的在线查阅，借阅一般是指纸质档案的借出阅览。为了严格档案管理工作，对于档案管理员工和档案使用者（包括企业内部高层管理人员及外部相关人员），都需要进行严格的管理。

对档案管理员工的要求有：严格区分用户、角色、单位可操作档案范围；权限外使用需审批通过；移交需申请通过；电子档案管理系统要完整记录档案管理员工的行为日志。

对企业内部高层管理人员使用档案的要求有：对各类档案管理相关申请进行严格的审批处理；定期检查、监督档案管理工作；加强对档案利用的指导。

对外部档案使用人员的要求有：外部人员在线查阅需走申请与审批流程；纸质档案外借（借阅）需走申请与审批流程；纸质档案到期未归还，档案管理系统应该催还；电子档案管理系统要完整记录档案使用人员的行为日志。

（五）建立电子会计档案与纸质档案索引

建立电子会计档案与纸质档案索引的总体流程如图 10-16 所示。归档成功后档案按照企业管理要求上架到指定档案室，电子会计档案管理系统记录上架的档案室信息；若档案存储位置发生变更，需先进行档案下架。更改后重新上架；上架的档案可以通过外借申请进行外借；外借后有归还、催还等应用场景。

图 10-16 建立电子会计档案与纸质档案索引的总体流程

三、财务共享模式下的会计档案管理

（一）财务共享对档案管理的影响

1. 财务共享对会计档案管理环境的影响

（1）管理体系的变动。财务管理的集中使会计档案管理由分散变为了集中管理，并利用电子档案的形式弥补了纸质档案的不足。

（2）支撑系统的变迁。财务共享模式的建立促进企业构建电子会计档案系统，将以往纸质版的档案通过扫描或者拍照的形式转变成了电子档案，其良好的可查找性和可处理性为会计的工作提供了极大的便捷。

（3）流程管理变得越来越复杂。财务共享模式下会计档案的产生链条变得越来越长，同时会计档案的形成也从单纯在经营单位所在地延伸到了财务共享服务机构。

（4）责任主体的变更。由原来的单一财务部门的管理，到与财务共享服务中心的共同管理，也就对监理工作提出了更高的要求。

2. FSSC 电子会计档案管理的优点

（1）会计档案管理人员工作地点灵活。网络环境下档案管理人员可以在任何地方工作，随时可以查看、录入、整理档案。

（2）信息防泄漏更加方便。可以在网络中设置密码，防止信息泄露。

（3）便于对不同时期会计档案进行比较。基于电子会计档案管理系统，可以对不同时期的会计档案进行统计、汇总、分类比较，并进行趋势分析。

（4）档案信息查询更加便捷。档案借阅者可以远程访问，并可同时联查会计档案与其他相关信息、在同一屏幕上呈现，同时也不需要档案管理人员花费过多的时间查阅和整理。

（5）档案管理具有高效性。基于财务共享模式的企业会计电子档案管理，能实现企业会计电子档案收集、处理、分析、利用的一体化。而传统的会计档案管理要耗费大量的时间与精力，比如需要打印大量的电子凭证。

（6）成本费用降低。运营电子会计档案管理可以减少使用纸质记载信息的数量，从而节约资源，而且因为电子会计档案管理大部分环节依靠系统自动完成，工作人员的数量也可以减少，进而节省人工成本。

（7）可以应用数据挖掘技术、提供决策支持。FSSC 运用电子会计档案，可以实现从大量数据中对关键词进行层层挖掘筛选，发掘出与关键词关联的并与企业决策有关的信息，满足企业价值管理的需要，从而实现电子会计档案的决策应用。

（8）档案数据时效性更高。传统会计档案的数据大都是静止的；财务共享模式下，电子会计档案管理平台支持数据的实时更新，从而增强电子会计档案信息的准确性和时效性。

（9）档案数据间的关联度高。账簿和报表数据既可以独立数据的形式存在，又可建立与多类会计信息之间的联系。

（10）档案信息实时共享。基于财务共享模式下的会计电子档案管理，会计电子档案可以在企业不同部门（如采购部门、销售部门、仓储部门、财务部门等）之间传递，如采购部门进行采购时，采购员在采购系统生成采购订单、采购到货单、采购发票等，其中采购发票传递至财务部门的总账系统，采购到货单传递至仓储部门生成采购入库单。

3. 理论上的 FSSC 会计档案管理模式

财务共享服务中心的集中财务管理模式，改变了传统分散性的属地化会计档案管理环境。从理论上来说，财务共享服务中心建立后，应将所有单据统一保管在财务共享服务中心所在地[①]，该地要有相当规模的档案中心、为各个分子公司保管大量会计档案并提供相关服务（如图 10-17 所示）。

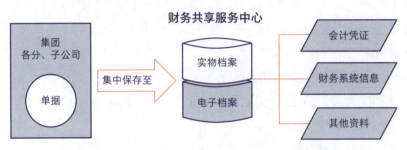

图 10-17　理论上的 FSSC 会计档案管理模式

（二）中国 FSSC 会计档案管理模式实践

从目前的财务共享服务中心会计档案管理的实践来看，在单据的归档上主要出现了两种模式：

1. 分布式模式

分布式模式是将纸质化单据存放在分、子公司所在地，数字化档案则由财务共享服务中心统一保管（如图 10-18 所示）。为了适应我国企业行政监督属地化（如当地的税务局、工商局等）特性，将实物单据存放在分、子公司所在地，由分、子公司负责各自实物会计档案的保管，电子会计档案由财务共享服务中心统一保管。

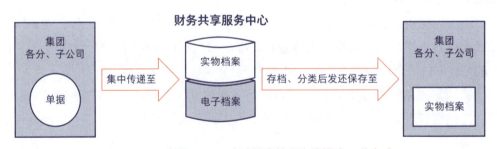

图 10-18　中国 FSSC 会计档案管理实践模式 – 分布式

处理业务时，先将实物单据集中到财务共享服务中心处理，待存档、分类完毕后，在每年的审计开始前，将所有实物单据发还各公司，以便在当地进行实物档案管理。

2. 集中化模式

集中化模式是将所有会计档案（含物理、电子）均统一保管在财务共享服务中心所在地（如图 10-19 所示）。在业务发生后的前几年（通常是 3~5 年），物理凭证仍保存在分、

[①] 张庆龙. 财务转型大趋势——于财务共享与司库的认知［M］. 北京：电子工业出版社，2018.

子公司当地。超过一定年份的物理凭证很少被查阅，统一托管到财务共享服务中心，财务共享服务中心要有较大规模的档案中心。

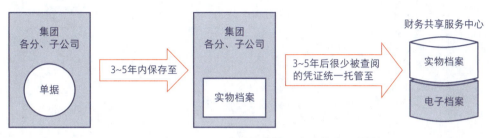

图 10-19　中国 FSSC 会计档案管理实践模式 – 集中化

模块实训

随堂测验：电子会计档案管理知识考核

本测验是每个学生独立完成的个人测验。登录 D–FSSC1.0，单击学习中心，进入学习任务 "J. 总账共享 > 24. 总账 &RPA 应用业务 > 展示分享"，单击 "2. 随堂测验" 学习步骤。单击 "开始答题" 按钮，便可进行随堂测验。

思维导图

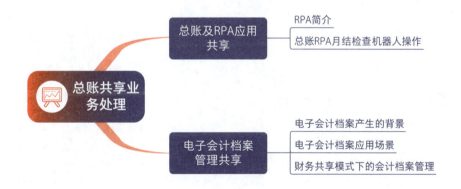

项目 11　财务共享作业绩效管理

知识目标
- 掌握案例企业对财务共享作业绩效看板的需求
- 熟悉财务共享作业绩效看板的配置方法
- 理解财务共享绩效看板的概念

技能目标
- 能在财务共享信息系统中完成绩效看板设置，包括综合主题定义、中心主题定义、作业组主题定义、作业人员主题定义等
- 能在财务共享信息系统中完成绩效看板的管理
- 能在财务共享信息系统中完成绩效数据提取及绩效看板监控

素养目标
- 培养学生面对工作困难时主动学习、积极向上的精神
- 培养学生严肃认真，严谨细致的工作作风
- 培养学生熟悉企业财务共享作业绩效考核制度，树立爱岗敬业的职业精神

模块一　作业绩效管理认知

一、作业绩效管理及绩效看板的概念

　　财务共享作业绩效管理，就是利用技术手段自动提取 FSSC 作业处理数据，并将这些数据以可视化的形式展现出来，以便用于日常绩效显示、监控以及为员工评价提供参考依据等。

　　以可视化形式集中展示 FSSC 作业处理数据的载体，称作财务共享绩效看板，图 11−1 是一个绩效看板的示例图。

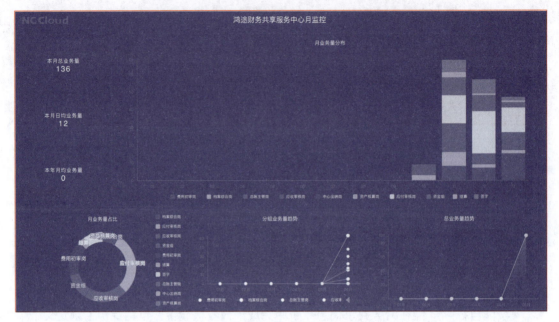

图 11-1　财务共享作业绩效看板示例图

二、绩效看板的作用

财务共享服务中心的绩效看板，主要有下面这些作用：

（1）传递财务共享服务中心作业处理现场的生产信息，统一思想。财务共享服务中心人员众多，而且由于分工的不同导致信息传递不及时的现象时有发生。而实施看板管理后，任何人都可从看板中及时了解现场的生产信息，并从中掌握自己的作业任务，避免了信息传递中的遗漏。此外，针对生产过程中出现的问题，作业人员可提出自己的意见或建议。这些意见和建议大多都可通过看板来展示，供大家讨论，以便统一员工的思想，使大家朝着共同的目标去努力。

（2）杜绝现场管理中的漏洞。通过看板，可以满足共享中心管理层对共享整体业务进行管理和监管的需要；可以关注、对比、分析共享流程中每个环节的工作量、工作效率和工作质量，实现对共享业务的数字化跟踪管理，为其进行管控决策提供直接依据。

（3）绩效考核的公平化、透明化。通过看板，作业组和作业人员的工作业绩一目了然，使得对作业组和作业人员的绩效考核公开化、透明化，同时也起到了激励先进、督促后进的作用。

（4）帮助集团了解财务共享中心任务执行情况及运行效率，有效提高企业在内部管理决策方面的有效性、可靠性和准确性。

三、财务共享绩效看板可处理的数据项

NC Cloud 系统能够跟踪每一个 FSSC 所处理的业务单据，并读取其各项数据进行处理，用来绘制 FSSC 绩效看板。

【例 11-1】　田螺水泥集团的财务共享处理流程中，扫描专岗常驻业务单元进行专岗扫描工作。田螺水泥拟采用一些数据项和绩效指标对共享业务处理的效率进行绩效考评，部分数据项和绩效指标如表 11-1 所示。

表 11-1　田螺水泥集团部分财务共享作业绩效相关数据项和指标

序号	数据名称	含义
1	单据号	业务单据的唯一标识
2	交易类型	对单据类型进行进一步细分的标准，可用于界定绩效数据的业务范围
3	单据日期	单据的制单日期，可用于界定绩效数据的时间空间
4	单据金额	单据的合计金额，可用于区分单据的重要程度
5	单据提交时间	制单人正式提交单据的时间
6	报账人	制单人信息
7	专岗扫描开始时间	扫描专岗进行原始凭证影像扫描的开始时间，用于计算第 9 项数据
8	专岗扫描完成时间	扫描专岗进行原始凭证影像扫描的结束时间，用于计算第 9 项数据
9	专岗扫描时长	扫描专岗原始凭证影像扫描的耗时，可用于度量扫描专岗的工作效率
10	入池时间	单据进入 FSSC 作业池的时间
11	共享初核处理时间	FSSC 初核岗完成单据处理的时间
12	初核处理时长	FSSC 初核岗处理单据所耗费的时长，可度量 FSSC 初核岗的单据处理效率
13	共享初核人	FSSC 初核岗姓名，可用于绩效考核到人
14	共享复核处理时间	FSSC 复核岗完成单据复核的时间
15	复核处理时长	FSSC 复核岗复核单据所耗费的时长，可度量 FSSC 复核岗的单据处理效率
16	共享复核人	FSSC 复核岗姓名，可用于绩效考核到人
17	签字处理时间	FSSC 中心出纳岗完成结算单据签字的时间
18	签字处理时长	FSSC 中心出纳岗结算单据签字所耗费的时长，可度量 FSSC 中心出纳岗结算单据签字处理的效率
19	签字处理人	FSSC 中心出纳岗姓名，可用于绩效考核到人

续表

序号	数据名称	含义
20	结算处理时间	FSSC 资金结算岗完成结算的时间
21	结算处理时长	FSSC 资金结算岗完成结算所耗费的时长,可度量 FSSC 资金结算岗结算处理的效率
22	结算处理人	FSSC 资金结算岗姓名,可用于绩效考核到人
23	共享审批流程时长	等于第 14 项减去第 10 项之差,可用于度量 FSSC 审核组的工作效率
24	共享付款流程时长	等于第 21 项减去第 14 项之差,可用于度量 FSSC 结算组的工作效率
25	本地流程时长	等于第 10 项减去第 5 项之差,可用于度量业务单元单据处理的工作效率
26	共享流程时长	等于第 21 项减去第 10 项之差,或等于 24 项与 25 项之和,可用于度量 FSSC 单据业务处理的工作效率
27	全流程时长	等于第 21 项减去第 5 项之差,或等于第 25 项与第 26 项之和,可用于计算整个单据处理流程的时长、度量单据处理流程的总体效率

模块二 FSSC 绩效看板设置与展示

一、NC Cloud FSSC 绩效看板操作流程

NC Cloud 中,FSSC 绩效看板的典型操作流程是:运营管理员负责绩效看板的设置,作业组长负责看板管理和看板监控(如图 11-2 所示)。

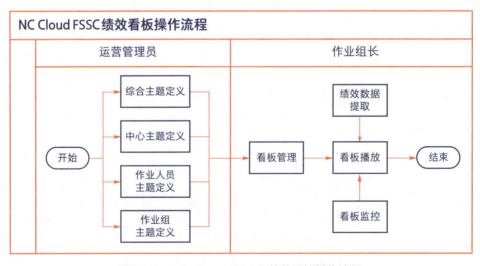

图 11-2　NC Cloud FSSC 绩效看板操作流程

二、绩效看板设置

【例 11-2】　鸿途集团财务共享服务中心经过几个月的运营，各项工作逐步走向正轨。为了深化 FSSC 的运营管理，鸿途集团财务共享服务中心决定建立一套 FSSC 绩效看板。要求以费用组及费用初审岗试点，按照相关绩效考评方案进行绩效看板设置。

（一）角色分配

参与财务共享作业绩效操作的角色只有共享中心运营管理角色和共享中心作业组长角色，需要每个小组由组长进行角色指派。以组长身份登录 D-FSSC1.0，进入学习任务"K. 财务共享作业绩效 > 25. 财务共享作业绩效 > 构建测试"，单击"2. 分配角色"学习步骤，按照指派的角色在系统中进行拖拽授权，授权结束后单击"完成设置"按钮保存。

（二）综合主题定义

1. 选择作业组

以"共享中心运营管理角色"的组员身份登录 D-FSSC1.0，进入学习任务"K. 财务共享作业绩效 > 25. 财务共享作业绩效 > 构建测试"，单击"4. 协作处理"学习步骤。单击"共享中心运营管理角色"角色头像图标，并选择进入 NC Cloud 轻量端。单击"看板管理 > 看板管理"快捷入口，进入绩效看板管理页面。单击顶部"综合主题定义"按钮，系统将进入绩效看板"综合主题定义"页面。左上角"共享中心"区域选中"鸿途财务共享服务中心"，"作业组"选中"费用组"（如图 11-3 所示）。

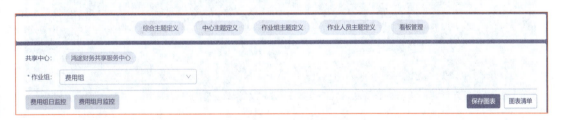

图 11-3　绩效看板综合主题定义 - 选择作业组

2. 定义日监控主题

单击图 11-3 中左下角的"费用组日监控"按钮，系统将进入绩效看板"费用组日监控"图表设置页面（如图 11-4 所示）。NC Cloud 系统已经预置了一些作业组日监控图表，包含的内容有：当日关键数据统计（待处理、已处理、当日新增、上日留存、驳回次数等），业务量日排行（按人）柱形图（大图），分时已处理趋势图，平均处理时长（按人）柱形图，分时待处理趋势图。单击右上角"保存图表"按钮并对该日监控图表进行命名，便可保存费用组日监控图表。

3. 定义月监控主题

单击图 11-4 中左下角的"费用组月监控"按钮，系统将进入绩效看板"费用组月监控"图表设置页面。与日监控主题类似，NC Cloud 系统也预置了一些作业组月监控图表，包含的内容有：当月关键数据统计（本月新增、已处理、日均处理量、驳回次数等），业务量月排行（按人）柱形图（大图），已处理趋势图，平均处理时长（按人）柱形图，驳回量趋势图。单击右上角"保存图表"按钮并对该月监控图表进行命名，便可保存费用组月监控图表。

单击右上角的"图表清单"，可以维护多个不同命名的费用组日监控、费用组月监控图表设计结果。

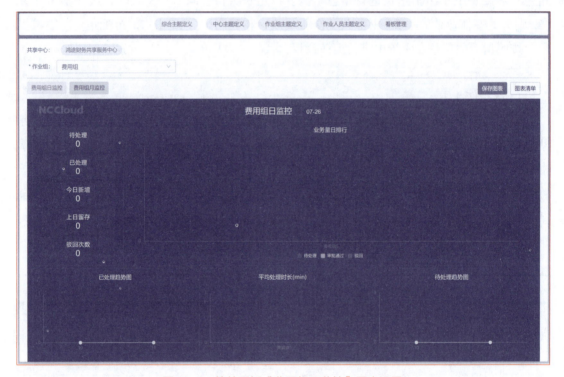

图 11-4　绩效看板"费用组日监控"图表设置

（三）中心主题定义

1. 定义中心月监控主题

在图 11-4 中单击顶部"中心主题定义"按钮，系统将进入绩效看板"中心主题定义"页面。左上角"共享中心"区域选中"鸿途财务共享服务中心"。

单击"作业组："选择框，系统会自动根据这个财务共享服务中心找到并列出已定义的作业组。选择一个或多个作业组，单击左上角的"鸿途财务共享服务中心月监控"按钮，便可定义中心月监控主题（如图 11-5 所示）。NC Cloud 系统也预置了一些中心月监控图表，包含的内容有：当月关键数据统计（本月总业务量、当月日均业务量、本年月均业务量等），业务量月排行（按人）柱形图（大图），月业务量占比，平均处理时长（按人）柱形图，总业务量趋势图。可以看出，如果选择了多个作业组，这些作业组将作为一个维度出现在"月业务量分布""月业务量占比""分组业务量趋势"等绩效图表中。单击右上角"保存图表"按钮，可对中心月监控图表进行命名并保存。

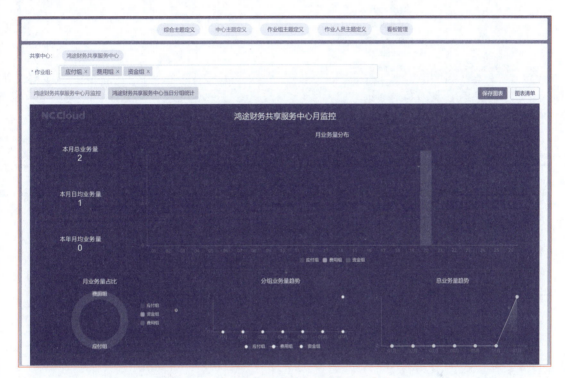

图 11-5　多作业组的"中心月监控主题"定义

2. 定义中心日监控主题

单击图 11-5 中的"鸿途财务共享服务中心当日分组统计"按钮，系统将进入绩效看板中心当日分组统计主题图表设置页面（如图 11-6 所示）。单击右上角"保存图表"按钮并对中心当日分组统计图表进行命名，便可保存中心当日分组统计图表。

单击右上角的"图表清单"，可以维护多个不同命名的中心月监控图表和中心当日分组统计图表设计结果。

（四）作业组主题定义

1. 选择作业组范围、确定时间维度与时间范围

在图 11-6 中单击顶部"作业组主题定义"按钮，系统将进入绩效看板"作业组主题定义"页面。左上角"共享中心"区域选中"鸿途财务共享服务中心"。单击"作业组："选择框，系统会自动根据这个财务共享服务中心找到并列出已定义的作业组。这里我们选择鸿途财务共享服务中心的 3 个作业组（如图 11-7 所示）。

图 11-6 "中心当日分组统计图表"定义

图 11-7 "作业组主题图表"定义

"时间维度"，是指图表读取数据的时间间隔或时间单位。根据【例 11-2】的扩展阅读资料，这里我们选择"按月"。

"时间范围"，是指图表显示数据所属的时间区间，可以是相对区间（如"本周""本月"等），这里我们输入"近 3 月"。

2. 选择并保存风格与主题

"主题"，就是展示的风格与色调。如图 11-7 所示，系统预置了 3 种风格，用户还可以使用"+"按钮设置自定义主题风格，自定义主题需要分别选择文字颜色、图形颜色并上传背景图片。

作业组主题是以作业组为集合进行统计和展现的各种形式的图或表，如图 11-7 所示，预置的作业组主题图表有：作业组业务量统计表（按指定的时间维度和作业岗位展现的二维表），作业组业务量趋势图（以折线图展示作业组或岗位的业务量趋势），作业组业务量面积堆积图，作业组业务量对比图，作业组单据量分布图，等等。用户可以依次单击计划使用的作业组主题图标按钮，然后单击"保存图表"按钮进行命名并保存。

单击右上角的"图表清单"，可以维护多个不同命名的"作业组主题图表"设计结果。

（五）作业人员主题定义

1. 选择作业人员所属作业组

在图 11-7 中单击顶部"作业人员主题定义"按钮，系统将进入绩效看板中心主题定义页面。左上角"共享中心"区域选中"鸿途财务共享服务中心"。单击"作业组："选择框，系统会自动根据这个财务共享服务中心找到并列出已定义的作业组。可以选择一个或多个末级作业组（代表末级组内的各个作业人员），所选作业组必须同属于一个上级作业组。这里我们选择鸿途财务共享服务中心的费用组和应付组（如图 11-8 所示），这 2 个作业组可以认为同属于"鸿途 FSSC 作业组"这个虚拟的上级作业组。

图 11-8　"作业人员主题图表"定义

2. 选择时间维度与时间范围

"时间维度"，是指图表读取数据的时间间隔或时间单位，如果选择了周或月，则最近不足一周或一月的按一周或一月统计。根据【例 11-2】的扩展阅读资料，这里我们选择"按月"。

"时间范围"，是指图表显示数据所属的时间区间，可以是相对区间（如"本周""本月"等），这里我们输入"近 1 月"。

3. 选择并保存风格与主题

"主题"，就是展示的风格与色调。如图 11-8 所示，系统预置了 3 种风格，用户还可以使用"+"按钮设置自定义主题风格，自定义主题需要分别选择文字颜色、图形颜色并上传背景图片。

作业人员主题是以所选作业组内的岗位人员为集合进行统计和展现的各种形式的图或表，如图 11-8 所示，预置的作业人员主题图表有：

（1）人员作业量统计表。按指定的时间维度和作业人员展现的二维表，包含的指标有：通过数量、驳回数量、被驳回的数量、总处理时长 min、平均处理时长 min、驳回率。

（2）人员驳回率统计图。以柱形图展示作业人员的审批通过业务量，驳回业务量和驳回率情况。

（3）人员作业量统计图。以柱形图展示指定区间内每个作业人员的作业量。

（4）作业组作业量统计图。以柱形图展示指定区间内所选作业组全体人员合计审批通过与合计驳回的作业量。

用户可以依次单击计划使用的作业人员主题图标按钮，然后单击"保存图表"按钮进行命名并保存。

单击右上角的"图表清单"，可以维护多个不同命名的"作业人员主题图表"设计结果。

三、绩效看板管理与展示

（一）看板管理

以"共享中心运营管理角色"的组员身份登录 D-FSSC1.0，进入学习任务"K.财务共享作业绩效 > 25.财务共享作业绩效 > 构建测试"，单击"4.协作处理"学习步骤。单击"共享中心运营管理角色"角色头像图标，并选择进入 NC Cloud 轻量端。单击"看板管理 > 看板管理"快捷入口，进入绩效看板管理页面。单击顶部"看板管理"按钮，系统将进入绩效看板管理页面。

1. 新增绩效看板

单击右上角"新增"按钮，系统将弹出"增加一组绩效看板信息"对话框。"名称"文本框录入"例 11-2 看板"，"排序"保留默认的"1"，单击对话框中的"保存"按钮保存，系统将增加一组绩效看板（如图 11-9 所示）。

图 11-9　增加一组绩效看板

2. 设置绩效看板

单击图 11-9 中新增绩效看板这一行右侧的"设置"链接，系统将进入绩效看板设置页面。单击左侧栏顶部"屏幕列表"行的"⊕"按钮，在弹出的"增加绩效看板"对话框中，"名称"栏输入"本月作业量"，"显示时间（秒）"设置为 5，"排序"保持默认的 1，单击对话框右下角的"保存"按钮保存，系统将进入绩效看板屏幕设计页面（如图 11-10 所示）。

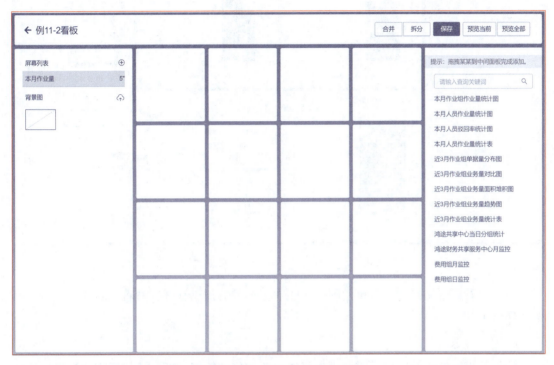

图 11-10　绩效看板设置页面

　　该设置界面的中间为当前看板的预览效果图，由 4 行 4 列的 16 宫格屏幕构成；左侧为已增加的看板屏幕及其排列顺序的列表，如果存在多个屏幕则这些屏幕将按照排列顺序轮播，每个屏幕的停留时间或显示时间（秒）在增加屏幕时设置；右侧为待选的资源（即之前在各个主题定义时所保存的各类图表），用来填充看板屏幕。

　　空的看板屏幕默认以 16 宫格展现，16 宫格是最细的颗粒度，不能再进行细分。一张图表只能在同一个宫格展现，不可以跨宫格展现；可以拖选相邻的四方格，进行"合并"宫格的操作，合并后的区域即可以完整地定义和展现图表；还可以对已合并的宫格进行拆分操作。通过对宫格的合并拆分，确定好当前展板的布局，就可以把右边的各种图表资源往相应的区域进行拖拽了。图 11-11 是绩效看板屏幕"本月作业量"的设计结果示例。把要展现的图表定义好后，还可以选择左侧的图片确定当前展板的背景图。上述工作做完以后，可以通过预览当前展板看看实际效果，如果不满意还可以继续调整。确定好后，可单击图 11-11 右上角的"保存"按钮将当前定义的结果保存下来，继续按上述方法定义下一块轮播用的绩效看板屏幕。

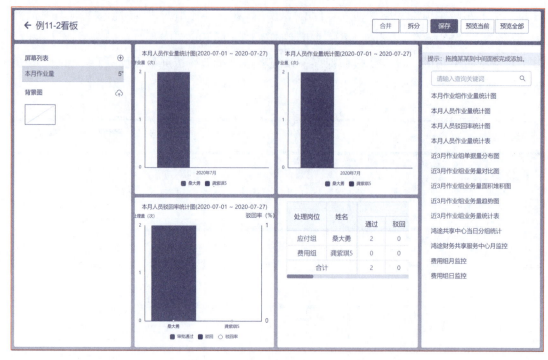

图 11-11　绩效看板屏幕设计结果示例

当整组看板定义好后，可单击图 11-11 右上方的"预览全部"看看实际的绩效看板屏幕轮播效果。

（二）绩效数据提取

绩效看板所使用的数据，需要先进行提取（或称"数据刷新"），然后才能被看板统计并展现。

以"共享中心运营管理角色"的组员身份登录 D-FSSC1.0，进入学习任务"K. 财务共享作业绩效 > 25.财务共享作业绩效 > 构建测试"，单击"4.协作处理"学习步骤。单击"共享中心运营管理角色"角色头像图标，并选择进入 NC Cloud 轻量端。查看"看板管理 > 绩效数据提取"操作区域（如图 11-12 所示），该区域显示当前绩效看板的数据提取

图 11-12　"绩效数据提取"操作区域

状态、最近时间（即最近数据提取时间）。"当前状态"为"已启动"，表示系统已经按照每5分钟自动提取一次绩效数据；单击"提取数据"链接，可立即重新提取一次绩效数据。

（三）看板监控

以"共享中心作业组长"角色的组员身份登录 D-FSSC1.0，进入学习任务"K. 财务共享作业绩效 > 25. 财务共享作业绩效 > 构建测试"，单击"4. 协作处理"学习步骤。单击"共享中心作业组长"角色头像图标，并选择进入 NC Cloud 轻量端。查看"看板管理 > 看板监控"区域（如图 11-13 所示），该区域根据"1. 看板管理"一节所设置的绩效看板屏幕进行轮播显示，显示的数据根据"2. 绩效数据提取"一节中的规则进行刷新。

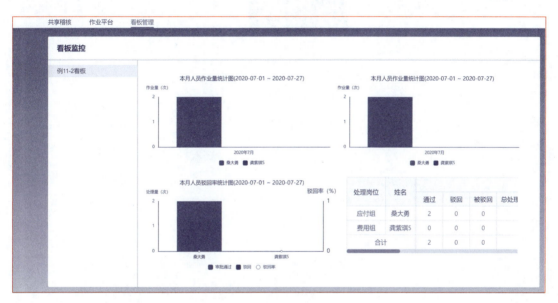

图 11-13　"看板监控"区域

模块实训

鸿途集团财务共享服务中心绩效看板设置与展示

（1）根据鸿途集团财务共享中心绩效考评方案，分析哪些绩效考评指标可以通过绩效看板获取相关数据。

（2）设计财务共享服务中心的绩效看板指标与展示方案，并按照角色分工在系统中进行设置与展示。展示形式与风格尽量美观大方，展示内容适合财务共享服务中心绩效大屏投放。小组将构建配置与测试过程视频或截图汇集以 Word 格式上传分享。教师发起互评后，小组间互评。

鸿途集团财务共享中心绩效考评方案 - 模块实训

思维导图

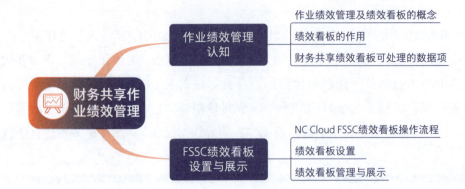

财务共享作业绩效管理

- 作业绩效管理认知
  - 作业绩效管理及绩效看板的概念
  - 绩效看板的作用
  - 财务共享绩效看板可处理的数据项

- FSSC绩效看板设置与展示
  - NC Cloud FSSC绩效看板操作流程
  - 绩效看板设置
  - 绩效看板管理与展示

项目 12 财务共享作业稽核

🖅 **学习目标** ┃- -

知识目标 ● 掌握案例企业对财务共享作业质量稽核的需求

● 熟悉财务共享作业稽核的主要内容

● 理解财务共享作业质量稽核的概念

技能目标 ● 能在财务共享信息系统中设置财务共享作业的稽核内容

● 能在财务共享信息系统中设置财务共享作业的稽核问题类型及严重
程度

● 能在财务共享信息系统中创建财务共享作业稽核任务

● 能在财务共享信息系统中启动财务共享作业稽核任务、进行财务核算
单据抽样并完成稽核工作

● 能在财务共享信息系统中生成财务共享作业稽核任务的稽核报告

素养目标 ● 培养学生面对工作困难时主动学习、积极向上的精神

● 培养学生提高专业技能的自觉性

模块一　财务共享作业稽核认知

一、财务共享作业稽核的概念

（一）会计稽核与抽样的概念

稽核。稽核是稽查和复核的简称。内部稽核制度是内部控制制度的重要组成部分，会
计稽核是会计机构本身对于会计核算工作进行的一种自我检查或审核工作。建立会计机构
内部稽核制度，其目的在于防止会计核算工作上的差错和人员舞弊。通过稽核，对日常会
计核算工作中出现的疏忽、错误等及时加以纠正或制止，可以提高会计核算工作的质量。

会计稽核是会计工作的重要内容，也是规范会计行为、提高会计资料质量的重要保证。

抽样与样本。所考察对象的全体构成的集合叫作总体，每一个考察对象叫作个体。从总体中抽取一部分个体的行为叫作抽样，抽取的个体所组成的集合叫作样本，样本中的个体数目叫作样本数量。

分层抽样。按照一定的分类条件，将总体分成互不交叉的若干层（子集合），然后再按照一定的比率从各层中独立抽取一定数量的样本，这种抽样方法叫作分层抽样。

（二）共享作业稽核业务描述

作业稽核，是针对流入共享中心的单据为目标范围进行的稽核，即以财务共享服务中心的作业任务为对象而进行的。通过检查共享服务各个岗位人员是否按照操作规范及操作要求处理作业，加强共享中心所有员工的质量意识，产出符合质量要求的作业成果；同时根据检查结果不断总结、归纳发生问题的原因，并提出解决办法，从而为不断完善制度和规则提供依据。

（三）共享作业稽核的价值

利用分层抽样的技术，从共享服务处理的历史作业任务中抽取有代表性的单据进行检查，对发现的问题进行记录，通知作业人员整改并描述整改过程，进而评估共享服务的作业处理情况，指导财务共享服务中心建立健全内控制度，堵塞漏洞，提高管理水平。

（四）共享稽核任务的概念

每一次稽核，需要由管理人员发起一个稽核事项，明确本次稽核包含的单据范围，比如时间区间、所覆盖的作业组，本次稽核要关注的重点内容以及稽核以后的阶段性评价和成果汇报等，这个事项的表现形式就是财务共享的"稽核任务"。

二、财务共享稽核典型流程

财务共享稽核的典型流程如图 12-1 所示，其中"整改"环节为信息系统外的线下操作。运营管理人员进行基础数据和作业任务的管理；稽核人员（D-FSSC1.0 中授权给作业组长）负责稽核任务的执行并生成稽核报告；作业人员依据稽核结果进行整改；FSSC负责人查看稽核报告并持续改进共享中心绩效考核方案。

⚙ 模块实训 ┃------------------------------

鸿途财务共享服务中心设置了共享中心运营管理角色和共享中心作业组长角色来负责财务共享作业稽核工作。图 12-1 中，"运营管理"列中的工作由共享中心运营管理角色完成，其余工作均由共享中心作业组长角色承担。要求：参照图 12-1，每一名学生用 Microsoft Visio 工具独立绘制鸿途财务共享服务中心的共享作业稽核业务流程。

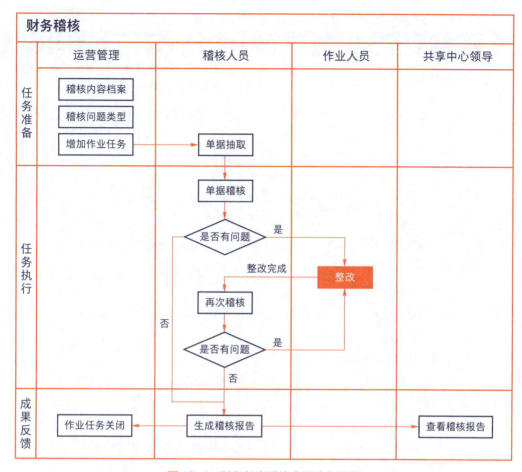

图 12-1 财务共享稽核典型业务流程

模块二 财务共享作业稽核协作处理

一、案例情境

【例 12-1】 鸿途集团财务共享服务中心于 2019 年 1 月建成之后，经过半年的试运营，各项工作逐步走向正规。2019 年 7 月，为了强化财务共享服务中心的运营职能，共享中心对上半年的工作进行了总结，认为在财务共享作业处理的质量方面存在核算规范执行标准不够统一、日常会计稽核与监督手段尚未制度化、员工考核和评价体系还需要进一步优化。鸿途财务共享服务中心计划从 2019 年 7 月份起实施新的绩效考评方案，并制定了《鸿途财务共享服务中心业务质量评价指标表》（节选部分见表 12-1）。

表 12-1　鸿途财务共享服务中心业务质量评价指标表（节选）

业务类型	评价指标	责任人	考核办法
扫描 （100分）	1. 扫描质量	业务单元 财务助理	扫描影像不清楚或重叠，单据漏扫或夹页，每单扣5分，共50分
	2. 原始单据	业务单元 财务助理	原始单据不符合公司要求的，每单扣2分，共20分
	3. 单据台账记录	业务单元 财务助理	台账内容未核对，每发现一次扣5分，共20分
	4. 影像效果	业务单元 财务助理	单据影像未上传或不能辨认的，每单扣5分，共10分
审核核算 （100分）	1. 审核报账信息准确	FSSC 审核岗	未依照制度正确审核，每单扣5分，共30分
	2. 会计核算的科目、金额、币种、期间等正确	FSSC 审核岗	科目核算信息错误，每单扣5分，共20分
	3. 原始凭证审核无误	FSSC 审核岗	使用不当原始凭证做账，每单扣5分，共20分
	4. 其他信息准确无误，包括摘要规范、调整说明等	FSSC 审核岗	错误处理，每单业务扣5分，共20分
	5. 内部对账准确、及时	FSSC 审核岗	未按时对账或对账错误未查明，每检测出一次扣5分，共10分
资金结算 （100分）	1. 准确支付：账户信息准确、金额准确、及时处理未成功支付问题	中心出纳岗	支付错误，每单扣5分，共50分
	2. 收、付款及时准确	中心出纳岗	未及时准确进行收付款确认，每单扣5分，共30分
	3. 系统密码及银行支付保密工具管理	中心出纳岗	未按照规定保管密匙和其他银行加密工具，每一项扣5分，共20分

二、协作处理

（一）角色分配

参与财务共享作业绩效操作的角色只有共享中心运营管理角色和共享中心作业组长角色，需要每个小组由组长进行角色指派。以组长身份登录 D-FSSC1.0，进入学习任务"L.财务共享作业稽核 > 26.财务共享作业稽核 > 构建测试"，单击"2.分配角色"学习步骤，按照指派的角色在系统中进行拖拽授权，授权结束后单击"完成设置"按钮保存。

（二）稽核内容设置

稽核内容设置，实际上就是设置共享作业稽核的审核重点。随着业务复杂度的提高，需要稽核的内容也越来越多，会导致在稽核时漏掉关键内容，所以要先定义稽核的内容，然后再明确到任务中，在稽核时予以提醒，确保稽核的有效性。

【例 12-2】 2019 年 7 月份，鸿途集团财务共享服务中心根据 2019 年上半年的运营经验和所发现的问题，结合表 12-1，确定的稽核内容，如表 12-2 所示。要求：分组协同完成表 12-2 中共享稽核内容的设置。

表 12-2　鸿途集团共享稽核内容

内容编码	上级内容编码	内容名称
JHNR01		单据质量
JHNR0101	JHNR01	单据填写完整性
JHNR0102	JHNR01	单据正确性
JHNR02		影像质量
JHNR0201	JHNR02	影像全面性
JHNR0202	JHNR02	影像可识别度

【解析】 以"共享中心运营管理角色"的组员身份登录 D-FSSC1.0，进入学习任务"L.财务共享作业稽核 > 26.财务共享作业稽核 > 构建测试"，单击"3.系统配置"学习步骤。单击"共享中心运营管理角色"角色头像图标，并选择进入 NC Cloud 轻量端。单击"共享稽核 > 稽核内容"快捷入口，进入 NC Cloud 稽核内容维护页面。依据表 12-2，鼠标放在左侧"上级内容编码"所在行（如果没有上级内容则视同上级内容为"root 稽核内容"），单击出现的"⊕"图标，系统将在所选行的下级建立一条共享稽核内容。可依据表 12-2 完成所有共享稽核内容的设置（如图 12-2 所示）。

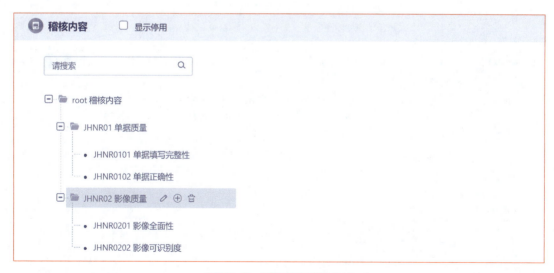

图 12-2　设置共享稽核内容

（三）稽核问题类型设置

【例 12-3】 2019 年 8 月 1 日，鸿途集团财务共享服务中心根据表 12-1 中的扣分项目及扣分分值，抽取了共享稽核的问题类型及严重程度，如表 12-3 所示。要求：分组协同完成表 12-3 中共享作业稽核问题类型设置。

表 12-3　鸿途财务共享服务中心共享作业稽核问题类型

编码	名称	扣分标准	严重程度
WTLX01	扫描影像模糊无法识别	−5	非常严重
WTLX02	单据影像未全部上传	−5	非常严重
WTLX03	原始凭证不符合公司要求	−3	严重
WTLX04	超出审批的最长期限	−1	一般
WTLX05	收款方信息错误	−5	非常严重
WTLX06	收付款不及时	−3	严重

【解析】 以"共享中心运营管理角色"的组员身份登录 D-FSSC1.0，进入学习任务"L.财务共享作业稽核 > 26.财务共享作业稽核 > 构建测试"，单击"3.系统配置"学习步骤。单击"共享中心运营管理角色"角色头像图标，并选择进入 NC Cloud 轻量端。单击"共享稽核 > 稽核问题类型"快捷入口，进入 NC Cloud 稽核问题类型维护页面。鼠标放在左侧"root 稽核问题类型"所在行，单击出现的"⊕"图标，依据表 12-3 逐项进行共享稽核问题类型设置（如图 12-3 所示）。每完成一项稽核问题类型的设置，可单击右上方的"保存"按钮进行保存，系统将自动启用该项稽核问题类型。

图 12-3　设置共享稽核问题类型

（四）创建作业稽核任务

【例 12-4】　2019 年 8 月 3 日，鸿途集团财务共享服务中心拟对 2019 年 7 月份的共享作业单据进行稽核，稽核任务编码和名称分别为"JHRW201907""201907 作业稽核"。鸿途集团财务共享服务中心 7 月份总共处理了 17 家服务对象，大约 5 000 张单据，本次指定的抽样规则如下：对 17 家服务对象财务组织进行平等抽样，总的抽样样本数为 200 张，即抽样比例为 4%；样本金额的范围为 5 000 元（含）以上。要求：分组协同完成共享稽核任务的创建。

【解析】　以"共享中心运营管理角色"的组员身份登录 D-FSSC1.0，进入学习任务"L. 财务共享作业稽核 > 26. 财务共享作业稽核 > 构建测试"，单击"3. 系统配置"学习步骤。单击"共享中心运营管理角色"角色头像图标，并选择进入 NC Cloud 轻量端。单击"共享稽核 > 稽核任务"快捷入口，进入 NC Cloud 稽核任务维护页面。单击右上角的"新增"按钮，进入稽核任务创建页面。"共享服务中心"选择鸿途财务共享服务中心，输入"任务编码"和"任务名称"，"任务属性"选择"日常"，"抽样比例（%）"填写"4"，其余按照【例 12-4】给定的数据填写（如图 12-4 所示）。填写完毕后，单击右上角"保存"按钮进行保存。

图 12-4　鸿途财务共享服务中心作业稽核任务创建

（五）单据抽样及稽核

【例 12-5】　2019 年 8 月 8 日，鸿途财务共享服务中心抽调资深作业组成员组成质量稽核小组，启用步骤"4. 创建作业稽核任务"中所创建的财务共享作业稽核任务并进行作业稽核。要求：分组协同完成单据抽样及稽核操作（至少完成 3 张单据的稽核操作）。

【解析】

1. 查询并启用稽核任务

以“共享中心运营管理角色”的组员身份登录 D-FSSC1.0，进入学习任务“L. 财务共享作业稽核 > 26. 财务共享作业稽核 > 构建测试”，单击“3. 系统配置”学习步骤。单击“共享中心运营管理角色”角色头像图标，并选择进入 NC Cloud 轻量端。单击“共享稽核 > 稽核任务”快捷入口，进入 NC Cloud 稽核任务维护页面。顶部查询区域的“共享服务中心”选择框选中“鸿途财务共享服务中心”，单击右侧“查询”按钮，系统将列出所选财务共享服务中心已经设置的稽核任务（如图 12-5 所示）。单击“201907 作业稽核”任务行右侧的“启用”链接，便可启用该共享作业稽核任务。

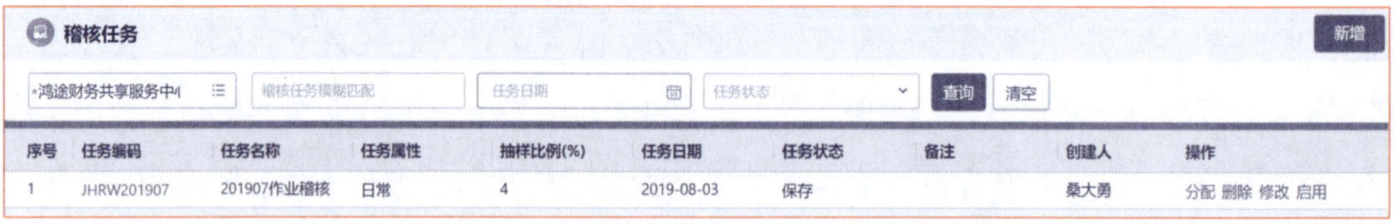

序号	任务编码	任务名称	任务属性	抽样比例(%)	任务日期	任务状态	备注	创建人	操作
1	JHRW201907	201907作业稽核	日常	4	2019-08-03	保存		桑大勇	分配 删除 修改 启用

图 12-5　查询并启用财务共享作业稽核任务

2. 单据抽取及确认

以“共享中心作业组长”的组员身份登录 D-FSSC1.0，进入学习任务“L. 财务共享作业稽核 > 26. 财务共享作业稽核 > 构建测试”，单击“4. 协作处理”学习步骤。单击“共享中心作业组长”角色头像图标，并选择进入 NC Cloud 轻量端。单击“共享稽核 > 单据抽取”快捷入口，进入 NC Cloud 共享稽核单据抽取页面。顶部查询区域的“共享服务中心”选择框选中“鸿途财务共享服务中心”，“稽核任务”选择框选中刚刚启用的“201907 作业稽核”任务，单击右上角“抽取”按钮，系统将从满足稽核任务条件的财务共享作业单据中进行抽取（如图 12-6 所示）。用户可以检查抽取出来的单据列表是否合

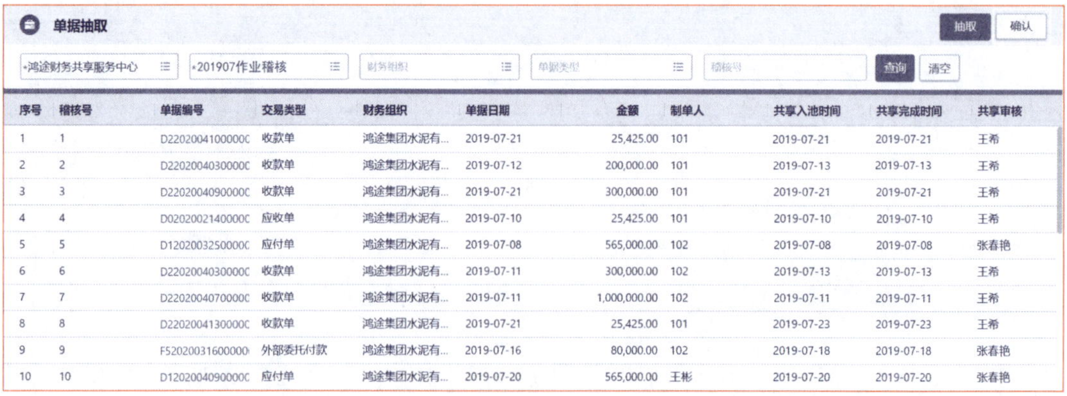

序号	稽核号	单据编号	交易类型	财务组织	单据日期	金额	制单人	共享入池时间	共享完成时间	共享审核
1	1	D2202004100000C	收款单	鸿途集团水泥有...	2019-07-21	25,425.00	101	2019-07-21	2019-07-21	王希
2	2	D2202004030000C	收款单	鸿途集团水泥有...	2019-07-12	200,000.00	101	2019-07-13	2019-07-13	王希
3	3	D2202004090000C	收款单	鸿途集团水泥有...	2019-07-21	300,000.00	101	2019-07-21	2019-07-21	王希
4	4	D0202002140000C	应收单	鸿途集团水泥有...	2019-07-10	25,425.00	101	2019-07-10	2019-07-10	王希
5	5	D1202003250000C	应付单	鸿途集团水泥有...	2019-07-08	565,000.00	102	2019-07-08	2019-07-08	张春艳
6	6	D2202004030000C	收款单	鸿途集团水泥有...	2019-07-11	300,000.00	102	2019-07-13	2019-07-13	王希
7	7	D2202004070000C	收款单	鸿途集团水泥有...	2019-07-11	1,000,000.00	102	2019-07-11	2019-07-11	王希
8	8	D2202004130000C	收款单	鸿途集团水泥有...	2019-07-21	25,425.00	101	2019-07-23	2019-07-23	王希
9	9	F52020031600000	外部委托付款	鸿途集团水泥有...	2019-07-16	80,000.00	102	2019-07-18	2019-07-18	张春艳
10	10	D1202004090000C	应付单	鸿途集团水泥有...	2019-07-20	565,000.00	王彬	2019-07-20	2019-07-20	张春艳

图 12-6　财务共享稽核单据抽取及确认

适，如果不合适可以再次单击右上角“抽取”按钮重新抽取。抽样完毕单击右上角“确认”按钮，便确认了抽样结果。

3. 单据稽核

以“共享中心作业组长”的组员身份登录 D-FSSC1.0，进入学习任务“L. 财务共享作业稽核 > 26. 财务共享作业稽核 > 构建测试”，单击“4. 协作处理”学习步骤。单击“共享中心作业组长”角色头像图标，并选择进入 NC Cloud 轻量端。单击“共享稽核 > 单据稽核”快捷入口，进入 NC Cloud 共享单据稽核页面。顶部查询区域的“共享服务中心”选择框选中“鸿途财务共享服务中心”，“稽核任务”选择框选中“201907 作业稽核”任务，单击右上角查询图标按钮便可查询待稽核单据列表（如图 12-7 所示）。单击其中一条查询结果右侧的“稽核”链接，便可对该单据进行稽核（如图 12-8 所示）。

序号	稽核号	财务组织	单据编号	交易类型	单据日期	金额	制单人	共享入池时间	共享完成时间	操作
1	1	鸿途集团水泥有...	D220200410000...	收款单	2019-07-21	25,425.00	101	2019-07-21	2019-07-21	稽核
2	2	鸿途集团水泥有...	D220200403000...	收款单	2019-07-12	200,000.00	101	2019-07-13	2019-07-13	稽核
3	3	鸿途集团水泥有...	D220200409000...	收款单	2019-07-21	300,000.00	101	2019-07-21	2019-07-21	稽核
4	4	鸿途集团水泥有...	D020200214000...	应收单	2019-07-10	25,425.00	101	2019-07-10	2019-07-10	稽核
5	5	鸿途集团水泥有...	D120200325000...	应付单	2019-07-08	565,000.00	102	2019-07-08	2019-07-08	稽核
6	6	鸿途集团水泥有...	D220200403000...	收款单	2019-07-11	300,000.00	102	2019-07-13	2019-07-13	稽核
7	7	鸿途集团水泥有...	D220200407000...	收款单	2019-07-11	1,000,000.00	102	2019-07-11	2019-07-11	稽核
8	8	鸿途集团水泥有...	D220200413000...	收款单	2019-07-21	25,425.00	101	2019-07-23	2019-07-23	稽核
9	9	鸿途集团水泥有...	F520200316000...	外部委托付款	2019-07-16	80,000.00	102	2019-07-18	2019-07-18	稽核
10	10	鸿途集团水泥有...	D120200409000...	应付单	2019-07-20	565,000.00	王彬	2019-07-20	2019-07-20	稽核

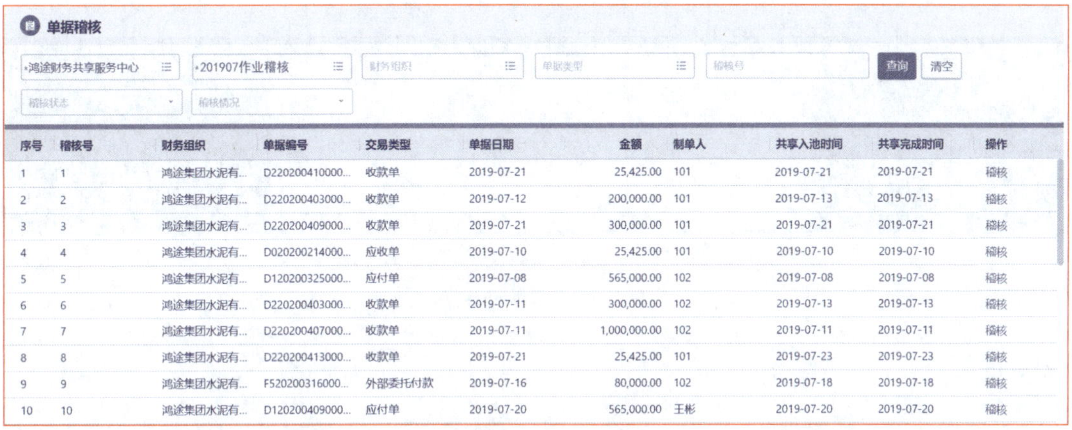

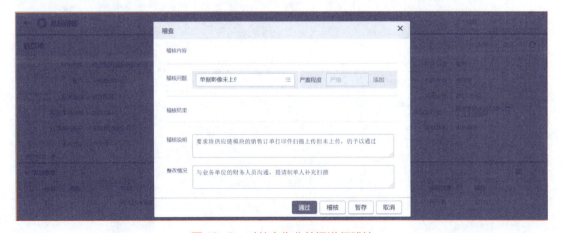

图 12-7　查询可稽核的共享作业单据

图 12-8　对共享作业单据进行稽核

（六）生成稽核报告

【例 12-6】2019 年 8 月 19 日，鸿途财务共享服务中心质量稽核小组完成了全部抽样单据的稽核工作。小组负责人拟生成稽核报告向鸿途财务共享服务中心总经理进行汇报。要求：分组协同完成此次稽核任务的稽核报告生成操作。

【解析】 以"共享中心作业组长"的组员身份登录 D–FSSC1.0，进入学习任务"L. 财务共享作业稽核 > 26. 财务共享作业稽核 > 构建测试"，单击"4. 协作处理"学习步骤。单击"共享中心作业组长"角色头像图标，并选择进入 NC Cloud 轻量端。单击"共享稽核 > 稽核报告"快捷入口，进入 NC Cloud 共享单据稽核报告管理页面。单击右上角"生成"按钮，在弹出的对话框中选择财务共享服务中心及拟生成稽核报告的稽核任务（如图 12-9 所示）。单击对话框中的"确定"按钮。系统将生成相应的稽核报告（如图 12-10 所示）。单击右上角的"保存"按钮进行稽核报告的保存。注意：只有已经有抽样单据被稽核（即处于"已稽核"状态）的稽核任务，才能生成稽核报告。

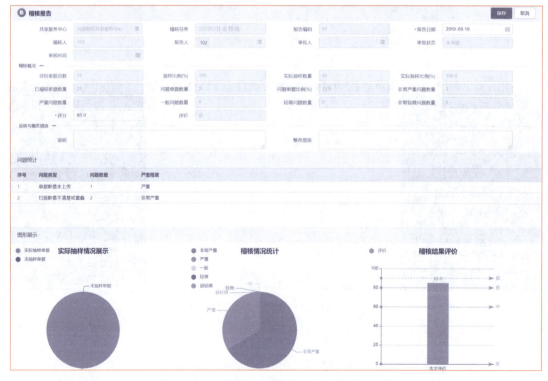

图 12-9 选择稽核任务生成稽核报告

图 12-10 共享作业稽核报告生成后保存页面

**模块实训**

1. 稽核内容设置

2019 年 7 月份，鸿途集团财务共享服务中心根据 2019 年上半年的运营经验和所发现的问题，确定的稽核内容如表 12-4 所示。

要求：在 D-FSSC1.0 的学习中心里，完成表 12-4 中的共享稽核内容设置。

表 12-4　鸿途集团共享稽核内容

内容编码	上级内容编码	内容名称
1		单据质量
101	1	单据完整性
102	1	单据准确性
2		影像质量
201	2	影像齐全性
202	2	影像清晰度

2. 稽核问题类型设置

2019 年 7 月 1 日，鸿途集团财务共享服务中心根据《2019 年鸿途财务共享服务中心业务质量评价方案》（参见拓展阅读内容）中的扣分项目及扣分分值，抽取了共享稽核的问题类型及严重程度（如表 12-5 所示）。

要求：在 D-FSSC1.0 的学习中心里，完成表 12-5 中稽核问题类型的设置。

2019 年鸿途财务共享服务中心业务质量评价方案

表 12-5　鸿途集团共享稽核问题类型

编码	名称	扣分标准	严重程度
JW001	扫描影像不清楚或重叠	-5	非常严重
JW002	单据影像未上传	-5	严重
JW003	使用不当原始凭证做账	-5	严重
JW004	原始单据不符合公司要求	-2	一般
JW005	单据匹配错误	-5	严重
JW006	单据未按照制度正确审核	-5	非常严重
JW007	审核核算错误处理	-5	非常严重
JW008	支付信息错误	-5	严重

3. 创建稽核任务

2019 年 8 月 1 日，鸿途集团财务共享服务中心拟对 2019 年 7 月份（1 日~31 日）的单据进行财务共享作业稽核。鸿途集团财务共享服务中心 7 月份总共处理了 17 家服务对象，大约 2 000 张单据，本次指定的抽样规则如下：

（1）对 17 家服务对象财务组织进行平等抽样，总的抽样样本数为 200 张，即抽样比例为 10%。

（2）样本金额的范围为 30 000 元（含）以上。

要求：在财务数字化平台上完成共享稽核任务的创建。

4. 进行单据抽样并稽核

2019 年 8 月 1 日，鸿途集团财务共享服务中心抽调资深作业组成员组成质量稽核小组，启用步骤"3.创建稽核任务"中所创建的稽核任务并进行质量稽核。要求：在 D-FSSC1.0 的学习中心里完成上述操作（至少完成 5 张单据的质量稽核）。

5. 生成稽核报告

2019 年 8 月 5 日，鸿途集团财务共享服务中心共享稽核小组完成了全部抽样单据的稽核工作。要求：在 D-FSSC1.0 的学习中心里生成此次稽核任务的稽核报告。

思维导图

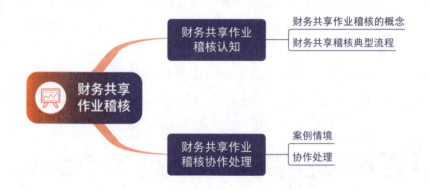

附录　1+X书证融通对照表

本教材内容					1+X证书职业技能等级标准			
项目	模块	节次	证书（等级）	工作领域	工作任务			职业技能要求
项目02	模块四	模块实训	财务数字化应用（高级）	1.财务共享服务典型流程设计	1.3	应收共享流程设计	1.3.1	能根据案例企业资料信息，使用流程图工具绘制出企业实施财务共享模式前销售业务款项与收款—售业务类型，应收款确认时点、收款结算方式等全部要素
		二	财务数字化应用（初级）	1.财务数字化平台基础数据维护及档案管理	1.1	企业组织与权限维护	1.1.3	对于采用财务共享服务模式的企业，能在财务数字化平台上维护财务共享服务中心服务组织范围的变动信息
项目03	模块五	三	财务数字化应用（中级）	1.财务数字化平台管控数参数设置	1.1	财务组织体系设置	1.1.3	能依据案例企业的组织结构图及组织职能能分工，在财务数字化平台上建立以业务组织和行政部门为基础的多组织体系和组织间业务委托关系，以便能实现跨组织的业务协同
		三	财务数字化应用（高级）	1.财务共享服务典型流程设计	1.1	费用共享流程设计	1.1.2	能根据案例企业费用中心费用业务的设计方案，确定实施财务共享模式后费用报销业务处理流程，并能使用流程图工具绘制出企业实施财务共享模式的费用报销流程图，包括报销单类型、审核节点、审批权限等全部要素
		三	财务数字化应用（高级）	1.财务共享服务典型流程设计	1.1	费用共享流程设计	1.1.3	能根据绘制的企业实施财务共享模式后费用报销业务流程图，在财务数字化平台中配置实施财务共享模式后的费用报销流程
项目04	模块二	四	财务数字化应用（初级）	2.财务数字化平台财务业务业务处理	2.3	费控业务智能处理	2.3.1	能依据企业财务报销管理要求，在财务数字化平台上处理员工先垫资后报销的业务，进行费用核算并生成记账凭证

续表

本教材内容			证书（等级）	1+X证书职业技能等级标准		
项目	模块	节次		工作领域	工作任务	职业技能要求
项目04	模块二	四	财务数字化应用（初级）	2. 财务数字化平台业务处理	2.5 其他业务智能处理	2.5.2 能依据权限分工，在财务数字化平台上对记账凭证进行审核，审核记账凭证中所选会计科目的正确性、分录金额的准确性，摘要描述的完整性、填列项目的完整性等，有关人员签章的完整性等，能对问题凭证进行标错与驳回
	模块三	四	财务数字化应用（高级）	1. 财务共享服务典型流程设计	1.1 费用共享流程设计	1.1.4 按照共享后的费用报销流程，能在财务数字化平台中完成流程测试，确保费用共享流程设计合理，可应用。
	模块三	二	财务数字化应用（初级）	2. 财务数字化平台业务处理	2.3 费用业务智能处理	2.3.2 能依据企业财务报销管理要求，在财务数字化平台上处理企业先申请后报销的专项控制费用报销业务，能进行费用核算并生成记账凭证，能快速查询费用报销情况
	模块四	四	财务数字化应用（中级）	1. 财务数字化平台管控数据设置	1.3 财务参数设置	1.3.1 能根据企业会计核算规范，在财务数字化平台上设置总账核算及管理规则（如分摊规则、凭证类别约束规则、组织月结检查项等）
项目05	模块二、模块三	三	财务数字化应用（高级）	1. 财务共享服务典型流程设计	1.2 应付共享流程设计	1.2.2 能根据案例企业财务共享模式应付款与付款业务设计方案，确定实施财务共享模式后采购与付款业务处理流程，并能使用应付业务流程图工具绘制出企业实施财务共享模式后的采购与应付款业务流程图，包括采购业务类型、应付确认时点和付款结算方式等全部要素
	模块三	三	财务数字化应用（高级）	1. 财务共享服务典型流程设计	1.2 应付共享流程设计	1.2.3 能根据绘制的企业实施财务共享模式后采购与付款业务流程图，在财务数字化平台中配置实施财务共享模式后的采购与应付款业务流程

续表

本教材内容			证书（等级）	1+X证书职业技能等级标准		
项目	模块	节次		工作领域	工作任务	职业技能要求
项目05	模块二、模块三	四	财务数字化应用（初级）	2. 财务数字化平台财务业务处理	2.1 采购与应付业务智能处理	2.1.1 能依据采购部门提交的采购发票原始凭证和对应的业务系统生成的采购订单，在财务数字化平台上准确登记发票信息，确保后续的应付确认信息准确无误
		四	财务数字化应用（初级）	2. 财务数字化平台财务业务处理	2.1 采购与应付业务智能处理	2.1.2 能在财务数字化平台上处理业务系统自动生成的、业务员自制提交的各种应付类业务单据，并自动生成相应的记账凭证
		四	财务数字化应用（初级）	2. 财务数字化平台财务业务处理	2.1 采购与应付业务智能处理	2.1.3 能依据业务单位发起的付款申请及财务数字化平台记录的应付账款金额及付款时间安排，在财务数字化平台上处理应付款款业务并完成审批、结算流程，确保企业能够及时、准确地向供应商支付款项
项目06	模块二、模块三	四	财务数字化应用（高级）	1. 财务共享服务典型流程设计	1.2 应付共享流程设计	1.2.4 按照共享后的采购与应付业务流程，能在财务共享平台中完成流程测试，确保采购与应付业务共享流程设计合理、可应用
		三	财务数字化应用（高级）	1. 财务共享服务典型流程设计	1.3 应收共享流程设计	1.3.2 能根据案例企业财务共享中心应收与收款业务设计方案，确定实施财务共享模式后销售与应收业务处理流程，并能使用流程图工具绘制出企业实施财务共享模式后的销售与应收业务流程图，包括销售业务类型、应收确认时点、收款结算方式等全部要素
		三	财务数字化应用（高级）	1. 财务共享服务典型流程设计	1.3 应收共享流程设计	1.3.3 能根据绘制的企业实施财务共享模式后销售与应收业务流程图，在财务数字化平台中配置实施财务共享模式后的销售与应收业务流程

本教材内容			1+X证书职业技能等级标准			
项目	模块	节次	证书（等级）	工作领域	工作任务		职业技能要求
项目06	模块二、模块三	四	财务数字化应用（初级）	2. 财务数字化平台财务业务处理	2.2 销售与应收业务智能处理	2.2.1	能依据业务系统生成的销售订单和销售出库单，在财务数字化平台上准确登记销售发票信息，并能够连续税控机开具增值税专用发票进行开票
		四	财务数字化应用（初级）	2. 财务数字化平台财务业务处理	2.2 销售与应收业务智能处理	2.2.2	能在财务数字化平台上处理业务系统自动生成的、业务人员自制提交的各种应收类业务单据的审核，并自动生成相应的记账凭证
		四	财务数字化应用（初级）	2. 财务数字化平台财务业务处理	2.2 销售与应收业务智能处理	2.2.3	能在财务数字化平台上依据合同约定收取货款，并准确生成收款类业务的记账凭证
		四	财务数字化应用（高级）	1. 财务共享服务典型流程设计	1.3 应收共享流程设计	1.3.4	按照共享后的销售与应收业务流程，能在财务数字化平台中完成流程测试，确保销售与应收业务流程合理、可应用
项目07	模块三	五	财务数字化应用（初级）	4. 资金结算业务处理	4.2 银企直连智能结算	4.2.1	能在财务数字化平台上处理现金收款业务，包括收款单的录入、审核，以及依据收款单生成记账凭证
		四	财务数字化应用（初级）	4. 资金结算业务处理	4.2 银企直连智能结算	4.2.2	能依据审批通过的付款申请单，在财务数字化平台上生成付款单，并确认现金支付，登记现金日记账
项目08	模块二	二	财务数字化应用（高级）	4. 资金集中管理	4.2 集团企业资金调度	4.2.1	能根据案例企业资料以及集团企业资金管理制度，在财务数字化平台上，完成资金上收下拨业务管理流程设置，为资金上收下拨业务操作做准备

续表

本教材内容				1+X证书职业技能等级标准		
项目	模块	节次	证书（等级）	工作领域	工作任务	职业技能要求
项目08	模块二	三	财务数字化应用（中级）	4. 资金流动性管理	4.2 资金计划与付款排程 / 4.2.2	能根据企业资金管理办法，依据企业在下一计划周期内的资金支出需求，在财务数字化平台上填报企业的资金计划数据并完成审批流程，完成资金计划编报阶段的业务处理
		三	财务数字化应用（高级）	4. 资金集中管理	4.2 集团企业资金调度 / 4.2.2	能根据案例企业资料以及集团企业资金管理制度和成员单位间的委托关系，在财务数字化平台上，完成结算中心财务数字化业务的操作，以便能实现全集团的资金统筹
项目09	模块二	二	财务数字化应用（初级）	2. 财务数字化平台财务业务处理	2.4 固定资产业务处理 / 2.4.1	能依据企业资产管理部门提交的购置固定资产信息和企业固定资产核算业务，包括能准确判断新增资产分类，在财务数字化平台上填制新增资产卡片等，确保该资产能够纳入企业固定资产的后续日常管理和期末折旧摊销业务范围
	模块三	二	财务数字化应用（初级）	2. 财务数字化平台财务业务处理	2.4 固定资产业务处理 / 2.4.2	能依据企业资产管理部门提交的固定资产变动单等相关单据信息，在财务数字化平台上对固定资产变动信息进行变更登记，准确地完成固定资产变动记录处理
项目10	模块一	二	财务数字化应用（初级）	2. 财务数字化平台财务业务处理	2.5 其他业务智能处理 / 2.5.7	能在财务数字化平台上应用"总账月结检查机器人"。依据月结检查项编制检查清单，并输出检查报告，进行月结检查工作，提升月结检查工作效率
	模块一	二	财务数字化应用（初级）	2. 财务数字化平台财务业务处理	2.5 其他业务智能处理 / 2.5.8	能在财务数字化平台上应用"月结机器人"，按待结账单自动结账，结账过程中的问题自动生成结账报告，完成自动月结工作效率

本教材内容			1+X 证书职业技能等级标准			
项目	模块	节次	证书（等级）	工作领域	工作任务	职业技能要求
项目 12	模块二	二	财务数字化应用（中级）	2. 财务数字化平台财务业务管理	2.4 财务稽核管理	2.4.1 能根据《会计基础工作规范》及企业稽核管理办法，依据企业内部控制要求，设计财务核算的稽核内容，并在财务数字化平台上进行准确设置，以便提示稽核人员在稽核时需要重点关注内容，实现有效的核算质量把控
		二	财务数字化应用（中级）	2. 财务数字化平台财务业务管理	2.4 财务稽核管理	2.4.2 能根据《会计基础工作规范》及企业稽核管理办法，依据企业内部控制要求，设计财务核算的稽核问题类型及严重程度并在财务数字化平台上进行准确设置，以便帮助稽核人员实现稽核结果的评价标准化
		二	财务数字化应用（中级）	2. 财务数字化平台财务业务管理	2.4 财务稽核管理	2.4.3 能根据《会计基础工作规范》及企业稽核管理办法，依据企业内部控制要求，制定稽核计划并在财务数字化平台上创建相应的稽核任务，以便稽核人员能依据稽核计划中所规定的时间范围、组织范围、稽核重点，需对待稽核单据的单据数量、单据抽取规则等关键要素进行待稽核单据抽样
		二	财务数字化应用（中级）	2. 财务数字化平台财务业务管理	2.4 财务稽核管理	2.4.4 能依据企业管理要求，在财务数字化平台上启动稽核任务，进行财务核算单据抽样并完成稽核工作，以便对财务核算的质量有客观和量化的评价
		二	财务数字化应用（中级）	2. 财务数字化平台财务业务管理	2.4 财务稽核管理	2.4.5 能依据稽核任务的执行结果，在财务数字化平台上生成针对该稽核任务的财务核算稽核报告，以能准确反映财务核算质量

郑重声明

高等教育出版社依法对本书享有专有出版权。任何未经许可的复制、销售行为均违反《中华人民共和国著作权法》,其行为人将承担相应的民事责任和行政责任;构成犯罪的,将被依法追究刑事责任。为了维护市场秩序,保护读者的合法权益,避免读者误用盗版书造成不良后果,我社将配合行政执法部门和司法机关对违法犯罪的单位和个人进行严厉打击。社会各界人士如发现上述侵权行为,希望及时举报,我社将奖励举报有功人员。

反盗版举报电话　(010) 58581999　58582371
反盗版举报邮箱　dd@hep.com.cn
通信地址　北京市西城区德外大街 4 号
　　　　　高等教育出版社法律事务部
邮政编码　100120

读者意见反馈

为收集对教材的意见建议,进一步完善教材编写并做好服务工作,读者可将对本教材的意见建议通过如下渠道反馈至我社。

咨询电话　400-810-0598
反馈邮箱　gjdzfwb@pub.hep.cn
通信地址　北京市朝阳区惠新东街 4 号富盛大厦 1 座
　　　　　高等教育出版社总编辑办公室
邮政编码　100029

防伪查询说明

用户购书后刮开封底防伪涂层,使用手机微信等软件扫描二维码,会跳转至防伪查询网页,获得所购图书详细信息。

防伪客服电话　(010) 58582300

网络增值服务使用说明

授课教师如需获取本书配套教辅资源,请登录"高等教育出版社产品信息检索系统"(http://xuanshu.hep.com.cn/),搜索本书并下载资源。首次使用本系统的用户,请先注册并进行教师资格认证。

高教社高职会计教师交流及资源服务QQ群(在其中之一即可,请勿重复加入):
QQ3群: 675544928　QQ2群: 708994051(已满)　QQ1群: 229393181(已满)